सफ़ेद जंगली कबूतर

सफ़ेद जंगली कबूतर

मुनव्वर राना

अनुवाद

कैफ़ सिद्दीक़ी सुलतानपुरी

वाणी प्रकाशन

वाणी प्रकाशन
4695, 21-ए, दरियागंज, नयी दिल्ली 110 002

शाखा
अशोक राजपथ, पटना 800 004

फ़ोन: +91 11 23273167 फ़ैक्स: +91 11 23275710

www.vaniprakashan.in
vaniprakashan@gmail.com

SAFED JANGALI KABOOTAR
by Munavvar Rana
Translated by Kaif Siddiqi Sultanpuri

ISBN : 978-93-5072-544-3
Memoirs

प्रथम संस्करण

मूल्य : ₹300

न्यू कृष्णा ऑफ़सेट, दिल्ली-110093 में मुद्रित

वाणी प्रकाशन का लोगो मक़बूल फ़िदा हुसेन की कूची से

श्री दिनेश कोठारी साहब की
ख़िदमत में
जो शायरी और साहित्य के
सच्चे पारखी हैं

भूमिका

पेश लफ़्ज़

ज़िन्दगी को शायरी बनाना बहुत मुश्किल होता है, बिल्कुल जैसे टूटे हुए मिट्टी के खिलौनों को जोड़ना। ऐसे हालात में घबराये और परेशान हुए बग़ैर जो काम कुम्हार करता है वही शायर को भी करना चाहिए। मिर्ज़ा ग़ालिब जब ग़ज़ल के संगरेज़ों (पत्थरों) को चुनते-चुनते लहूलुहान हो जाते थे और झुंझलाते हुए यहाँ तक कह देते थे कि

कुछ और चाहिए वुसअत (फैलाव) मेरे बयां के लिए

लेकिन फिर एक कमज़ोर और थके हुए कुम्हार की तरह शब्दों की मिट्टी को दोबारा गूँधकर एक नयी शक्ल देते हुए दोस्तों को ख़त लिखने लगते थे लेकिन वह ख़त कहाँ थे ग़ालिब के! ग़ालिब को ख़त लिखने की .फुर्सत कहाँ थी वह तो अपने लहज़े की तलवार को और धारदार बनाने के लिए शब्दों को अपने ही दुख-दर्द के पत्थर पर घिसने लगते थे। और ये मुश्किल काम सिर्फ़ ग़ालिब ने ही किया इसीलिए आज ही नहीं वह हर ज़माने में ग़ालिब रहेंगे।

दिन, ज़माने और मौसम की तब्दीलियों का असर सबसे ज़्यादा शायरी और उसके बाद लेखन पर आता है। मैं भी अपने आपको इस कैफ़ियत से नहीं बचा सका। मैंने बहुत सी नयी तस्वीरों में पुराना रंग और पुरानी शराब में नये महुए की शराब मिलाने की कोशिश की है। मुझे मालूम है कि मेरी यह कोशिश बेकार नहीं जाएगी। मुझे पढ़ने वाले और मुझसे मोहब्बत करने वाले मुझे मेरी इस कला की दाद ज़रूर देंगे।

—मुनव्वर राना

अनुक्रम

चर्ब ज़बानी भी क्या शय है

अहालियाने लखनऊ (लखनऊ वालों) का भी कोई जवाब नहीं है। मौसम और मौक़े से फ़ायदा उठाने का सलीक़ा सिर्फ़ इन्हीं के पास है, शायद इसीलिए सलीक़े को मुहज़्ज़ब लखनवी की *मुहज़्ज़बुल लुगात* (शब्दकोष) में तहज़ीब भी कहते हैं। आम के ज़माने में महबूब की गालियाँ खाने को भी तैयार नहीं होते, आम खाते हुए मरने को शहादते इश्क़ समझते हैं हालाँकि तहज़ीब से नाआशना (नावाक़िफ़) गँवार लोग तहज़ीब को मुनाफ़िक़त (कपट) की वालिदा कहते हैं क्योंकि सादा मिजाज़ी तो खाना खाते वक्त सलाम की इजाज़त भी नहीं देती, न आने वाले को न खाना खाने वाले को। इसका सीधा-सा मतलब यही हुआ कि आइए दस्तरख़्वान पर बैठ जाइए और खाना शुरू कर दीजिए लेकिन तहज़ीब का ले पालक बेटा है 'तकल्लुफ़' जो भूखे होने के बावजूद इनकार करता रहता है। इसी इनकार को शरीफ़ाना मुनाफ़िक़त कहते हैं। अक्सर इस तकल्लुफ़ के पीछे ये राज़ भी पोशीदा रहता है कि मज़ीद (और ज़्यादा) गुज़ारिशों के फूल बिछाये जायें और फिर जब मेज़बान ग़ैर इस्लामी तरीक़े से अपना दस्तरख़्वान छोड़ कर अपनी गुज़ारिशों, मिन्नतों और इल्तिजाओं (अनुनय विनय) के फूलों से एक रास्ता बना दे तो मुनाफ़िक़त उस पर जूते पहने हुए दस्तरख़्वान तक आने की ज़हमत फ़रमाये।

हमेशा अह्ले तशीअ (शिया मुस्लिम) के मुहर्रम में नंगे पाव चलने पर एतराज़ करने वाले उलेमा भी वज़ीरे आला के दरबार में नंगे पैर चलने में एत्तहादे मिल्ली (क़ौमी एकता) का सुबूत देते हैं। काश, वज़ीरे आला की अफ़्तार पार्टी में बेवक़्ते नमाज़ भी यही एत्तहाद क़ायम रह जाता। वज़ीरे आला के नंगे पाँव न होने में कई सदियों की नामुरादी (मायूसी) का एहसास शामिल होता है, लेकिन उलेमा और दानिशवराने लखनऊ की इस बरहना चाल में वह चालबाज़ी भी शामिल होती है जिसे अदबी ज़बान में *'तक़य्या'* कहते हैं। अभी कल की बात है कि पिछली वज़ारत में यही वफ़ादाराने क़ौमो मिल्लत गुज़रे हुए वज़ीरे आला के दरबार में घुटनों के बल बैठे रहते थे, कई ने तो घुटनों के बल बैठने के लिए अपने-अपने घुटनों की कटोरियाँ तक निकलवा दी थीं। हालाँकि घुटने की कटोरी निकलवाने का ही नतीजा था कि हिन्दुस्तान के वज़ीरे आज़म को एक सूबाई (प्रान्तीय) वज़ीरे आला के सामने घुटनों के बल बैठना पड़ गया था।

आमों के सिलसिले में मुद्दतों मैं चचा ग़ालिब का रक़ीब (प्रतिद्वन्द्वी) रहा हूँ। क़लम के मामले में तो ख़ैर वह हमेशा हमसे कुछ आगे रहे। उसकी वजह सिर्फ़ ये थी कि उन्हें फ़ारसी भी आती थी और मेरी उर्दू भी एकेडमी के चेयरमैन जैसी है लेकिन आमों के मामले में चचा पर हमेशा मुझे सबक़त (श्रेष्ठता) हासिल रही है। चचा तो शाम होते होते पहलू और पहलू नशीन दोनों बदल देते थे, लेकिन आम कोई अंगूर तो था नहीं जिसका रस सिर्फ़ वही इस्तेमाल कर सकते थे। चचा ग़ालिब तो ख़ैर इस लिहाज़ से खुशनसीब थे कि उन्हें बादशाहों की मुसाहिबी (दरबारी) और उस्तादी दोनों का दर्जा हासिल रहा है, लेकिन अपने पास शागिर्द तो क्या, इर्द गिर्द भी कोई नहीं रहा। यहाँ तो आधी उम्र बादशाह ढूँढ़ने में गुज़र गयी और बक़िया आम का बाग़ ढूँढने में गुज़रती जा रही है :

मुश्किल से चार बाग़ मिले थे नसीब में
दो आरज़ू में कट गये दो इन्तिज़ार में

आमों की दावत में मुझे बहुत मज़ा आता है क्योंकि इस मुहावरे की मानवीयत (अर्थ का आनन्द) वहीं ज़ाहिर होता है कि आम के आम गुठलियों के दाम। थोड़ी सी कोशिश करने और सचमुच हाथ पाँव चलाने से दो चार आम तो हाथ लग ही जाते हैं। उनमें भी एकाध आम तो ऐसा भी हाथ में आ जाता है जो किसी खुशज़ौक ने आधा चूसकर वापस बाल्टी में रख दिया होता है। बक़ौल हकीम साहब *चौसा* कोई आम नहीं होता, ये किसी अह्ले ज़बान (भाषा विद) की ज़बान से निकला हुआ वह मसनुई (बनावटी) लफ़्ज़ है जो चूसे हुए आम के हाथ लगते ही मुँह से निकला होगा। हकीम साहब की किसी भी बात को हमने कभी हल्के में नहीं लिया क्योंकि हकीमों के पास इलाज हो, चाहे न हो, लेकिन तजरुबा तो बहरहाल होता है। चौधरी शरफ़ुद्दीन साहब की दावत में ख़ान मोहम्मद आतिफ़ ने ग़ालिब से आम के इश्क़ को यह कह कर रद्द कर दिया कि ग़ालिब ने अच्छे आमों के सिलसिले में कहा था कि मीठे हों और बहुत से हों। मीठा तो गुड़ भी होता है, मीठा तो शीरा भी होता है, मीठी तो मिठाई भी होती है लिहाज़ा ग़ालिब आम के शौक़ीन तो हो सकते हैं लेकिन मैं उन्हें *ज़ौक़ीन* की सनद हर्गिज़ नहीं दे सकता। हालाँकि उन्होंने ये भी तस्लीम किया कि मलीहाबाद में आमों की काश्त और नस्ल मुर्शिदाबाद से ही आयी थी। उनकी साफ़ गोई उनके मलीहाबादी होने का सुबूत दे रही थी वर्ना लखनऊ वाले तो इंशा को अपना ही प्रोडक्ट बताते हैं। मुर्शिदाबादी होने की भनक तक नहीं लगने देते। ख़ान साहब मोहतरम ने हिन्दुस्तान, खुसूसी तौर पर मुर्शिदाबाद में 'क़लमज़द' होने वाले आमों के इतने ख़ूबसूरत नाम बताये जितने ख़ूबसूरत नाम तो मिर्ज़ा साजिद लखनवी ने तवायफ़ों के भी नहीं बताये थे। मसलन हुस्न आरा, चिलमन, खनक, पाज़ेब, घूँघट, दस्ते हिना, शौक़े विसाल, ख़्वाबे परेशाँ, आरज़ूए वफ़ा, ख़्वाबे फ़िरदौस, चश्मे आहू वग़ैरा वग़ैरा।

आम की एक ख़ास क़िस्म का उन्होंने खुसूसी तौर पर ज़िक्र किया बल्कि नमूने के तौर पर दो अदद आम उन्होंने निकालकर दिखाये भी। तमहीद (भूमिका) में ये भी बताया कि इस ख़ूबसूरत तरीन आम का नाम है *अलमे अब्बास*। एक आम तो उन्होंने मेज़बाने मोहतरम के दस्ते तमन्ना में रख दिया और दूसरा आम तहक़ीक़ (शोध) की दाद हासिल करने की ग़रज़ से प्रोफ़ेसर शारिब रुदौलवी की ख़िदमत में पेश किया। शारिब साहब आख़िर-आख़िर तक उस आम को अलमे अब्बास की तरह उठाये रहे। मैंने आँखों ही आँखों में कई बार उन्हें अपने भी आले रसूल होने का सुबूत देना चाहा लेकिन मौसूफ़ ने मेरी शख़्सियत को मोअतबर (विश्वस्त) नहीं होने दिया।

बदपरहेज़ी के इल्म में काफ़ी अमल दख़ल रखने वाले मेरे एक पुराने दोस्त हैं। शुगर के मुस्तक़िल मरीज़ हैं। हालाँकि शुगर की बीमारी ने भी उनसे हार मान ली है। उनका कहना है कि मौत और ज़िन्दगी ऊपर वाले के हाथ में है और मलकुल मौत (मौत का फ़रिश्ता) भी अल्लाह के बन्दे हैं, शुगर के गुलाम तो हैं नहीं। फिर इस मीठे माशूक़ से डरना कैसा? उनका कहना है कि आमों की दावत में ज़्यादा तादाद उन्हीं हज़रात की होती है जो शुगर के मरीज़ होते हैं। चूँकि घर और ख़ानदान में तो उन्हें मीठी चीज़ों की तरफ़ लपकने नहीं दिया जाता बल्कि मिठाई को उनसे यूँ बचाया जाता है जैसे गमलों को बकरी से। लिहाज़ा ऐसे तमाम लोग आम की दावत में ख़ासतौर से बन सँवरकर पहुँचते हैं :

आम के साथ ही जामुन भी जो खाई होती
इतनी जल्दी तो न दुनिया से बिदाई होती

उर्दू शायरी का बहर सूरत ये तो कमाल है कि हर तशबीह (उपमा) और मिसाल महबूब की कमर और बेचारे आशिक़ के जनाज़े के इर्द गिर्द घूमती है। आम सख़्त है तो महबूब है, आम पिलपिला है तब भी बहुत ख़ूब है, आम मीठा है तो बोसये यार है, आम खट्टा है तो फ़िराक़े यार है, आम छोटा है तो ख़ाले महबूब है, आम बड़ा है तो मिसाले महबूब है, आम कच्चा है तो महबूब की कमसिनी है, आम बहुत ज़्यादा पका है तो महबूब की किब्रसिनी (बुढ़ापा) है, आम शाख पर है तो ख़याले यार है, आम हाथों में है तो विसाले यार है, आम सुर्ख़ी लिये है तो महबूब का रुख़सार है, सियाही माएल है तो आशिक़े बीमार है, आम लखनऊ में है तो अलमे अब्बास है, आम कूफ़े में है तो यज़ीदों के पास है। लखनऊ वाले दसहरी को उसी वक़्त तक लज़्ज़ते कामो दहन की मसहरी तक आने देते हैं जब तक उसमें गुफ़्तारे महबूब की तरह थोड़ी-सी तुर्शी (खटास) और जिस्मे महबूब की तरह थोड़ी-सी सख़्ती भी हो। उनका मन्तिक़ (Logic) भी बहुत मुख़ालिफ़ (भिन्न) है। उनका कहना है कि आम और अंगूर ज़्यादा पकते ही तिब्बी (मेडिकल) और शरई (क़ानूनी) एतबार से हराम हो जाते हैं। अंगूर तो महबूब से ज़्यादा दो आतिशा (तेज़ और शोख़) हो जाते हैं और आम खाने वालों के इर्द गिर्द चींटियाँ घूमने लगती हैं।

आम का मौसम आते ही लखनऊ वाले सब्र के फल के अलावा सिर्फ़ आम खाते हैं, आम खिलाते हैं, अफ़सरों के यहाँ आम की पेटियाँ पहुँचाते हैं और मौक़ा मिलते ही ख़ुद भी पहुँच जाते हैं। मेरे एक शनासा (परिचित) जिनके आम के बाग़ान भी हैं, वह किसी अफ़सर के यहाँ आम की पेटी लेकर पहुँच गये। अफ़सर ने शुक्रिया अदा करते हुए आमों की पेटियाँ कुबूल करने से माज़िरत (क्षमा) चाही... तावील (दलील) भी पेश कर दी कि शुगर की बीमारी से घर में वह और उनकी अहलिया दोनों जूझ रहे हैं। मेरे दोस्त मुस्कुराये और कहने लगे, 'हुजूर! इसी वास्ते तो ये ख़ास क़िस्म के आम लेकर मैं आपकी ख़िदमत में हाज़िर हुआ हूँ। सरकारे आलिया! ये शुगर फ़्री आम हैं बल्कि एक तरह से ये शुगर का इलाज भी हैं।' वह साहब हैरत में पड़ गये। हैरत कुछ कम हुई तो पूछा कि जनाब ये तो मैं पहली बार सुन रहा हूँ कि आम भी शुगर फ़्री हो सकते हैं। मेरे दोस्त पहले तो जी भर के मुस्कुराये फिर कहने लगे कि सरकार! ये आम की ख़ास क़िस्म है जो इस फ़क़ीर ने पैदा की है। आम और जामुन की क़लमों को मिलाकर यह आम पैदा किये गये हैं। इसलिए इनमें मिठास तो पनप ही नहीं सकती जैसे हमज़ुल्फ़ों (साढुओं) के दरम्यान मोहब्बत नहीं पनपती। इसके ज़ायके में ख़ुशदामन (सास) जैसी जो थोड़ी-सी तुर्शी है उसका सबब ये है कि घर दामाद (घर जमाई) की तरह साल भर इस नस्ल की देखभाल करनी पड़ती है। यह आम ख़ुशरंग इसलिए होता है कि हमेशा सालियों और बीवी की सहेलियों जैसे दरख़्तों से घिरा रहता है। इसकी महक में एक तरह का नशा इसलिए होता है कि इसके आस-पास महुवे की शराब के कई कारख़ाने हैं। यह कम तादाद में इसलिए पैदा होता है कि सुसराल में रहकर अज़दुवाजी (घरेलू) ज़िन्दगी ख़ुद करेले की बेल के पास की शाख़े अंगूर होकर रह जाती है। ख़ुशनसीब यूँ है कि क़िस्मत से इसे आप जैसे आला अफ़सर नसीब हो गये हैं। इतनी शाइस्ता, शगुफ़्ता, पुरअसर और लच्छेदार गुफ़्तगू सुनकर अफ़सर बेचारा ख़ुद मोम बनकर क़तरा-क़तरा पिघलने लगा। उसने लखनऊ तो कई बार देखा था लेकिन लखनऊ को बोलते हुए पहली बार सुन रहा था। वह सोचने लगा कि दुनिया की हर मिठास इस लखनवी तर्ज़े गुफ़्तगू पर क़ुर्बान की जा सकती है। ऐसी-ऐसी ख़ुशलिबास तावीलों के दरम्यान रखा हुआ ज़हर का प्याला भी पिया जा सकता है। उसे क्या मालूम कि ये लखनऊ है... न जाने कितने ही सुक़रात यहाँ *इंशा* और *यगाना* की तरह क़तरा-क़तरा ज़िन्दगी का ज़हर पी कर पेवन्दे ख़ाक हो चुके हैं। बेचारे अफ़सर ने मौसूफ़ से पूछा कि आम का मौसम चले जाने के बाद आप लोग क्या करते हैं। उन्होंने फ़ौरन जवाब दिया, 'सरकारे आली! आमों जैसी बातें करते हैं।'

रोज़े में प्याजू की तरफ़ देख लिया था

मेरे एक क़रीबी दोस्त एक दिन अपना तजरुबा बताने लगे कि रमज़ान का महीना आते ही बहुत से लोग दवा की शीशियाँ ढूँढ़ना शुरू कर देते हैं। यह मन्तिक (Logic) मेरी समझ में नहीं आ सकी थी, लेकिन अब के रमज़ान में इत्तिफ़ाक़ से मुझे एक डॉक्टर साहब की जेब गर्म करने का मौक़ा मिल गया। डॉक्टरों की जेब हमेशा बहुत गर्म रहती है। लिहाज़ा ये हज़रात बिना बुख़ार भी जेब में थर्मामीटर रखकर देखते हैं। डॉक्टर मरीज़ों को देखकर यूँ मुस्कुरा रहे थे जैसे बिरला, टाटा अपनी फ़ैक्ट्रियों की तादाद देखकर मुस्कुराते हैं। मुझे दवाख़ाने में दाख़िल होते देखकर कई मरीज़ ज़ोर-ज़ोर से खाँसने लगे, हालाँकि उनकी खाँसी से बीमारी नहीं बल्कि तन्दुरुस्ती का अन्दाज़ा हो रहा था। फिर भी मैंने अज़राहे हमदर्दी मरीज़ों से उनकी बीमारी दरयाफ़्त की तो कई मरीज़ घबराहट में घड़ी देखकर वक़्त बताने लगे। बल्कि एक साहब जिनकी दाढ़ी में तिनका भी था, नाराज़ होकर मुझे वक़्त की जमा (बहुवचन) बताने लगे। एक साहब ने कैप्सूल की पन्नी को चमकाकर पानी भी तलब कर लिया।

मिर्ज़ा ग़ालिब रमज़ान में गुनाह करते हुए पकड़े गये तो यह तावील (तर्क) पेश की थी कि रमज़ान में शैतान जिस जगह क़ैद किये जाते हैं, वह उनकी यही कोठरी है। ये तक़रीबन डेढ़ सौ बरस पहले का वाक़िया है। उस वक़्त आबादी कम थी, इसलिए शैतान भी कम थे। अब डेढ़ सौ बरसों में आदमी भी बढ़े हैं और शैतान भी। बल्कि किसी-किसी मोहल्ले में इंसानों की आबादी कम है।

रमज़ान में शहूद आलम आफ़ाक़ी से हकीम साहब के मतब में मुलाक़ात हो गयी। मैंने शहूद साहब से पूछा कि क्या आप रिहा कर दिये गये? शहूद ने हकीम साहब को मानीख़ेज़ (सवालिया) नज़रों से देखा और बोले कि मैं रिहा नहीं हुआ हूँ बल्कि मेरी जेल तब्दील हुई है।

रमज़ान में शायरों को दिन में तलाश करना गूँगे के मुँह में ज़बान तलाश करने के मुतारादिफ़ (बराबर) है लेकिन मग़रिब की अज़ान होते ही तमाम शोअरा फूली हुई लाश की तरह ज़मीन की सतह पर तैरने लगते हैं। हर होटल के ग़ैर ज़रूरी पर्दे के पीछे एकाध शायर ज़रूर होता है बल्कि किसी-किसी होटल में तो पूरा मुशायरा

मौजूद होता है। ग़ैर ज़रूरी इसलिए कि होटल के इन पर्दों से खाना तो क्या, होटल वाले और खाने वालों के आमाल तक झाँकते रहते हैं।

शायरों की बीवियाँ उमूमन रोज़ादार होती हैं और हल्की-फुल्की बदमिज़ाज भी क्योंकि जब अकबर इलाहाबादी तक अपनी बीवी से किसी हद तक ख़ौफ़ ज़दा रहते थे तो हम जैसे मज़लूम (प्रताड़ित) मोहरे तो कहीं भी पिट सकते हैं। हालाँकि अकबर इलाहाबादी ऐसी कुर्सी पर बैठते थे कि शाहबानो अगर उस ज़माने में होतीं तो सारी ज़िन्दगी मुक़दमा जीतकर नहीं जा सकती थीं।

शहर में ग़ज़ल के एक निहायत मोअतबर (विश्वसनीय) शायर हैं। मौसूफ़ (ये महाशय) अपने इरादे के पक्के, लेकिन सेहत के मामले में कच्चे हैं। लिहाज़ा रोज़ा रखना तो दूर की बात है, वह जेब में पैसे भी नहीं रखते, क्योंकि कमज़ोर आदमी से कब, कौन, क्या छीन ले कुछ नहीं कहा जा सकता। जनाब कलीमुद्दीन शम्स और डॉक्टर ज़फ़र औगाँवी बारह मास गर्म टोपी का इस्तेमाल करते हैं। टोपी के इस्तेमाल का सबसे बड़ा फ़ायदा उन्हें रमज़ान में पहुँचता है क्योंकि देखने वालों की निगाहें टोपियों में उलझकर रह जाती हैं और पान की लाली दिखाई नहीं पड़ती। खुफ़िया सूत्रों से पता चला है कि ये हज़रात गुस्लख़ाने और सैलून में भी टोपी नहीं उतारते।

ख़बर आयी है कि बशीर बद्र ने भी अब के रमज़ान में कई रोज़े रखे हैं। अगर ये ख़बर सच है तो हैदराबाद वालों को उन्हें हर बरस मुशायरे में बुलाना चाहिए। मुमकिन है दो-चार बरस मुतवातिर (लगातार) शिरकत करने से मौसूफ़ के तमाम रोज़े अदा होने लगें। अगर हैदराबाद वालों ने ग़लती से मुझे अगले बरस भी मदऊ (आमंत्रित) किया तो मैं उन्हें अपने मुफ़ीद मशविरों से नवाज़ते हुए कुछ और ऐसे शोअरा के नाम बताऊँगा जिन्हें रोज़े रखवाना बहुत ज़रूरी है। जब अफ़तारी कराना सवाब है तो ग़ैर रोज़ादारों को रोज़ा रखवाना तो बहुत ही कारे सवाब होगा।

पान खाने वालों को रमज़ान में बहुत परेशानी होती है। बक़ौल मुनीर नियाज़ी साहब, बग़ैर कत्थे का पान *रोज़ा ख़ोरों* की ईजाद (आविष्कार) है। इस क़ौल (कथन) को मज़ीद तक़वियत (और ज़्यादा ताक़त) यूँ भी मिलती है कि नियाज़ी साहब हमेशा बग़ैर कत्थे का पान खाते हैं और पान पराग को पान का तयम्मुम बनाते हैं।

पिछले दस बरसों में पहली बार मेरी बीवी रमज़ान में अपने मायके तशरीफ़ ले गयीं (अक्लमन्द औरतें इसी महीने अपने मायके जाती हैं और ईद का चाँद निकलने से पहले ही दाँत निकालकर हाज़िर हो जाती हैं)। बेगम की ग़ैर मौजूदगी में मेरा घर ख़ानए ग़ालिब बन गया था। हकीम साहब जो अपने ग़ैर मुस्लिम दोस्तों के घर जाने का प्रोग्राम इसी महीने में रखते हैं, दानिस्ता (जान-बूझकर) या ना दानिस्ता तौर पर मेरे ग़रीबख़ाने पर रोज़ाना तशरीफ़ लाने लगे। मौसूफ़ दोपहर में सिर्फ़ अमरूद खाते और हुक़्क़ा पीते थे। वापसी पर मेरे भाई को बताते कि आज अठारहवाँ रोज़ा है। हालाँकि उस दिन सोलहवाँ रोज़ा होता था। हकीम साहब की इस मुस्तक़िल ग़लती

ने मेरे छोटे भाई की निगाह में उनकी पोज़ीशन ख़राब कर दी, क्योंकि एक दिन मेरा भाई कहने लगा, "शायद हकीम साहब किसी दूसरे फ़िरक़े से तअल्लुक़ रखते हैं, इसीलिए हमेशा दो रोज़े ज़्यादा बताते हैं।"

हकीम साहब के रोज़ादार होने की पहचान ये है कि वह फ़ज्र की नमाज़ के फ़ौरन बाद मिस्वाक (दातुन) ख़रीद लेते हैं और अफ़तारी के वक़्त ही मुँह से अलग करते हैं। कभी-कभी मिस्वाक से धुआँ भी निकलता है। रोज़े की हालत में उनकी बदमिज़ाजी का ये आलम होता है कि ईद के दिन लोगों से गले मिलने के बजाय माफ़ी माँगा करते हैं। वैसे हकीम साहब का शुमार शहर के मोहतात (सतर्क) गुनहगारों में होता है। मौसूफ़ होटल में ऐसी कोई चीज़ नहीं खाते जिसे खाने के बाद कैबिन के बाहर जाकर हाथ धोना पड़े। पिछले रमज़ान की बात है कि मौसूफ़ मस्जिदे जमालुद्दीन में दाख़िल होते देखे गये थे और प्रोफ़ेसर एज़ाज़ अफ़ज़ल के बावर्चीख़ाने से निकलते हुए पाये गये। बक़ौल प्रोफ़ेसर एज़ाज़ अफ़ज़ल हकीम साहब ने इस बरस भी नेकी के फ़रिश्ते को किसी क़िस्म की ज़हमत नहीं दी है।

क़िब्ला हकीम साहब का इरशाद है कि ये पता लगाना तो आसान है कि हामिला (गर्भवती) को लड़का होगा या लड़की, लेकिन ये मालूम करना दुश्वार है कि लीडर हज़रात रोज़ा रखते हैं या नहीं, क्योंकि ये लोग बेचारे अपना हर बयान हाई कमान के मशविरे से देते हैं। एक बेचारे आरिफ़ मोहम्मद ख़ाँ अपनी मर्ज़ी से बयान देने की सलाहियत रखते हैं, लेकिन उनका हाल तो इस शेर की तरह है :

तख़रीब को उठे तो नशेमन नहीं रहे
तामीर पर जब आये तो ज़िन्दाँ बना दिया

बम्बई में मेरे एक दोस्त हैं अज़ीज़ नाज़ाँ जो हर वक़्त अंगूर के यहाँ बेटा पैदा करवाने की कोशिश में मसरूफ़ रहते हैं और घर की सीढ़ियों पर रोज़ाना अज़ान भी दिलवाते हैं, लेकिन खुद नमाज़ पढ़ने के बजाय क़व्वाली की रिहलसल में मसरूफ़ रहते हैं। इसी तरह अपने शहर में हज़रत सालिक लखनवी हैं जो खुद तो रोज़ा नहीं रखते, लेकिन मस्जिदों में अफ़्तारी बिला नाग़ा भिजवाते हैं। बल्कि मौसूफ़ पूरे रमज़ान भर के लिए एक बूढ़े मोअज़्ज़िन की सहरी की ज़िम्मेदारी भी अपने सिर लेते हैं।

शहर के मशहूर शायर और बिजली मोहकमे के अहम् ओहदेदार हज़रत ऐन. रशीद ने अपनी रोज़ा क़ुशाई (ज़िन्दगी में रखा गया पहला रोज़ा) के बाद इस बार कई रोज़े रखे यानी बाहर की लोड शेडिंग ने रूह के चराग़ रौशन कर दिये। ख़ुदा करे कि बाहर हमेशा लोड शेडिंग रहे। एक दिन मुझे भी उनके साथ रोज़ा रखने का शरफ़ (गौरव) हासिल हुआ। उनका दस्तरख़्वान मुख़्तलिफ़ क़िस्म की चीज़ों से सजा हुआ था। रोज़ा अफ़्तार के बाद जब मैं चलने लगा तो उन्होंने चूरन के तौर पर एक बहुत ही दिलचस्प बात मेरे कान में कही। फ़रमाने लगे कि अल्लाह जब क़ौम को उरूज (उत्थान) बख़्शता है तो *'अलग़िज़ाली'* पैदा करता है और जब ज़वाल (पतन) बख़्शता है तो नस्र ग़िज़ाली पैदा करता है।

रोज़े तो कलकत्ता की ख़ुफ़िया पुलिस के डिप्टी कमिश्नर सफ़वी साहब और डिप्टी कमिश्नर ट्रैफ़िक तय्यब साहब ने भी रखे होंगे, लेकिन मैंने पता लगाने की कोशिश नहीं की, क्योंकि वह लोग तो ख़ुद ही दूसरों की टोह में रहते हैं :

अस्ल मुजरिम पर किसी की भी नज़र जाती नहीं
शहर में लेकिन वो पागल हामिला बदनाम है

अफ़्तार पार्टी : सियासी लीडरों को ईद की नमाज़ पढ़ते तो सबने देखा होगा लेकिन रोज़ा रखते कम ही लोग देख पाते हैं। मुझे कई रियासतों के वज़राये आला (मुख्यमंत्रियों) की अफ़्तार पार्टी में शिरकत करने के बाद अन्दाज़ा हुआ कि अपने वज़ीरे आला ज्योति बसु साहब अफ़्तार पार्टी का एहतमाम क्यों नहीं करते। ग़ालिबन हमारे वज़ीरे आला को मालूम हो गया है कि सरकारी अफ़्तार पार्टी में ज़्यादातर ग़ैर रोज़ादार शरीक होते हैं और उनमें भी बड़ी तादाद फ़ोटो खिंचवाने वालों की होती है जो मग़रिब की अज़ान से ज़्यादा फ़ोटोग्राफर के मुन्तज़िर रहते हैं। नतीजे के तौर पर इतनी अफ़्तारी बच जाती है कि हज़ारों रोज़ादारों का पेट भर सकता है। यह अलग बात है कि अमीन साहब ने बसु साहब को अभी तक यह मशविरा नहीं दिया कि रमज़ान में ग़रीबों को अफ़्तारी बँटवा दिया करें।

हकीम साहब के तजरुबात हकीम साहब से ज़्यादा इज़्ज़तदार समझे जाते हैं। एक दिन फ़रमाने लगे कि तक़सीम (बँटवारा) की बुनियाद मोअज़्ज़िन ने डाली है। दलील यह पेश की, हमेशा अफ़्तारी मस्जिद में एक साथ बैठकर की जाती थी। बेचारा मोअज़्ज़िन जब अज़ान देकर वापस पहुँचता था तो सिर्फ़ दस्तरख़्वान बचता था। इस सूरते हाल से बचने के लिए मोअज़्ज़िन हज़रात अपना हिस्सा अलग रखवा कर अज़ान देने जाते हैं। मौसूफ़ ने ये राज़ भी खोला कि अगर कोई मोअज़्ज़िन अज़ान देने में जल्दी करे तो समझ लो अभी वहाँ तक़सीम का फ़ार्मूला राएज नहीं हुआ है।

बचत स्कीम का इस्तेमाल बहुत से घरों में सिर्फ़ शबेबरात के हल्वे, अफ़्तारी और क़ुर्बानी के गोश्त में होता है। कई लोग तो हल्वे का इस्तेमाल अल्विदा तक करते हैं बल्कि हकीम साहब का कहना है कि कुछ लोग उस वक़्त तक हल्वा खाना नहीं छोड़ते जब तक कि दाँत मसूढ़े न छोड़ दें। अपने पेशे की वजह से हकीम साहब जन्नत में भी मरीज़ देखने के बहाने जा सकते हैं वर्ना उनको इजाज़त मिलना मुश्किल है :

ख़ुदा के नाम पर सब कुछ मिटा दो, हुक्म है लेकिन
मोअज़्ज़िन को मज़ा आता है अफ़्तारी बचाने में

ईद कार्ड ख़रीदने वालों और भेजने वालों की एक मख़सूस टीम होती है। उस टीम में शामिल होने के लिए उम्र की कोई क़ैद नहीं होती। जाज़िब नज़र (आकर्षक) ईद कार्ड तो देखने वालों को अपनी तरफ़ बुलाते हैं, लेकिन कार्डों के मज़ामीन अपना तहरीरी जिस्म छुपाने में लगे रहते हैं। मोहम्मद अमीन साहब कभी ट्रांसपोर्ट मिनिस्टर भी रह चुके हैं, लेकिन उन्होंने मुझे आज तक ईद कार्ड तो क्या पोस्ट कार्ड भी नहीं

भेजा। जबकि ख़ाकसार आज तक एक छोटा-मोटा ट्रांसपोर्टर है। मुमकिन है कई बरस की मज़ीद नाराज़गी के बाद मौसूफ़ मुझे किताबी शक्ल में ईद कार्ड रवाना फ़रमाएँ। हो सकता है ये किताब भी उर्दू एकेडमी के माली इश्तराक (आर्थिक सहयोग) से शाया हो। अपने हकीम साहब ईद कार्ड रवाना करने में बहुत जल्दी करते हैं लिहाज़ा ग़लतियाँ होना लाज़िम है। उनका इक़बाली बयान है कि मौसूफ़ ने अपनी सास साहिबा को एक बार कार्ड रवाना किया था। उस पर यह शेर तहरीर था :

उन्तीसवीं की शब को तेरी दीद हो गयी
अब चाहे चाँद हो कि न हो, ईद हो गयी

रमज़ान में कलकत्ता शहर में हलीम (खिचड़ा) की बहार आ जाती है। बिहारी हलीम, अफ़ग़ानी हलीम, पाकीज़ा हलीम, साबिर हलीम, हाशिम हलीम और पता नहीं कौन-कौन-से नामों की हलीम बिकती दिखाई देती है। अक्सर मौलवी हज़रात नाखुदा मस्जिद के सामने ही हलीम खाते हैं क्योंकि मुर्गे ज़्यादातर उसी होटल में शहीद होते हैं। कुछ पूछिए नहीं साहब! शहर में ऐसे-ऐसे ख़तरनाक हलीम खाने वाले पड़े हैं कि अगर मौक़ा मिल जाये तो हलीम नाम के अदीबों तक को खा जाएँ। ग़ालिबन इसी ख़ौफ़ की वजह से अपने हाशिम अब्दुल हलीम साहब रमज़ानों में मग़रिब बाद घर से बाहर नहीं निकलते। क़िब्ला हकीम साहब ने तो एक दिन दोपहर बाद चार बजे भी हलीम नोश फ़रमायी थी और डकार लेने के बाद ये भी फ़रमाया था कि शाम को हलीम का ज़ायका बदल जाता है।

रमज़ान में कॉमरेड निज़ामुद्दीन साहब के दौलतकदा (निवास स्थान) पर जाने का इत्तिफ़ाक़ हुआ। वहाँ पहुँचकर मुझे उनकी सेहत का राज़ मालूम हो गया। मौसूफ़ ग्यारह बजे शब ही से सहरी ख़ाना और खिलाना शुरू कर देते हैं। इलेक्शन में अपने हरीफ़ों (प्रतिद्वन्द्वियों) की और रमज़ान में मुर्गे की टाँग खींचते हैं। आप सहरी पार्टी के मूजिद (जन्मदाता) भी बताये जाते हैं।

कितना मुक़द्दस होता है माहे रमज़ान, क्या मुक़द्दस होती हैं रातें इस मुबारक महीने की, क्या लुत्फ़ देती है अज़ान मग़रिब की, दुनिया की तमाम नेअमतें सजी रहती हैं दस्तरख़्वानों पर, लेकिन हुक्मे इलाही के बग़ैर किसकी मजाल है कि मुँह में कुछ रख ले। खुदा भी बन्दों की इस ताबेदारी (आज्ञाकारिता) पर मुस्कुराता होगा। नमाज़ियों से आबाद मस्जिदें, कुरआन की तिलावत (पाठ) की ख़ुशबू से महकते हुए मेहराबो मेम्बर, घरों के दरो दीवार ईमान की रौशनी से जगमगाते हुए, हौज़ के शफ़्फ़ाफ़ (निर्मल) पानी पर नमाज़ियों की रूह का अक्स (छवि), जैसे फ़रिश्ते वजू कर रहे हों। मिट्टी के बँधनों (लोटों) से फूटती हुई सोंधी-सोंधी ख़ुशबू, लू और धूप में पसीने-पसीने रोज़ेदार जैसे ख़ानए काबा की हिफ़ाज़त में मसरूफ़ हों। धूप में तपते हुए फ़र्श पर फ़र्ज़ और सुन्नत नमाज़ें अदा करते हुए नन्हें-नन्हें बच्चे और नातों (हज़रत मुहम्मद का महिमा गान) से नग़मा बार (गीत मय) फ़िज़ा :

गुज़र रहे हैं सितारों के शहर से सरकार
क़दम-क़दम पे फ़रिश्ते सलाम करते हैं

हिलाल की तरह महीन, ग़रीब की आरजू की तरह मुख़्तसर, बच्चों की मुस्कुराहट की तरह रौशन, ममता की तरह शफ़ीक़ (स्नेहमय), बहिनों के मुक़द्दस आँचल पर चमकते हुए सलमा सितारे की तरह दिलकश, नमाज़ियों की पेशानी के निशान की तरह पुरनूर, ज़कात अदा किये हुए मुसलमान की तरह मुतमईन, सच्चे मुसलमान की तरह बेबाक और ईमान की दौलत से सन्शार (मस्त) मुजाहिद की तरह निडर ईद का चाँद देहातों में दरख़्तों की आड़ से और शहरों में इमारतों के दरीचे से झाँकने लगा है। नन्हें-नन्हें बच्चे-बच्चियाँ अपने बुजुर्गों की लाठी बने हुए घरों की छत पर आ गये हैं। बूढ़ी दादी अपनी झुर्रियों से भरे हुए चेहरे पर धुँधलाती हुई आँखों से चाँद को तलाश करते हुए बड़बड़ा रही है :

जीती रहो मगर मुझे आता नहीं नज़र
बेटी कहाँ है चाँद बताना मुझे किधर
अफ़सोस अब निगाह भी कमज़ोर हो गयी
जो चीज़ क़ीमती थी बुढ़ापे में खो गयी

बच्चे अपनी छोटी-छोटी उँगलियों से चाँद की तरफ इशारा करते हैं और चन्दा मामा कभी शरमा कर, कभी ग़रीबों और नादानों से निगाहें चुराते हुए बादलों में छुप जाते हैं।

ईद का चाँद देखने वाले फूट-फूटकर रो क्यों रहे हैं? उनकी फूल जैसी आँखों से आँसुओं की शबनम क्यों बहने लगी है...ऐसे क़ीमती आँसू जिन्हें देखकर तस्बीह के दानों का गुमान होता है।

रमज़ान की जुदाई का ग़म सिर्फ़ रोज़ादार ही जानता है। फिर साँसों का क्या एतबार, ज़िन्दगी की नाव का कोई मुस्तक़िल साहिल नहीं होता। ज़िन्दगी तो कठपुतली का एक खेल है जिसकी डोर रहती दुनिया तक सिर्फ़ परवरदिगार के हाथों में रहेगी। साइंस कितनी ही तरक़्क़ी करे, आदमी चाँद, सूरज से कितनी ही दोस्ती करे, अस्पताल कितनी ही मशीनों से आरास्ता हो जाएँ... ज़िन्दगी पर किसी का बस नहीं।

देखती रहती हैं आँखें कौन है किस रंग में

बक़रीद की आमद की ख़बर सुनते ही बकरे चिल्लाने लगते हैं बल्कि बकरों से ज़्यादा बकरा ख़रीदने वाले। सुरीले बकरे जब चिल्लाते हैं तो मुतरन्निम शोअरा की याद बहुत आती है जबकि बेसुरे बकरों की आवाज़ ख़ुद मुझसे बहुत मिलती-जुलती है। बकरों के दाम सीढ़ी की मदद के बिना ही काफ़ी ऊपर चढ़ गये हैं। जाड़ों में मुशायरों की बोहतात होती है तो शायरों की मार्केट भी उसी हिसाब से बढ़ जाती है। बल्कि ऐसे शायर भी मुशायरों में मदऊ (आमंत्रित) कर लिये जाते हैं जिनको तब्लीग़ी जमाअत वाले भी मदऊ करना पसन्द न करें।

बकरों के कारोबार से यूँ तो मेरा जायज़ व नाजायज़ कोई तअल्लुक़ नहीं है, फिर भी इस मण्डी में घूमते हुए मुझे पन्द्रह बरस हो गये हैं। इन पन्द्रह बरसों में ऐसे भी कई बकरों को देखने का इत्तिफ़ाक हुआ जिनके मालिकान अल्लाह को प्यारे हो गये, मगर वह ख़ुद आज तक मौजूद हैं। जमुनापार के बकरे बहुत अच्छे होते हैं और बहुत लिए-दिये रहते हैं। छोटे-मोटे ख़रीदारों को तो पीठ पर हाथ भी नहीं रखने देते बल्कि जो जमुनापारी बकरे अच्छे तरन्नुम के मालिक होते हैं, वह मुशायरों में बुला लिये जाते हैं। बकरियाँ भी मुशायरों में बुलायी जाती हैं मगर कमसिन बकरियों की माँग ज़्यादा रहती है और जब हूटिंग और दादो तहसीन का तवील सिलसिला शुरू होता है तो मुशायरागाह हू-ब-हू कीलख़ाना दिखाई देता है। कितने बदनसीब तो ऐसे होते हैं जिनकी कुर्बानी भी नहीं हो पाती... झटके से मार दिये जाते हैं। अपना शहर तो बक़रीद में बहुत बारौनक़ हो जाता है। बड़े से बड़ा बकरा मण्डी में नज़र आता है। कई बकरे तो इतने मज़बूत और तवाना होते हैं कि बैल उनको अपना रिश्तेदार समझने लगते हैं। ज़ाहिर है कि दुनिया में लोग बड़ों को ही अपना रिश्तेदार बताते हैं... ग़रीब और छोटे किसी के रिश्तेदार नहीं होते। सिर्फ़ हस्बे ज़रूरत (ज़रूरत के हिसाब से) इस्तेमाल कर लिये जाते हैं। बकरा मण्डी में आपकी मुलाक़ात हर तरह के लोगों से हो जायेगी। वह लोग जो कभी मस्जिद तक नहीं जाते, मण्डी में बकरा ख़रीदने ज़रूर आते हैं। अरे साहब! क्या पहने-ओढ़े बकरे बाज़ार में आते हैं... रेशमी क़बा से तन को ढाँपे हुए, सींगें पान की गिलोरियों जैसे ग़िलाफ़ों से आरास्ता (सुसज्जित), गले में घुँघरुओं की माला या पीतल की घण्टी का हार, साफ़ो शफ़्फ़ाफ़

गर्दन में सलीके से रिबन बँधे हुए बकरे बाज़ार में दिखाई देते हैं। बाज़ (कुछ) बकरों के गले में पड़ा हुआ रिबन तो आज कल के दुपट्टों से भी बड़ा होता है। लोग ज़ंजीर में बँधे हुए बकरों के साथ बाज़ार में दाख़िल होते हैं, ऐसी-ऐसी ज़ंजीरें जिनसे शेर भी बाँध दिया जाये तो हिल न सके। बकरे के गले में लोग घण्टी भी बड़े शौक़ और हौसले से बाँधते हैं। हालाँकि घण्टी बिल्ली के गले में बाँधना चाहिए, लेकिन अपनी क़ौम अब बहुत डरपोक हो गयी है और बिल्ली के बजाय बकरे के गले में ही घण्टी बाँधकर ख़ुश हो लेती है।

शहर में सबसे अच्छे बकरे हमारे मुस्तफ़ा मामा ख़रीदते हैं। पहले उनको तजरुबा नहीं था, लेकिन जब से मोहम्मडन स्पोर्टिंग में खिलाड़ियों की ख़रीदो फ़रोख़्त देखी तो तजरुबा हो गया है। मामा बकरों की देखभाल भी बहुत करते हैं। कोई भी अच्छा बकरा अगर मामा को देख लेता है तो यही चाहता है कि मैं बिकूँ तो इस क़द्रदान के हाथों, बल्कि अगर बकरों के पास कूव्वते गोयाई (वाक्शक्ति) होती तो वह बज़िद भी हो जाते। ये फ़र्क़ हो गया है इंसान और बकरे में। ख़रीदारों में एक ख़ामोश मुक़ाबला भी होता है... बहुत ख़ामोश मुक़ाबला जिसको सिर्फ़ ख़रीदार समझ सकते हैं, बिल्कुल उसी तरह जैसे जदीद शेर समझा जाता है। मेरी आँखों देखा वाक़िया है कि एक साहब अपने बकरे को लिये बाज़ार में खड़े थे और बता रहे थे कि तेरह हज़ार का लिया है। अचानक उनके एक हमउम्र बकरा लिये हुए आये और अपने बकरे को दस हज़ार रुपयों की गड्डी खिला दी। बकरा नोटों को बिल्कुल पत्तों की तरह खा गया तो वह साहब बोले कि ये चौदह हज़ारी बकरा है, आपका तो तेरह हज़ारी ही है।

बक़रीद में आपने शायद ये जादू भी देखा हो कि जो बकरा छोटे-मोटे कमरे में नहीं समा सकता था वही रेफ़्रिजरेटर में समा जाता है। अगर आपने ये जादू न देखा हो तो किसी भी घर में देख सकते हैं। मेरे एक चचा सय्यद मुनीर नियाज़ी हैं, उन्होंने इस बार बकरा नहीं ख़रीदा। कहने लगे कि रेफ़्रिजरेटर ख़राब है, गर्मी के दिन हैं, बकरे को गर्मी में रखना गुनाह है। अक्सर ख़रीदार क्वालिटी से ज़्यादा क्वान्टिटी पर तवज्जो देते हैं। फिर ख़रीदारी के बाद अहबाब से फ़ख़्रिया (गर्व के साथ) बयान करते हैं कि नौ बकरे ख़रीद लिये हालाँकि उन बकरों में बहुत-से बकरे ख़ानदानी मुर्ग़ों के वज़न के बराबर भी नहीं होते। कई लोगों को तो ऐसे बकरे भी ख़रीदते देखा गया है कि अगर ईद की तरह चाँद देखकर कुर्बानी होती तो 29 और 30 के चाँद के चक्कर में बकरे दम तोड़ देते क्योंकि ईद, बक़रीद तो चाँद देखकर आ सकती है, लेकिन मौत चाँद देखकर नहीं आती। कुछ बकरे तो इतने लाग़र होते हैं कि ख़रीदार उन्हें स्ट्रेचर पर लादकर ले जाते हैं। ऐसे बकरे भी देखने में आते हैं कि अगर खो जायें तो उनको तलाश करने के लिए दूरबीन ख़रीदनी पड़े। बहरहाल नीयतों का हाल तो अल्लाह जानता है, मुझे क्या, कोई कैसा ही बकरा ख़रीदे। मेरे पास तो रेफ़्रिजरेटर भी नहीं है और अगर इत्तिफ़ाक़ से रेफ़्रिजरेटर होता भी तो मैं क्या कर

लेता, क्योंकि मोमबत्ती से रेफ़्रिजरेटर कभी नहीं चल सकता और शहर में बिजली पर भरोसा करना उर्दू वालों का हुकूमत पर भरोसा करने की तरह है। बकरों की मण्डी में शायरों और अदीबों से भी मुलाक़ातें होती रहती हैं। सहाफ़ियों और प्रोफ़ेसरों का चेहरा भी देखने को मिलता है। ग़रज़ कि दोस्त और दुश्मन सभी से मुलाक़ात हो जाती है। एक सुबह की बात है कि बाज़िग़ बिहारी से मुलाक़ात हो गयी। चेहरे की हवाइयाँ उड़ रही थीं। लगता था कि बकरा भाग गया है, उसी को ढूँढ़ने निकले हैं। मेरे पूछने पर कहने लगे, मेरे उस्तादे मोहतरम हज़रत क़ैसर शमीम ने बकरा लाने की ज़िम्मेदारी मुझे सौंपी है। मैंने कहा, उन्हें ख़ुद आना चाहिए था। कहने लगे, उस्ताद अब सदारत के लिए तो घर से निकलते नहीं, बकरा ख़रीदना तो दर किनार। मैंने पूछा, बाज़िग़ साहब! आपने बकरे देखे। वह बोले, नहीं अभी तक तो बकरे मुझको देख रहे हैं। तीन चार दिनों बाद वह कोई चीज़ ख़रीदकर उस्तादे मोहतरम की ख़िदमत में ले गये। तमाम हवड़ा वालों ने उस जानवर को पहचानने की कोशिश की मगर उसकी कोई शिनाख़्त नहीं हो सकी। अहसन शफ़ीक़ ने क़ैसर शमीम साहब से अर्ज़ किया कि हज़रत, अगर इस जानवर का कुछ नाम समझ में न आये तो *'कुबड़ी बुलन्दियाँ'* रख दीजिएगा। सबसे ज़्यादा दुःख हामी गोरखपुरी साहब को हुआ जो ज़ैतून का तेल कड़ाही में खौला रहे थे। ख़ुफ़िया सूत्रों से पता चला है कि कड़ाही उतारी नहीं गयी है, सिर्फ़ चूल्हा बुझा दिया गया है क्योंकि नूर पैकर ने अपनी तीसरी शादी में लड़की वालों से दहेज़ में बकरे की फ़रमाइश की है। अभी चार पाँच दिन पहले की बात है। मेरे एक दोस्त हैं जो ममलिकते अदब (साहित्यिक साम्राज्य) में जासूसी का काम करते हैं। मुझे आज़ादाना तौर पर बताने लगे कि हज़रत सालिक लखनवी, मोहम्मद अमीन साहब और निज़ामुद्दीन साहब एम.एल.ए. एक ही टैक्सी में ख़िज़्रपुर बकरा मण्डी में देखे गये हैं और ये भी पता चला है कि यह लोग मुशतरका (संयुक्त) तौर पर लाल रंग का बकरा तलाश कर रहे हैं। उन्हीं साहब ने ये भी बताया कि हाशिम अब्दुल हलीम साहब ने ख़ुशक़िस्मती ने सुर्ख़ रंग का बकरा हासिल कर लिया है। मगर वाह री क़िस्मत! उसका ख़ून सफ़ेद निकला। ख़ून पर याद आया कि मैंने कल शाम को हाफ़िज़ जी गोश्त वाले की दुकान पर कई शायरों और अदीबों का हुजूम देखा तो चौंका कि कोई मुशायरा है क्या? लेकिन बाद में पता चला कि हाफ़िज़ जी से कुछ लोग ये मामला तय कर रहे थे कि जो बकरे आप अपनी दुकान के लिए काटते हैं, वह हमारे घर पर ज़िबह कर लीजिए... सिर्फ़ ज़िबह करना है... बक़िया आप वही करें जो आप काट कर यहाँ करते हैं। बस, मोहल्ले वाले देख लेंगे कि कुर्बानी हुई है, मैं एक बकरा काटने के लिए पचास रुपये दूँगा। ये तरीक़ा मुझे अच्छा लगा। मुशायरों में तो यह तरीक़ा बहुत पहले से राएज (प्रचलित) है। हर शहर में एक मुशायरे से मिलाकर दूसरा छोटा मुशायरा रख लिया जाता है और बहुत कम क़ीमत पर शोअराये किराम को किनारे लगा दिया जाता है।

—

बकरा मण्डी में एक दिन अहमद सईद मलीहाबादी साहब भी दिखाई दिये। हर बरस वह बकरा ख़रीदने आते हैं और अच्छे ख़ासे बकरे ख़रीदते हैं। उनको बकरा ख़रीदते सबने देखा है लेकिन पत्ते ख़रीदते किसी ने नहीं देखा क्योंकि वह अपने बकरों को पत्तों की जगह ग़ज़लें और अफ़साने खिलाते हैं, बल्कि एक बहुत ही ख़ास क़िस्म के आदमी ने बक़रीद से दो दिन पहले प्रोफ़ेसर एज़ाज़ अफ़ज़ल को भी *'आज़ाद हिन्द'* के दफ़्तर से एक बण्डल ले जाते देखा है। उसी ख़ास आदमी ने ये भी बताया कि मुमताज़ ग़ाजीपुरी और घायल आज़मी की ग़ज़लें भी उस बण्डल में थीं। अभी कुछ दिनों पहले मैं सुल्तान अहमद से मिला तो उन्होंने बताया कि मैंने बहुत अच्छा बकरा लिया है, तुम उसको एक निगाह ज़रूर देखना, मुस्लिम इंस्टीट्यूट में बँधा हुआ है। हालाँकि सुल्तान अहमद अब मुस्लिम इंस्टीट्यूट में नहीं हैं, लेकिन अपना बकरा वहीं बाँधते हैं। मैंने सोचा, चलो मुस्लिम इंस्टीट्यूट में बकरा देखने के बहाने सुलेमान खुर्शीद से भी मुलाक़ात हो जाएगी। वहाँ दरबान से मालूम हुआ कि नहीं हैं, मोहम्मडन ग्राउण्ड में बकरा चराने गये हैं। उसी ने यह भी बताया कि जबसे उन्होंने अख़बार की नौकरी छोड़ी है अपना बकरा मोहम्मडन ग्राउण्ड में ही चराते हैं। ये भी मालूम हुआ कि इब्राहीम अली मुल्ला के बकरे की देखरेख भी वही करते हैं। मुस्लिम इंस्टीट्यूट से निकलकर मैं डायमण्ड होटल में आ गया, सोचा एक कप चाय पी ली जाये। वहीं एक पुराने दोस्त रफ़ीक़ अंजुम से मुलाक़ात हो गयी। उन्होंने बताया कि कमाल अहमद और ज़हीर अनवर नाजायज़ तरीक़ों से बकरे ले आये हैं, लिहाज़ा मैंने ये फ़ैसला किया है कि उनके किसी ड्रामे में काम नहीं करूँगा। अभी लोग गुफ़्तगू कर ही रहे थे कि एक और देरीना (पुराने) दोस्त जो अब पुलिस इंस्पेक्टर हैं, बकरा लिये हुए होटल में दाख़िल हुए। मौसूफ़ बकरे को बिल्कुल मुजरिमों के अन्दाज़ में पकड़े हुए थे। मेरे पूछने पर बताया कि सतरह रुपये में लिया है, पुलिस वाले को इतने ही में मिलता है... जिस दुकान से मैंने यह बकरा ख़रीदा है वहीं एक इनकम टैक्स अफ़्सर भी आये, उन्हें भी बकरा ख़रीदना था। उन्होंने बकरे वाले को अपना डिपार्टमेंट बताया, बकरे वाले ने फ़ौरन दस्तबस्ता (करबद्ध) अर्ज़ किया कि 'हुजूर बकरा टैक्सी पर ले जाइएगा या खुर पर ले जाइएगा।' कल शाम को बाज़ार में बहुत भीड़ थी (ख़रीदारों और बकरों की तादाद मालूम करने के लिए कम्प्यूटर का इस्तेमाल करना पड़ता, लिहाज़ा अन्दाज़े से काम चलाना पड़ा)। अचानक ख़्वाजा मोहम्मद युसूफ़ और ख़्वाजा हमीद (होटल अल्लाह वाला के मालिक) हाथ में हाथ डाले बाज़ार में दाख़िल हुए। बकरे और ख़रीदार दोनों भागने लगे। मैंने सोचा, पुले सिरात से इन हज़रात को लेकर गुज़रना बहुत मुश्किल काम है, काफ़ी खाये पिये लोग हैं और एक तो उनमें वकील भी हैं, इसलिए मैं भी फ़ौरन एक कोने में दुबक गया। निगाह उठायी तो *'वाश एण्ड वियर'* का बोर्ड सामने था। मैं सहम गया कि बकरा बनने से बच भी गया तो वाश एण्ड वियर वाले कुछ और बना देंगे। लिहाज़ा वहाँ से भागा और

अभी हकीम साहब के दवाख़ाने के पास पहुँचा ही था कि मतब से बकरे के चीख़ने की आवाज़ सुनाई देने लगी। जाकर देखा तो पता चला कि हकीम साहब के जुल्लाब देने की तजवीज़ (सलाह) सुनकर एक मरीज़ चिल्ला रहा है।

अनीस रफ़ी भी वहीं मिल गये। बेचारे कई क़िस्म के चूरन बनवाने में मशगूल थे। मौसूफ़ शरीफ़ आदमी हैं, आँख बन्द करके बकरा ख़रीदते हैं, किसी खुशनुमाई को पास नहीं फटकने देते। हाँ, उनको बस एक शौक़ था और इसी शौक़ की तकमील के लिए बकरे की पीठ पर कुर्बानी से पहले *मेहमाने खुसूसी* लिखवा देते हैं। मैंने पूछा, 'प्यारे भाई! यह इतना चूरन आप क्या करेंगे, कोई दुकान वग़ैरह ख़ोल रहे हैं क्या?' शरमाकर कहने लगे, 'नहीं यार, बकरीद बाद कई महफ़िलों में मुझे मेहमाने खुसूसी बनना है।' मैंने उनसे पूछा कि इरफ़ान बनारसी, नूर कुरैशी और अख़्तर कुरैशी को कब रेडियो पर बुला रहे हैं। मुस्कुराकर कहने लगे, 'इस बार सिर्फ़ दो शायरों को ज़हमत दे रहा हूँ। कुछ परेशानियाँ थीं इस वजह से सिर्फ़ दो ही बकरे ख़रीदे हैं। हकीम साहब ने मेरे लिए चाय मँगवाई और बड़ा दिलचस्प वाक़िया बताया। कहने लगे, 'अभी एक बिल्कुल नया ख़रीदार बाज़ार में आया था। उसने कभी बकरा नहीं देखा था लिहाज़ा शहूद आलम आफ़ाक़ी को पसन्द कर लिया और ख़रीदने को तैयार हो गया। वह तो मैंने उसे डांटा वर्ना आज शहूद आलम आफ़ाक़ी बिक गये होते। वैसे ये हादसा नया नहीं है। इससे पहले भी कई दूसरे लोगों ने शहूद आलम आफ़ाक़ी को ख़रीदने की कोशिश की थी। मैं एक सुबह ज़रा जल्दी घर से निकल आया। बकरा मण्डी में ज़्यादा भीड़ नहीं थी। एक बकरे वाले के यहाँ जावेद निहाल साहब खड़े थे। मैं भी उनके पीछे खड़ा हो गया। वह बकरों से उनकी अदबी ख़िदमात पूछ रहे थे बल्कि एक बकरे को उन्होंने अपना नाम भी बताया। इतने में एक साहब, जिनका नाम मैं सचमुच नहीं जानता, आये और बकरे वाले से दाम कम करवाने लगे। उन्होंने बकरे वाले से ये भी कहा कि तुम अगर दाम कम कर दोगे तो मैं अगले बरस तुमको उर्दू एकेडमी की माली इम्दाद भी दिलवा दूँगा। बकरे वाला ज़रा मुँहफट था। फ़ौरन बोला, उर्दू एकेडमी की माली हालत खुद ही बहुत ख़राब है, अभी तक बहुत से लोगों को ईनाम की रक़्म नहीं मिली है। परसों ही सेक्रेटरी फ़ख़रुद्दीन साहब से मुलाक़ात हुई थी। वह बेचारे खुद किसी एकेडमी के माली तआवुन (आर्थिक सहयोग) से बकरा ख़रीद रहे हैं। मुझे झांसा मत दीजिए, भीड़ हटाइए, वह देखिए मेरे पुराने ग्राहक अलक़मा शिबली और नम्र ग़िज़ाली आ रहे हैं। हालाँकि ये हर साल जुड़वाँ बकरा तलाश करते हैं लेकिन बहुत साबिर (सन्तोषी) हैं, आख़िर में जो मिल जाता है उसी पर क़नाअत (सन्तोष) कर लेते हैं। उसी ने बताया कि बेचारे ज़फ़र औगाँवी तक़रीबन दस दिनों से रोज़ाना बकरा ख़रीदने आ रहे हैं, मगर बेनील मराम (निराश) वापस चले जाते हैं। मैंने पूछा कि बाज़ार में बकरे तो बहुत हैं और बड़े-बड़े नामी गिरामी बकरे भी मौजूद हैं, फिर ऐसा क्यों है। बकरे

वाला ज़ोर से हँसा और कहने लगा, "राना साहब! वह नामी गिरामी बकरा नहीं तलाश कर रहे हैं बल्कि बिलग्रामी बकरा तलाश कर रहे हैं। अब आप जाइए, बहुत देर तक आपने मुझे बोर किया है। ये मुशायरागाह नहीं है। यहाँ ज़्यादा बोर करने वाला पहले ही दबा दिया जाता है।" मैं अभी चन्द क़दम ही बढ़ा था कि इक़बाल कृष्ण मिल गये। देखते ही रोने लगे। मैंने पूछा, 'क्या हुआ भाई?' कहने लगे, 'अपने नाम जैसा बकरा तलाश करता हुआ मैं इक़बालपुर से राधा बाज़ार तक पैदल आया हूँ लेकिन बकरा तो बकरा, कोई पोस्टर भी ऐसा नहीं मिला जो मेरे नाम जैसा होता।' मैंने कहा कि फिर अब क्या इरादा है? कहने लगे, 'फ़ारूक़ शफ़ीक़ से मिलना है, उन्होंने शमसुर्रहमान फ़ारूक़ी से बकरे के बारे में मशविरा तलब किया है। बिलफ़र्ज वह न मिले तो शमीम अनवर से एलबम लेकर बकरा तलाश करना पड़ेगा।'

आपको सुनकर हैरत होगी कि मैंने कई शायरों को टेप रिकार्डर लेकर बाज़ार में घूमते देखा है। बाद में पता चला कि ग़ज़लों के लिए नयी धुनें तलाश कर रहे हैं बल्कि ये भी ख़बर मिली है कि रईस आँवलवी ने अपनी नयी ग़ज़ल की धुन वहीं से हासिल की है। बताने वालों ने ये भी बताया कि हबीब हाशिमी पाँच छः बरस पहले इतने कामयाब शायर नहीं थे। एक बार बक़रीद में एक अच्छा तरन्नुम वाला बकरा उनको मिल गया था। बस, उसी के बाद से वह मुशायरों में बहुत कामयाब होने लगे। कई शायर तो उसी बकरे की नस्ल वाला बकरा तलाश करते फिर रहे हैं।

कल शाम की बात है कि दो बकरे लड़ पड़े (पहले उनके मालिकान लड़े थे), घमासान की लड़ाई हो रही थी कि इतने में फ़ैज़ान अहमद उधर से गुज़रे। वह भी जंग का मंज़र देखने लगे। ज़रा-सी देर में एक बकरा चारों पाँव चित होकर गिर पड़ा। फ़ैज़ान अहमद उससे लिपट गये और बोले, *"आ अन्दलीब मिल के करें आहोज़ारियाँ"* और फ़िर वही बकरा ख़रीद भी लिया। डिप्टी स्पीकर कलीमुद्दीन शम्स को जीता हुआ बकरा पसन्द आया। उन्होंने उसकी तारीफ़ में एक तक़रीर भी की, लेकिन ख़रीदा नहीं। बकरे वाले ने मुझे राज़दाराना तौर पर ये बताया कि स्पीकर साहब बकरे के दाँत नहीं देखते, आवाज़ में ज़ोर देखते हैं। उसी ने ये भी बताया कि मैं न तो उनके हाथ बकरा बेचता हूँ और न सकुलैन हैदर के हाथ। ये तो सिर्फ़ आवाज़ तक महदूद (सीमित) हैं लेकिन सकुलैन हैदर तो बकरे को लतीफ़े सुनाकर ख़रीदते हैं। अरे साहब! इस ज़माने में इंसान के होंठ हँसी से आरी (ख़ाली) हैं, भला बकरा कैसे हँसेगा। अगर बकरे हँसना जानते तो इतनी ताख़ीर (देर) न करते, आपके देखते ही हँसना शुरू कर देते। बात-ही-बात में ये भी ख़बर दी कि एक दिन फ़ीरोज आबिद अँधा बकरा ख़रीदने आये थे। मैंने कहा, 'कोई भी बकरा ले जाइए उसकी आँखें फोड़ दीजिएगा।' कहने लगे, 'तब एक काम कीजिए कोई पढ़ा लिखा बकरा दे दीजिए, मैं उसे अपनी किताब पढ़वा दूँगा खुद ब खुद अन्धा हो जाएगा।' इधर फ़ीरोज़ आबिद अन्धा बकरा तलाश कर रहे थे और उधर युसुफ़ बख़्शी कोई *'नूरे नज़र'* (युसुफ़

बख़्शी के सुरमे का ब्राण्ड) काटने की तैयारी में मसरूफ़ थे। ऐन. रशीद भी आज शाम मण्डी में दिखाई दिये। बिल्कुल अपनी नज़्म *'शह्र'* की तरह उदास दिखाई दे रहे थे। मैंने वजह पूछी तो कहने लगे कि मैंने बकरे के लिए एक यूनीफ़ार्म सिलवाई थी, अब उस साइज़ का बकरा नहीं मिल रहा है। मेरी गुज़ारिश पर उन्होंने यूनीफ़ार्म मुझे दिखाई। मैंने उन्हें बताया कि एक बकरा बीच सड़क पर बँधा हुआ है आप उसे ख़रीद लें। हँसकर बोले, 'वह नहीं बिक सकता, वह तो डी.सी. (ट्रैफ़िक) तय्यब खाँ का बकरा है।' मैंने अर्ज़ किया, 'फिर क्या वह वर्दी मैं पहनकर देखूँ?' वह हँसने लगे तभी मैंने महसूस किया कि डी.सी. ख़ुफ़िया पुलिस, कलकत्ता, सफ़वी साहब, मेरे तआक़ुब में लगे हुए हैं कि कब मैं बकरा ख़रीदूँ और वह मुझे गिरफ़्त में लेकर लाल बाज़ार थाने पहुँचाएँ लिहाज़ा मैंने वहाँ से नौ दो ग्यारह हो जाने में ही अपनी आफ़ियत समझी।

शहर में ईद की तारीख़ बदल जाएगी

रमज़ान के शुरू होते ही हकीम साहब से मेरे इख़्तिलाफ़ात (मतभेद) शुरू हो जाते हैं। रोज़ा न रखने के सिलसिले में मौसूफ़ तावील (तर्क) यह पेश करते हैं कि मुसाफ़िर पर रोज़ा फ़र्ज़ नहीं होता और चूँकि उलमायेकिराम और दुर्वेशों ने दुनिया को सराय से ताबीर किया है लिहाज़ा मैं मुसाफ़िर हुआ और इस हिसाब से मैं माफ़ी के क़ाबिल हूँ। हालाँकि जब मैं उनसे इस सराय फ़ानी (नश्वर संसार) से घर वापस जाने की गुज़ारिश करता हूँ तो वह फ़ौरन अल्लाह तआला से अपनी दराज़िये उम्र (दीर्घायु) की दुआएँ माँगना शुरू कर देते हैं और अल्लाह मियाँ को ख़ुश करने के लिए एकाध रोज़ा भी रख लेते हैं :

सब बहुत ख़ुश हैं इबादत का उसे दे के फ़रेब
वह मगर ख़ूब समझता है, ख़ुदा है वह भी

एकाध रोज़े में भी लोगों से इतनी बदसलूकी कर चुके होते हैं कि पूरा ईद का महीना बजाय सिवइयाँ खाने के गालियाँ खाने में गुज़र जाता है। रोज़े की हालत में उनके घर वाले न उनके साथ गुफ़्तगू करते हैं, न अफ़्तार। चूँकि अफ़्तार पार्टियों से उन्हें अज़ली (अनादिकालिक, पैदाइशी) दुश्मनी है, लिहाज़ा अकेले ही रोज़ा खोलते हैं। हालाँकि मैं उनसे बराबर अफ़्तार पार्टियों में शिरकत करने की गुज़ारिश करता रहता हूँ, लेकिन वह फ़िरक़ा परस्त (साम्प्रदायिक) लीडर की तरह अपनी बेजा ज़िद पर अटल रहते हैं। अफ़्तार पार्टी को मुँह भराई कहते हैं। बक़ौल उन्हीं के रोज़ा रखने से ज़्यादा मुश्किल काम रोज़ादार की अदाकारी करना है। मुअज़्ज़िन से ज़्यादा कैमरामैन की तरफ़ ध्यान रखना पड़ता है और ये सब काम मेरे बस का नहीं है। मैंने अर्ज़ किया, अगर अफ़्तार पार्टी में ये सब करना पड़ता है तो लोग शरीक क्यों होते हैं? कहने लगे, सियासत में लोग क्यों शरीक होते हैं, वहाँ तो इससे ज़्यादा ज़मीर (आत्मा) की दुर्गत बनती है। मैंने अर्ज़ किया कि अगर मैं आपको अफ़्तार पार्टी में ज़हमत दूँ तो? मुस्कुराते हुए बोले, मुझे मदऊ (आमंत्रित) करना है तो मस्जिद में अफ़्तार पार्टी करनी होगी क्योंकि इस तरह सियासी लोग अफ़्तार पार्टी में शामिल नहीं होंगे और मुझ गुनहगार की वजह से कुछ सचमुच के रोज़ादारों का फ़ायदा होगा। फ़ोटोग्राफ़रों का दाख़िला ममनूअ (वर्जित) रहेगा, कैमरे के फ्लश नहीं चमकेंगे बल्कि

रोज़ादारों के चेहरे चमकेंगे, न अफ़्तारी ज़ाया (बर्बाद) होगी और न ही दाने की बर्बादी होगी। मैंने अर्ज़ किया कि अगर बिलफ़र्ज मैं आपके एज़ाज़ में अफ़तार पार्टी करूँ और वह भी मस्जिद के सहन में, तो मुझे किन-किन चीज़ों का इन्तिज़ाम करना पड़ेगा? कहने लगे, अफ़्तार पार्टी में सियासी आदमी और ख़रबूज़ा हर्गिज़ नहीं होना चाहिए क्योंकि ख़रबूज़ों को देखकर ख़रबूज़ा रंग पकड़ता है। फलों में फूट ज़रूर मँगवा लेना क्योंकि ये फल हमारी क़ौम को बहुत पसन्द है। हलीम (खिचड़ा) इसलिए मँगवाना कि यह लफ़्ज़ एक ज़माने तक हमारी क़ौम के मिज़ाज का सरमाया रह चुका है। मैंने अर्ज़ किया, अंगूर? शर्माये, फिर लजाये, फिर बोले, "उनकी साहब ज़ादी से मेरा तअल्लुक़ है लिहाज़ा उन्हें ज़हमत देने की ज़रूरत नहीं है। हाँ, रमज़ान के बाद देखा जायेगा।" मैंने अर्ज़ किया पपीता भी बाज़ार में आया हुआ है। कहने लगे, 'कोई मज़ायका (हर्ज) नहीं है, सिर्फ़ ये ख़याल रखना कि उसका क़िरदार अन्दर से ख़राब न हो। चने की दाल ज़रूर मँगवा लेना लेकिन मटर बिल्कुल नहीं, एक तो ये हज़्म नहीं होता दूसरे उर्दू वाले इसके साथ गश्ती का इस्तेमाल भी करते हैं और मुझे बेमक़सद मटरगश्ती से सख़्त नफ़रत है। अमरूद को ज़रूर इज़्ज़त देना। अफ़्तार पार्टी वाले अमरूद को बिल्कुल उसी तरह फ़रामोश कर देते हैं जैसे अदब वाले अकबर इलाहाबादी को। मैंने पूछा, 'मूली तो आप शौक़ से खाते हैं। कहने लगे, मँगवा लेना, मगर इसके पत्ते भी बहुत ज़रूरी हैं क्योंकि मूली और फ़िरका परस्ती में बड़ी मुशाबिहत (समरूपता) है। मूली सब कुछ हज़्म कर देती है लेकिन ख़ुद बाक़ी रहती है। उसे उसके पत्तों के ज़रिये हज़्म करना पड़ता है। उसी तरह फ़िरक़ा परस्ती सब कुछ ख़त्म कर देती है लेकिन उसे ख़त्म करने के लिए वज़ारत की कुर्सी की ज़रूरत पड़ती है। हाँ, सलाद में मुझे कोई दिलचस्पी नहीं है क्योंकि यह ग़रीब उर्दू ज़बान की तरह होती है। इस्तेमाल सब करते हैं याद कोई नहीं रखता है। मैंने पूछा, दही बड़े भी तो आप शौक़ से खाते हैं... कहने लगे, मैं क्या बड़े-बड़े शौक़ से खाते हैं। फिर कहने लगे, ख़याल रखना मैं मग़रिब की नमाज़ अदा करते समय ही चाय की तरफ़ तवज्जो देता हूँ। मैंने पूछा, कौन-सी चाय का एहतमाम करना होगा? कहने लगे, कोई-सी भी, क्योंकि सियासी पार्टियों की तरह हर चाय तक़रीबन एक-सी होती है सिर्फ़ प्यालियों का फ़र्क़ होता है। मैंने अर्ज़ किया, ये कहकर तो आप मौलाना अबुल कलाम आज़ाद की चायनोशी की तौहीन कर रहे हैं... होंठों पर सियासी मुस्कुराहट बिखेर कर कहने लगे, "उन्होंने तो हमेशा एक ही ब्राण्ड की चाय इस्तेमाल की थी, इसी वजह से उन पर दल बदलू होने का इल्ज़ाम नहीं लगाया जाता।"

तमाम ग़ैर शरई (ग़ैर क़ानूनी) हरकतों और तावीलों के बावजूद हकीम साहब ईद का कार्ड भेजने के सिलसिले में बहुत ज़िम्मेदार वाक़े हुए हैं। हर क़िस्म के कार्डों के शौक़ में रुस्वा और गिरफ़्तार होने के बावजूद रमज़ान का चाँद पड़ोसियों की छत से देखते ही ईद कार्ड की ख़रीदारी में दुकान-दुकान, बुक़्रा-बुक़्रा भटकते हैं। कहने

वाले तो यहाँ तक कहते हैं कि मौसूफ़ मग़रिब के वक्त का इन्तिज़ार बिल्कुल नहीं करते बल्कि सूरज की रौशनी में *'चाँद'* देखने की कोशिश करते हैं। साबिक़ा (पिछली) और मौजूदा महबूबाओं के नाम, पते और उम्र राशन कार्ड से हासिल करते हैं। उनकी इसी हरकत की वजह से मोहल्ले की ख़वातीन अब उनसे चेहरा या उम्र छुपाने के बजाय राशन कार्ड छुपाती हैं। चाँद पर जाने वालों से शदीद नफ़रत करते हैं और तावील यह पेश करते हैं कि सदियों से चले आ रहे चाँद देखने के रूमानी पहलू को इन कमबख़्तों ने बर्बाद कर दिया है। रक़ीब (इश्क़ में प्रतिद्वन्द्वी) का भेजा हुआ कार्ड क़ारूरे (पेश रखने की शीशी) की तरह हिक़ारत (घृणा) से देखते हैं जबकि महबूबा का कार्ड नब्ज़ की तरह तब तक पकड़े रहते हैं जब तक बक़रीद का बाक़ायदा एलान न हो जाये। दोस्तों को ईद कार्ड और दुश्मनों को अपनी असली तस्वीर पाबन्दी से रवाना करते हैं। कहते हैं कि ईद कार्ड हुकूमत की माली (आर्थिक) परेशानी दूर करने के लिए ईजाद किये गये हैं जिसके सिले में हुकूमत ने इंक्वायरी कमीशन की ईजाद की, जिसका इस्तेमाल उमूमन शहर तबाह हो जाने के बाद किया जाता है :

क्या-क्या लुटा है तीरा नसीबी के दौर में
घर में कोई चराग़ जले तो पता चले

अपने हर मरीज़ को ईद कार्ड और गुज़र जाने वाले के लवाहिक़ीन (वारिसों) को माज़िरतनामा (माफ़ीनामा) पाबन्दी से भिजवाते हैं। हर कार्ड के मज़मून को एहतियातन कई बार पढ़ते हैं क्योंकि नवजवानी के ज़माने में बीवी का ईद कार्ड खुशदामन (सास) साहिबा को भेजकर काफ़ी ज़लील हो चुके हैं। हालाँकि इस दानिस्ता ग़लती की वजह से उनकी सास उनसे बहुत खुश रहती हैं। अलबत्ता उनकी अहलिया (पत्नी) उनके चाल चलन से ता दमे तहरीर (ये पंक्तियाँ लिखे जाने तक) मशकूक (सन्देह में) रहती हैं।

हकीम साहब ईद आते ही इन्तिज़ामिया (प्रशासन) की तरह ख़ौफ़ज़दा हो जाते हैं। कहते हैं, 'यही वह महीना है जब आदमी अपने बच्चों तक की निगाह में ज़लील होने की पोज़ीशन में आ जाता है क्योंकि ईद क़रीब आते ही फ़रमाँ बरदार बच्चे भी उर्दू एकेडमियों की तरह जानिबदारी (पक्षपात) में मशगूल हो जाते हैं और आदमी चेयरमैन होते हुए भी अपने आपको व्हील चेयर पर बैठा हुआ महसूस करता है, क्योंकि इस महीने में इख़राजात महँगाई की तरह बढ़ जाते हैं और आमदनी औरतों की उम्र की तरह घटने लगती है।

संग उठाया था कि सर याद आया

पढ़े लिखे लोगों का क़ौल है कि जिसे पुलिस तलाश करे, वह यक़ीनन शरीफ़ आदमी होगा। इस क़ौल पर मुझे क़तअन (बिल्कुल) यक़ीन नहीं था, लेकिन जब मुल्क के कई ऐसे लोग कुर्सिये वज़ारत पर विराजमान हो गये जिन्हें पुलिस दिन रात तलाश करती थी। तो मेरे पास इस क़ौल से इनहराफ़ (इनकार) की कोई वजह नहीं थी। फ़िर मैंने आज तक पुलिस वालों को किसी शायर को ज़हमते चीख़ सराई देते नहीं देखा था। लिहाजा जब पुलिस मुझे तलाश करने आयी तो मैं बहुत ख़ुश हुआ। मोहल्ले वाले भी बहुत ख़ुश थे, लेकिन उनकी ख़ुशी को देखकर मुझे उनके जाहिल होने का यक़िन हो गया क्योंकि अगर वह लोग पढ़े लिखे होते तो यक़ीनन ख़ुश नहीं होते। मैं तो इतना ख़ुश था कि अगर मालिक मकान होता तो एक आध कमरा पुलिस वालों को मुस्तक़िल क़याम करने के लिए दे देता। क्योंकि अक्लमन्द लोग साँप से बचने के लिए नेवला पाल लेते हैं। जब मैंने उन लागों से आमद का सबब दरयाफ़्त किया तो एक बातूनी अफ़सर मुस्कुराते हुए बोला कि जनाब हम लोग तो आपको काफ़ी दिनों से तलाश कर रहे थे, लेकिन आपके दुश्मनों से मालूम हुआ था कि आप कराची चले गये हैं। यह तो अल्लाह भला करे आपके दोस्तों का जिन्होंने आपके वापस आते ही लोगों को आगाह कर दिया। मैंने अर्ज़ किया कि जनाब वापसी पर मुझे अपने दुश्मनों से यह ख़बर मिल गयी थी कि आप लोग मुझे तलाश कर रहे हैं, लेकिन चूँकि रमज़ान में एक ख़ास मख़लूक़ को अल्लाह क़ैद कर देता है लिहाज़ा मैं मुतमइन था। पुलिस वालों के चेहरों पर ख़ुफ़िया मुस्कुराहट दिखाई दी और मैं भागलपुर की तरह सहम गया। बातूनी पुलिस अफ़सर बोला, 'जनाब, हम लोग आपकी लताश में कई अफ़सर पार्टियों में भी शरीक हुए इत्तिफ़ाक़ से आप कहीं नज़र नहीं आये। आपके दुश्मनों से पता चला कि आप इस बरस बाक़ायदा रोज़े रख रहे हैं, लिहाज़ा अफ़तार पार्टियों में शरीक होने से बचते हैं।' मैंने उन्हें मुख़बिरों कि तरह बताया कि अफ़तार पार्टियों में शिरकत के लिए मेज़बान और मेहमान के बीच रोज़ा न रखने का एक ख़ामोश मुआहिदा होता है। दूसरे जब से हकीम साहब ने यह बता दिया है कि कुछ मुख़य्यर (दानी) हज़रात ज़काती पैसों से अफ़तार पार्टी कर रहे हैं, तब से अफ़तार पार्टीयों में जाना मेरे लिए तक़रीबन

नामुमकिन-सा हो गया है, क्योंकि यूँ भी ज़कात सय्यदों के लिए हराम है। पुलिस वालों ने पहलू बदला और मैं चौकन्ना हो गया क्योंकि अगर पुलिस वाले पहलू बदलें तो समझ लो कि हालात बदलने वाले हैं।

एक पुलिस वाले ने मुझे बराहे रास्ता मुख़बिरों की तरह इस्तेमाल करते हुए पूछा, 'ये ग़ालिब कहाँ मिलेंगे?' मैं मज़ीद चौकन्ना हो गया क्योंकि अगर पुलिस वाले ग़ालिब के बारे में पूछें तो समझिये अदब ख़तरे में पड़ चुका है। पहले तो मैंने सोचा कि शायद इस महकमे ने अदब पर ध्यान देना शुरू कर दिया है फ़िर फ़ौरन ख़याल आया कि पुलिस का अदब से हमेशा वही ताल्लुक़ रहा है जो बी.जे.पी. का कम्युनिस्टों से है। मैंने पुलिस वालों को मज़ीद कुरेदने की कोशिश की तो वही बातूनी अफ़सर जो पेट का हल्का भी था (अच्छा हुआ कि औरत नहीं था वर्ना सारी ज़िन्दगी बेऔलाद रह जाता) कहने लगा कि एक पुराने रिकार्ड से ग़ालिब के बारे में कुछ ख़ास बातें मालूम हुई हैं। मैंने जल्दी से पूछा, 'क्या ग़ालिब के जुयेख़ाने के बारे में पता चला है?' पुलिस वाला हँसता हुआ बोला, 'जनाब जुयेख़ाने से रक़म बड़े बाबू को पहुँच जाती थी। हमारे हाथ तो ग़ालिब की एक तहरीर लगी है :

हमने मजनूँ पे लड़कपन में 'असद'
संग उठाया था कि सर याद आया

इस इंकिशाफ़ (बात ज़ाहिर होना) के साथ ही एक पुलिस वाला मेरे कान में अपना मुहँ सिगरेट समेत डालने की कोशिश करते हुए बोला कि जनाब हम लोग काफ़ी दिनों से स्टोन मैन की तलाश में लगे हैं। पहले तो हम लोगों ने एक क़व्वाल को पकड़ा जो एक महफ़िल में यह शेर पढ़ रहा था, लेकिन अव्वल तो वह इतना बेसुरा था कि अपनी आवाज़ ही से किसी की जान ले सकता था, उसे पत्थर उठाने की ज़रूरत नहीं थी। दूसरे, उसने बताया कि साहब मैं सिर्फ़ गा रहा हूँ, जिस तरह बयानात तो एक ख़ास पार्टी के होते हैं और नश्र (प्रसारण) सिर्फ़ गवर्नर हज़रात करते हैं। यह शेर तो किसी असद साहब का है। हम लोगों ने बहुत ही तलाश के बाद प्रोफ़ेसर असदुज़्ज़माँ 'असद' को ढूँढ निकाला, लेकिन सेहत से तो दवा की शीशी तक उठाने के क़ाबिल नहीं थी, पत्थर उठाना तो बहुत दूर की बात है। उन्हीं से यह भी मालूम हुआ कि ग़ालिब का शेर है, वह कई नामों से अपना काम करता था। उन्हीं से यह भी मालूम हुआ कि आपके पास शहर के अक्सर लोगों की ख़बरें मौजूद रहती हैं। आप ख़ुद सोचिए मजनूँ जैसे लैला ज़दा पर पत्थर उठा लिया हो उसे आम आदमी का सिर कुचलने में क्या देर लगेगी? जब मैंने उन लोगों को बताया कि ग़ालिब को तो मरे हुए भी डेढ़ सौ बरस से ज़्यादा हो गये हैं तो एक लम्हे को तो वह लोग घबड़ा गये, लेकिन फ़ौरन ही अपनी डिपार्टमेंटल ढिठाई का सहारा लेते हुए कहने लगे, 'जनाब, ग़ालिब का नाम तो हम लोगों ने आग़ाज़े गुफ़्तगू के तौर पर लिया है, वर्ना क्या हमें मालूम नहीं हैं कि ग़ालिब अगर जिन्दा होते तो राज्य सभा

में बेकल उत्साही का क्या काम था।' मैंने उन्हें समझाया कि बेकल उत्साही की सबसे बड़ी ख़ूबी यही है कि वह नात (हज़रत मोहम्मद की शान में कहा गया कलाम) और भजन एक ही धुन में गा सकते हैं। और अल्लाह मग़फ़िरत करे ग़ालिब को तो आम और डोमनी से ही फुर्सत नहीं मिलती थी। पुलिस वालों ने गुफ़्तगू का रूख मोड़ते हुए मुझसे दोबारा पूछताछ शुरू की, 'स्टोन मैन ने सारे शहर में क़यामत मचा रखी है। दर्जन भर से ज़्यादा अदमियों के सिर पत्थर मारकर चकनाचूर कर चुका है, हमारा महकमा आपसे कुछ लोगों के बारे में जानकरी हासिल करना चाहता है। अगर आपने सच-सच बता दिया तो ठीक है वर्ना आपको गिरफ़्तार कर लेने के बहुत से बहाने हैं। मसलन हकीम साहब के साथ अक्सर देखे जाते हैं। आप दो आदमी के जिनके बीच उम्र की बहुत बड़ी .ख़लीज (खाड़ी) हो उनकी दोस्ती किसी-न-किसी गुनाह का पहलू शामिल होता है।' मैंने हकीम साहब के नवजवान बुढ़ापे का ख़याल करते हुए मसालिहत (समझौता) पर आमादा होते हुए दरयाफ़्त किया, 'बताइए आप किन लोगों के बारे में मालूमात हासिल करना चाहते हैं।' इनमें से एक ने सख़्त लहजे में पूछा कि एज़ाज़ अफ़ज़ल कैसे आदमी हैं? मैंने कहाँ, निहायत शरीफ़ आदमी हैं। उन पर स्टोन मैन होने का शक करना बेकार है क्योंकि वह शागिर्दों के नाज़ तो उठा नहीं पाते हैं बीस किलोग्राम का पत्थर क्या उठायेंगे। हाँ, अडवानी जी ने तो अब के रमज़ान में दही बड़ों तक के नाज़ उठाये हैं। एक पुलिस वाला साँस लेने के लिए रूका ही था कि दूसरे ने गुर्राना शुरू किया, 'हबीब हाशिमी कैसे आदमी हैं?' मैंने जवाब दिया, 'निहायत जज़्बाती (भावुक) और जल्द, ग़म ज़दा हो जाने वाले, लेकिन पत्थर मार होने का शुब्हा उन पर नहीं किया जा सकता क्योंकि मनतिक़ (दलील) के एतबार से इतना भारी पत्थर एक हाथ से नहीं उठाया जा सकता।' उसने पूछा, लेकिन उनका दूसरा हाथ? मैंने अर्ज किया कि हमेशा नाक में रहता है। एक पुलिस वाले ने बुरा-सा मुँह बनाया, फिर कहने लगा, 'आप तो मज़हका (मज़ाक) उड़ाने पर उतर आये।' मैंने अर्ज़ किया, आप भी तो ज़ातियात (निजता) पर उतारू हैं। फिर .ख़ुद ही कहने लगा, खैर इन बातों को छोड़िए और यह बताइए क़ि शहूद आलम आफ़ाक़ी के सिलसिले में आपकी क्या राय है। मैंने अर्ज़ किया, बड़ा बेहंगम क़िस्म का शायर है। गुफ़्तगू भी डीज़ल इंजन की तरह से करता है। किसी का शेर तो यह शख़्स मार सकता है लेकिन पत्थर मारना बईद अज़ क़यास (कल्पना से भी दूर) है। बातूनी पुलिस अफ़सर जो काफ़ी देर से थम्सअप की नाज़बर्दारी में मसरूफ़ था बोला, फ़ुस एजाज़ के बारे में आप क्या जानते हैं। मैंने कहा कि मुनासिब आदमी हैं लेकिन आप नाम ग़लत ले रहे हैं। पुलिस अफ़सर कहने लगा हम लोग नाम में ज़्यादा वक़्त बर्बाद नहीं करते हैं, फिर अक्सर पुलिस वाले उर्दू और तहज़ीब भी नहीं जानते। हमारे एक बड़े अफ़सर एक बार सिर्फ़ इसलिए पिटते-पिटते बचे थे कि उन्होंने बेगम अख़्तर को सिर्फ़ बेगम कहकर मुख़ातिब कर लिया था। यहाँ तो ऐसा

कोई ख़तरा भी नहीं है। मैंने उसे आगाह किया कि यहाँ तो उससे भी बड़ा .ख़तरा है। मुआशिक़ा नम्बर एक अपने दूसरे हिस्से की तकमील के क़रीब है। अगर इसमें मौसूफ़ ने आपके करतूत भी दिये तो आपकी औलादें तक मुँह दिखाने के क़ाबिल नहीं रह जाएँगी। बहरहाल, फे.सीन.एजाज. बहुत मोहतात क़िस्म के शायर हैं। अगर कोई पत्थर उनके हाथ लग जाता तो फ़ौरन वह उस पर अपना नाम खुदवा देते, न कि किसी पर मार कर उसे ज़ाया कर देते। इतने दीनदार हैं कि मजमुओं (संग्रहों) के नाम तक कलामे पाक से तलाश करके रखते हैं, बल्कि बक़ौल हकीम साहब मौसूफ़ अपने मजमुए का नाम तलाश करने के लिए ही क़ुरआन पाक खोलते हैं :

जब गये नज़दीके क़ुरआँ तो क़सम खाने लगे

पुलिस वालों ने हस्बे आदत इधर-उधर देखकर फिर एक सवाल दाग़ दिया। कहने लगे, कलकत्ता यूनिवर्सिटी में इक़बाल चेयर पर एक शायर साहब दिल्ली से आकर विराजमान हुए हैं, उनके क्या हालात हैं? मैंने कहा कि वह बहुत ख़लीक़ और शर्मीले आदमी हैं। अपनी जवानी के तमाम खुल खेलने के दिन उन्होंने लूडो खेलकर गुज़ार दिये हैं। अगर आप सच पूछिये तो मुजफ़्फ़र भाई बहुत ही शरीफ़ आदमी हैं। भाभी से तो इतने .ख़ौफ़ ज़दा रहते हैं कि अगर ताश के पत्तों में भी बेगम आ जाये तो एहतरामन (सम्मान में) ख़ड़े हो जाते हैं।

पुलिस वाले ग़ालिबान स्टोन मैन की तरह मुझसे भी आजिज़ आ चुके थे। कहने लगे, आपको किसी दिन पुलिस स्टेशन आना होगा। आज हम लोगों को चन्द ज़रूरी काम हैं। उम्मीद है आप बज़ाते ख़ुद तशरीफ़ ले आएँगे। यूँ भी आप चुग़लखोरी के लिए मुनासिब आदमी हैं। मैंने अर्ज़ किया, साफ़गोई को आप चुग़ल ख़ोरी कहते हैं? बातुनी फिर बोला, आप चुग़ल ख़ोरी को साफ़ गोई उसी तरह कह रहे हैं जिस तरह बहुत से लोग सूद की रक़म को किराया कहकर वसूल करते हैं। मैंने अर्ज़ किया, फिर आप अख़बार वालों को क्या कहेंगे? वह लोग तो तहरीरी तौर पर चुग़ल ख़ोरी करते हैं लेकिन आप लोग उन्हें कुछ नहीं कहेंगे क्योंकि वह लोग आप हज़रात की रंगीन तस्वीरें भी रखते हैं। एक पुलिस वाला जो ग़ालिबन छोटी बहर का था कहने लगा, आप हम लोगों को धमकियाँ दे रहे हैं। मैंने अर्ज किया, मेरी धमकियों से बीवी और बच्चे तो कभी डरे नहीं, आप क्या डरेंगे, आप लोग तो पैदाइशी ढीठ हैं। बातूनी इस बार ऊँचे सुर में गरजा, राना साहब आप हम लोगों से मत उलझिए, हमें आला अफ़सरों को रिपोर्ट पेश करना है और हम लोगों की उक़ाबी निगाहों में आप इसके लिए सबसे ज़्यादा मुजरिम हैं। मैंने अर्ज़ किया, जनाब मुझ पर यह इल्ज़ाम क़तई अच्छा नहीं लगेगा क्योंकि मुटापे की वजह से मैं अपने बच्चों तक को गोद में नहीं उठाता हूँ। शहर के मोटे लोगों पर तो शक करना क़तई फ़िज़ूल है। क्योंकि हम लोग तो अपना बोझ उठा नहीं सकते हैं। हम लोगों को देखकर तो पार्क स्ट्रीट के रिक्शे वाले तक घंटी बजाना बन्द कर देते हैं। बातूनी फिर बोला, वह लोग आपको पुलिस

वाला समझ लेते होंगे। मैंने अर्ज़ किया, अव्वल तो मेरे चेहरे पर कोई ख़ुफ़िया फिटकार नहीं बरसती, दूसरे जब आप लोगों को देखकर तवायफ़ें गाना बजाना नहीं बन्द करती हैं तो रिक्शे वाले घंटी बजाना क्या बन्द करेंगे।

जब से मोहल्ले के कम पढ़े लिखे लोगों को यह ख़बर मिली है कि मुझे पुलिस स्टेशन बुलाया गया है, मिठाई वाले बहुत .ख़ुश हैं। बल्कि कई मिठाई वालों ने तो मुझे एहतरामन सलाम करना शुरू कर दिया है। इनमें कई तो ऐसे हैं जिन्होंने कभी वालिदैन तक को सलाम नहीं किया। पहले तो मैं समझा कि शायद मेरी Normal Blood Report उन लोगों के हाथ लग गयी है हालाँकि इन लोगों को सोचना चाहिए कि इस महँगाई के ज़माने में पेशाब के ज़रिये कौन बेवकूफ़ शकर बहायेगा। मेरे एक बहुत .ख़ास दोस्त हैं अख़्तर लखनवी। कुछ दिनों पहले तक वह बिल्कुल अच्छे ख़ासे थे लेकिन आज कल वह जमाअत के साथ निकलते हैं। उनको देखते ही अब मोहल्लों में कर्फ़्यू जैसा सन्नाटा हो जाता है। उनकी गोश्त की दुकान है। बकरों की कमी के ज़माने में शोअरा उनकी दुकान की तरफ़ से गुज़रना छोड़ देते है। हालाँकि अख़्तर भाई उन लोगों को समझाते हैं कि मैं ऐबदार जानवर नहीं काटता। लेकिन शायर पढ़ा लिखा होता है, मेरे मुहल्ले वालों की तरह नहीं होता, उसे मालूम है किं बेऐब तो सिर्फ़ अल्लाह की ज़ाते पाक है। डॉक्टर मुज़फ़्फ़र हनफ़ी तो उनके इलाक़े में मकान लेकर पछता रहे हैं। अकेले अख़्तर भाई की तरफ़ से गुज़ारते तक नहीं हैं। हमेशा किताब पर मुक़दमा (समालोचना) लिखवाने वालों के साथ ही गुज़रते हैं हालाँकि नक़्क़ाद (आलोचक) होने की वजह से मैं उन्हें अख़्तर भाई से ज़्यादा ख़तरनाक समझता हूँ। एक बार बशीर बद्र पर ऐसी छुरी चला दी कि वह मेरठ छोड़कर भोपाल रवाना हो गये थे। जब डॉक्टर साहब के कलकत्ता आने की ख़बर पूरे मुल्क में फैल गयी तब कहीं जाकर बशीर बद्र मेरठ लौटे हैं। हालाँकि बक़ौल राहत इन्दौरी, मौसूफ़ शकीला बानो भोपाली से सुरताल सीखने गये थे। लेकिन मैं इससे मुत्तफ़िक़ (सहमत) नहीं हूँ क्योंकि नयी शादी के बाद आदमी सुरताल के लिए नहीं नैनीताल के लिए रवाना होता है।

अब मैं भी गुफ़्तगू के दौरान बहकने लगा हूँ, अर्ज़ यह कर रहा था कि अख़्तर भाई ने बताया कि आजकल तुम्हारे इलाक़े के मिठाई वाले चर्बी बहुत ख़रीद रहे हैं बल्कि कई मिठाई वालों ने तो तुम्हें शायर भी तस्लीम कर लिया है। अब मैं उन्हें कैसे बताता कि मैं पुलिस वालों की नवाज़िशों से किस क़दर फ़ैज़याब (लाभान्वित) हो रहा हूँ। हालाँकि हकीम साहब जो मेरे 'ग़ैर' क़ानूनी मुशीर भी हैं उनका कहना था कि मैं कुछ शायरों से इस सिलसिले में गुफ़्तगू करूँ, वह लोग मेरे लिए ज़रूर कोई रास्ता निकालेंगे। लेकिन मैं सोच रहा था कि यहाँ के अक्सर शोअरा अपनी ज़मीनें तो निकाल नहीं पाते हैं, मेरे लिए रास्ता क्या निकालेंगे। और फिर इस पर ख़तरा यह कि पिछले दिनों कराची के एक अख़बार वाले को इण्टरव्यू देते हुए मैंने

यह कह दिया था कि फ़िलवक़्त मग़रिबी बंगाल का सबसे बड़ा शायर मैं हूँ। हालाँकि मैं ख़ुद साख़्ता इंकिशाफ़ करना नहीं चाह रहा था। लेकिन मजबूरी यह थी कि अख़बार वालों ने मेरे हाथों में हलफ़ दे दिया था। मेरे इस बयान से अक्सर शोअरा इतने नाराज़ हैं कि कई सियासी क़िस्म के शायरों ने तो मेरी शख़्सियत की दुकान पर लाल झण्डा तक लगवाने का एलान कर दिया है। हालाँकि मेरे इण्टरव्यू के एख़तताम (समापन) पर एक रिपोर्टर ने मुझे सरगोशियों में यह बता दिया कि जुज़दान में हम लोग टेलीफ़ोन डायरेक्टरी लपेटकर लाये थे क्योंकि हम लोगों को मालूम है कि सियासत दाँ, शायर और मौलवी किसी भी हाल में सच नहीं बोलते। इण्टरव्यू लेने वालों की इस हरकत पर मैं इतना जला हुआ था कि जब हिन्दुस्तान के एक शायर ने मुझसे पूछा कि हिन्दुस्तान और पाकिस्तान में क्या फ़र्क़ है तो मैंने छूटते ही कहा कि सिर्फ़ करेंसीं का फ़र्क़ है, किरदार (चरित्र) दोनों के यकसाँ हैं। मेरे बयान से दोनों ही पार्टियाँ मुझसे नाराज़ हैं। अब मैं कहाँ जाऊँ। बंगलादेश वाले तो पहले ही से मेरी ज़बान नहीं समझते हैं :

न ख़ुदा ही मिला न विसाले सनम
न इधर के रहे न उधर के रहे

ज़रूरत ईजाद (आविष्कार) की ताई है। बक़ौल शख़्से ज़रूरत कुछ भी हो सकती है, माँ हर्गिज़ नहीं हो सकती क्योंकि माँ तो सरापा मोहब्बत होती है, ज़रूरत से उसका क्या लेना देना। लिहाज़ा मैंने सोचा, क्यों न शायरों के सामने अपनी मुसीबत रखूँ। शायर कोई हुकूमत तो है नहीं कि अक़लियत की सुनवाई न हो सके। लिहाज़ा सबसे पहले मैंने 'हामी' गोरखपुरी साहब से मुलाक़ात की। ज़ैतून की शाख़ से नीचे मौसूफ़ बड़ी मुश्किल से उतरे, स्टोन मैन का तज़किरा सुनते ही उन्होंने अपनी संगशनासी (पत्थरों की पहचान) के वाक़ियात बयान करना शुरू कर दिये। मैंने जब उनको बताया कि यहाँ तज़किरा अँगूठी के पत्थर का नहीं है तो वह मुस्कुराये और कहने लगे, "मैं अक्सर सरमायादारों के लिए पत्थर शिनाख़्त करता हूँ। अब तुम अन्दाजा लागाओ कि जो शख़्स पत्थर को पत्थर पहना सकता हो उसको संग तराशी में कितनी महारत हासिल होगी?" मैंने उनको अपनी परेशानियों से आगाह किया तो वह थोड़ी देर तक सोचते रहे फिर कहने लगे, "तुम क़ैसर शमीम साहब से मुलाक़ात करो। ग़ालिबन उनके अरबाबे हुकूमत से अच्छे मरासिम (सम्बन्ध) हैं। हालाँकि वह सिर्फ़ अपने शागिर्दों की मदद करते हैं लिहाज़ा मुमकिन है तुमको उनसे काम लेने के लिए गंडा बँधवाना पड़े।" मैंने अर्ज़ किया, उम्र के एतबार से वह मेरे उस्ताद का दर्जा रखते हैं लेकिन मैं गंडे तावीज़ का ज़्यादा क़ायल नहीं हूँ। मैंने सोचा, कामरेड निज़ामुद्दीन से हाले दिल कहा जाये, फिर सोचा, इलेक्शन का ज़माना है वादा कर लेंगे लेकिन कुछ करेंगे नहीं। 'सालिक' साहब भी मेरे ज़ेह्न में थे लेकिन वह किसी की सुनते कम हैं सुनाते ज़्यादा हैं। कई नज़्में तो उनकी उम्र से भी ज़्यादा

तवील होती हैं। लिहाज़ा नज़्मों के मुकाबले में उम्रक़ैद की सज़ा मुनासिब लग रही थी। हकीम फ़ैज़ान से भी मरासिम बुरे नहीं थे, लेकिन बक़ौल अपने हकीम साहब मौसूफ़ रूहअफ़ज़ा लगाकर शहीदों में शामिल होते हैं।

मैंने सारे शहर का ज़ेहनी तवाफ़ कर डाला। दफ़अतन (अचानक) ख़याल आया कि अलक़मा शिबली साहब के ताल्लुक़ात भी लोगों से बुरे नहीं हैं। क्यों न उनको भी अपनी दास्ताने ग़म सुनाता चलूँ। मौसूफ़ ने मेरी परेशानी भी मेरी ग़ज़लों की तरह बड़ी बे दिली से समाअत फ़रमायी। फिर मुझे सब्र की तलक़ीन करते हुए हिम्मत से काम लेने का मशविरा दिया और साथ में यह भी फ़रमाया कि तुम पुलिसवालों से मुलाक़ात करो, अगर वह तुमको गिरफ़्तार करने पर बज़िद हों तो इत्मीनान से गिरफ़्तार हो जाओ। मैं किसी बाअसर आदमी से कहकर तुम्हारी ज़मानत करवा लूगाँ। मैंने कहा, लेकिन गिरफ़्तार होने से मेरी तो इज़्ज़त ही चली जाएगी। कहने लगे, गिरफ़्तारी से अगर किसी की इज़्ज़त जाती तो शंकराचार्य ख़ुदकुशी कर चुके होते। मैंने अर्ज़ किया, मैं शंकराचार्य नहीं हूँ। मैं तो आम के अचार जैसा हूँ जिसे देखकर हर शख़्स हामिला (गर्भवती) औरतों जैसी हरकतें करने लगता है। शिबली साहब मेरी बात पर थोड़ा-सा मुस्कुराये, फिर हँसते हुए बोले, लेकिन तुम्हारी हरकतें तो शंकराचार्य जैसी हैं, जो मुहँ में आता है कह देते हो, ख़ैर, तुम एक काम करो, ऐन रशीद साहब से फ़ौरन मुलाक़ात करो, सुना है वह शायरों की बहुत मदद करते हैं। मैंने अर्ज़ किया, मुझे उनसे मुलाक़ात करने में कोई परेशानी नही है लेकिन वह सिर्फ़ जदीद शायरों की मदद करते हैं और मेरे बारे में तो अभी यह फ़ैसला ही नहीं हुआ कि मैं शायर हूँ भी या नहीं। हालाँकि जो लोग इस तज़बज़ुब (हिचकिचाहट) का शिकार हैं। उनके बारे में उनके घर वाले भी अच्छी राय नहीं रखते हैं, लेकिन क्या किया जाये हमारी पूरी क़ौम की रहबरी ऐसे ही लोगों के हाथ में है जिनका कहना उनके घर वाले तक नहीं मानते। अलक़मा शिबली साहब दोबारा मुस्कुराये, फिर कहने लगे, "बेहतर है तुम एस.आई.एस. अहमद से मिलो। वह बहुत शाइस्ता और शरीफ़ पुलिस अफ़सर हैं।" मैंने अर्ज़ किया, लेकिन मसला यह है कि वह सिर्फ़ हैदराबाद वालों की मदद करते हैं। कहने लगे, अच्छा तो है वह तुम्हारी मदद ज़रूर करेंगे क्योंकि हैदराबाद में तुम्हारी बड़ी इज़्ज़त है। मैंने अर्ज़ किया, इज़्ज़त पर मत जाइए, इज़्ज़त तो एन.टी. रामारव की भी थी। अलक़मा शिबली साहब ज़िच होते हुए बोले, परेशानी ने तुम्हें बहुत शक्की बना दिया है। बहरहाल अगर तुम चाहो तो तय्यब खाँ ज्वाइंट पुलिस कमिश्नर से मदद ले सकते हो। मैंने अर्ज़ किया, वह तहरीर और तलफ़्फ़ुज़ पर बहुत नज़र रखते हैं। पिछले दिनों घायल आज़मी को उन्होंने सिर्फ़ इसलिए गिरफ्तार करवा लिया था, उसने तय्यब 'तोय' के बजाय 'ते' लिख दिया था। हालाँकि घायल क़समें खा-खाकर कहता है कि मैंने तय्यब इस तरह लिखना एक ऐसे आदमी से सीखा है जो यूनिवर्सिटी में प्रोफ़ेसर है। शिबली साहब ने, जो चेहरे

से अब क़ाफी बरगुश्ता (आजिज़) दिखाई देने लगे थे, घड़ी की तरफ़ देखा। मैंने पूछा, नयी ख़रीदी है क्या? कहने लगे, नहीं मुझे एक ज़रूरी काम से जाना है। बहरहाल, यह बताओ कामरेड अमीन से तुम्हारे ताल्लुक़ात कैसे हैं? मैंने अर्ज़ किया, जायज़। कहने लगे, तब वहाँ भी तुम्हारा काम नहीं होगा। यह कहकर मौसूफ़ फ़ौरन खड़े हो गये और नवाब रामपुरी की तरह मुझे उन्होंने अल्लाह की हिफ़ाज़त में दे दिया। हालाँकि मैं चीख़ता ही रह गया कि मैं ग़ालिब नहीं हूँ लेकिन :

लोगों ने मुझको दार की ज़ीनत बना दिया
मैं चीख़ता रहा कि पयम्बर नहीं हूँ मैं

वापसी पर रास्ते भर हकीम साहब मेरी बेमसरफ़ भागदौड़ पर मुझे कोसते रहे, दिल ही दिल में वह मुझे गालियाँ भी दे रहे थे। दिल ही दिल में गालियाँ तो मैं भी दे रहा था लेकिन औरतों की तरह कोसने से मुझे गुरेज़ था। यह ज़ेवर सिर्फ़ औरत की ज़बान पर अच्छा लगता है। मैंने मौसूफ़ के इस अमल पर एतराज़ किया तो जल कर बोले, तुम ज़िन्दगी भर एतराज़ करते रहो, मुझे और पुलिस वालों को जो करना है वहीं करेंगे। मैंने अर्ज़ किया, ज़ाहिर है! आप लोगों की ख़सलतें जगमोहन से मिलती-जुलती हैं। दुनिया एतराज़ करती रहे आप लोगों को अपनी मर्ज़ी के मुताबिक़ करना है। कहने लगे, तुमने देखा अपनी मर्ज़ी से काम का फ़ायदा। राज्य सभा की इज़्ज़तदार कुर्सी उनके हाथ लग गयी है। मैंने उन्हें समझाया कि राज्य सभा की कुर्सियाँ अपनी मर्ज़ी से काम करने पर नहीं बल्कि दूसरों की मर्ज़ी से काम करने पर हासिल होती हैं। अगर अपनी मर्ज़ी से काम करने पर यह सियासी कुर्सियाँ हासिल होतीं तो यक़ीनन मेरी बीवी सब से ज़्यादा हक़दार थीं क्योंकि वह मेरे मना करने के बावजूद रमज़ान में फ़िल्में और मुहर्रम में महाभारत देखती हैं। हकीम साहब भी बला के कड़े आदमी हैं। फ़ौरन कहने लगे, "हमारी क़ौम की नुमाइन्दगी के लिए दाढ़ी ज़रूरी होती है और ख़ुदा की मर्ज़ी के मुताबिक़ औरतों के दाढ़ी नहीं निकलती है।" मैंने अर्ज़ किया, नजमा हेपतुल्ला के भी दाढ़ी नहीं है। हँसकर बोले, वह अभी तक अपने बुज़ुर्गों की दाढ़ी से काम चला रही है। हकीम साहब के इस ख़ूबसूरत रिमार्क पर मैं इतना ख़ुश हुआ कि मेरी गाड़ी लड़ते-लड़ते बची। एक तो मेरी गाड़ी में हार्न के अलावा हर चीज़ बजती है, दूसरे कलकत्ता की सड़क पर गाड़ी चलाना गुण्डों के सामने ज़बान चलाने की तरह ही ख़तरनाक है। मैंने हकीम साहब से कहा, आपकी गाड़ी पर सवार होने से पहले बिस्मिल्लाह पढ़ लेना चाहिए था। कहने लगे, बिस्मिल्लाह तो मैंने तुमसे पहली मुलाक़ात के बाद ही कर ली थी, अब तो *इन्नाजिल्लाहि वइन्ना इलैहि राजिऊन* पढ़ना बाक़ी है।

पहले एंटीना पे रक्खे फिर धरे दीवार पर

दो तीन बरस पहले की बात है, मैं हकीम की दुकान पर बैठा था, मुख़्तलिफ़ मसाएल पर उनसे गुफ़्तगू हो रही थी। मैंने मालूमात के लिए हकीम साहब से पूछा कि टेलीविज़न पर मज़मून (लेख) लिखना चाहता हूँ, कैसा रहेगा? कहने लगे, मेरे हक़ में तो बहुत ही अच्छा रहेगा। कम से कम मज़मून में मेरा तज़किरा तो न कर सकोगे और मैं रुस्वाई से बच जाऊँगा। मैंने अर्ज़ किया कि हकीम साहब! जब से मैंने अपने मज़ामीन (लेखों) में आपका तज़किरा शुरू कर दिया है, आप शहर में काफ़ी मशहूर हो गये हैं। हकीम साहब खुश हुए, मुस्कुराए और बोले, तुम बदनामी को शोहरत क़हकर मुझे ख़ुश करना चाहते हो? खैर चलो, मैं तुम्हारी ख़ुशी के लिए ख़ुश हुआ जाता हूँ। अब बताओ तुम क्या पूछना चाहते हो। मैंने अर्ज़ किया कि हज़रत, क्या आप यह बताएँगे कि टेलीविज़न पर मज़मून लिखने के लिए क्या करना पड़ेगा? इरशाद फ़रमाया, पहले तुम्हें एक टेलीविज़न ख़रीदना पड़ेगा। मैंने डरते-डरते कहा कि हज़रत, मेरे ख़याल में टेलीविज़न ख़रीदना ज़रूरी तो नहीं है क्योंकि जब तिब्ब (हकीमी) पढ़े बग़ैर लोग हिकमत कर सकते हैं, तजामहल देखे बग़ैर ताजमहल पर नज़्म कही जा सकती है, और क़हत्त की आग में जले बग़ैर कहत्ते बंगाल की कहानी लिखी जा सकती है तो मैं भी टेलीविज़न ख़रीदे बग़ैर उस पर मज़मून लिख सकता हूँ। हकीम साहब ने बड़ी संजीदगी से जवाब दिया, अच्छी हिकमत के लिए तिब्ब पढ़ना ज़रूरी है और अच्छे मज़मून के लिए टेलीविज़न ख़रीदना। लिहाज़ा मामला यह तय हुआ कि मैं और हकीम साहब टेलीविज़न ख़रीदने जाएँगे।

रात में जब मैं घर लौटा तो सोचा कि बीवी को भी यह ख़बर सुनायी जाये कि मैं टेलीविज़न ख़रीद रहा हूँ। तक़रीबन बारह बजे रात में घर में दाख़िल हुआ। बीवी बेख़बर सो रही थी अलबत्ता घोड़ा बेचा था क्योंकि मेरे क़रीबी दोस्त भी मुझे घोड़ा तस्लीम नहीं करते। कहते हैं कि घोड़ा खूबसूरत जानवर होता है। बहर कैफ़ मैंने बीवी को बड़े प्यार से आवाज दी...सन्नाटा...! कन्धा हिलाया...कब्रिस्तान का सा सन्नाटा...!! मेरी इस मिन्नत समाजत में मेरी बेटी जाग गयी। मैंने अपनी खिसियाहट का बोझ कम करने की ग़रज़ से उसको बताया कि अर्शी ! मैं टेलीविज़न ख़रीद रहा हूँ। बीवी ने फ़ौरन करवट बदली और मुस्कुराते हुए मुझे सलाम किया।

अब नींद उनकी आँखों से तक़रीबन एक किलोमीटर दूर पहुँच गयी थी (मेरे घर से टेलीविज़न शोरूम का फ़ासला इतना ही है)। मोहतरमा उठ खड़ी हो गयीं और बोलीं, जाइए पहले मुहँ हाथ धो लीजिए। मैं आपके लिए खाना गर्म करके लाती हूँ। यह पहला मौक़ा था जब मेरी .खातिर खाना गर्म हो रहा था वर्ना आज से पहले सिर्फ़ वह गर्म होती थीं, खाना ठण्डा रहता था। मैंने सोचा, काश मैं रोज़ाना एक टेलीविज़न ख़रीदने की हैसियत रखता। खाना खा चुका तो वह बहुत देर तक मेरा सिर दबाती रहीं। फ़ज्र के वक़्त आँख खुली तो देखा कि वह नमाज़ पढ़कर बआवाज़े बुलन्द (ऊँची आवाज़ में) दुआ माँग रही थीं कि ए अल्लाह, मेरा सुहाग सलामत रखना। हालाँकि आज से पहले उन्होंने इस क़िस्म की कोई दुआ नहीं माँगी थीं, यह बात उन्होंने मुझे ख़ुद बतायीं। मैं नहा धोकर तैयार हुआ तो बड़े प्यार से क़रीब आयीं और अपनी मख़रूती (तराशी हुई) उँगलियों से मेरी क़मीज़ के बटन बन्द किये, फिर उन्हीं उँगलियों से मेरे बालों में कंघा भी करती रहीं। मैंने पूछा, कंघा खो गया क्या? मुस्कुराकर कहने लगीं, मैं ज़िन्दा हूँ तो आपको कंघे की क्या ज़रूरत! मैंने अर्ज़ किया, बहुत दिनों बाद आप ज़िन्दा हुईं। नाराज़ हो गयीं मगर नाराज़गी का इज़हार नहीं किया। घर से निकलने लगा तो *.ख़ुदा हाफ़िज़* इतनी ज़ोर से कहा कि बिल्डिंग के तमाम लोगों ने सुन लिया :

हर एक को गुमाँ कि मुख़ातिब हमीं रहे

दोपहर में हकीम साहब को लेकर मैं टेलीविज़न की दुकान पर पहुँचा। दुकान में ख़रीदार नहीं, मज़लूम (पीड़ित) भरे हुए थे। कई लोगों ने मुझसे भी हमदर्दी का इज़हार करना चाहा लेकिन हकीम साहब को मेरे हमराह देखकर मुतमइन हो गये। बहरहाल दुकानदार ने मुझसे सवाल किया कि कैसा टी.वी. चाहिए? मैंने अर्ज़ किया कि जैसा आप मुनासिब समझें। उसने फिर सवाल किया, दहेज़ में देने के लिए ले रहे हैं या रिश्वत में देने के लिए? मैंने अर्ज़ किया, ख़ुद को धोखा देने लिए ख़रीद रहा हूँ। दुकानदार बहुत बातूनी था। कहने लगा कि आप टी.वी. देखते हैं। मैंने अर्ज़ किया, नहीं! बल्कि मुझे इसके दूसरे क़ाफ़िये यानी बीवी से भी दिलचस्पी नहीं है। दरअसल मैं टेलीविज़न के सिलसिले में एक मज़मून लिख रहा हूँ। मुख़्तलिफ़ मौज़ूआत पर मेरे मज़ामीन अक्सर उर्दू अख़बारों में छपते रहते हैं। दुकानदार ख़ुश होते हुए अपने मैनेजर से बोला, राना साहब से सौ रुपये कम ले लो। मैंने अर्ज़ किया, आपने सिर्फ़ सौ रुपये क्यों कम किये? वह हँसते हुए बोला, उर्दू अख़बारात में इश्तहार का यही रेट है। अगर आप अंग्रेज़ी अख़बार में लिखते होते तो एक हज़ार भी कम कर सकता था। मैंने दुकानदार से पूछा कि जनाब आप उर्दू बहुत अच्छी बोलते हैं। उसने बड़े एतमाद से कहा, उर्दू मेरी मादरी ज़बान है। मैं इसके लिए अपनी जान तक दे सकता हूँ। उसकी इस बात में मुझे ख़ुलूस और ईमानदारी महसूस हुई क्योंकि सौ रुपये कम करने से उसकी तक़रीबन आधी जान वाक़ई निकल चुकी थी। मैं जब टेलीविज़न लेकर घर के पास पहुँचा तो बीवी को दरवाज़े पर खड़ा हुआ

पाया। उन्होंने टेलीविज़न को देखकर तबस्सुम किया। जब टेलीविज़न लेकर घर में दाख़िल हुआ तो उन्होंने फ़ौरन बलायें लीं (टेलीविज़न की)। शुकराने की नमाज़ पढ़ी। दुकान से दस किलो मिठाई मँगायी गयी। मिठाई में शकर बहुत कम, घी बहुत ज़्यादा था। तफ़्तीश से मालूम हुआ कि बक़रीद के फ़ौरन बाद की मिठाई में घी बहुत होता है बल्कि एक साहब ने तो यहाँ तक बताया कि बक़रीद के ज़माने में बक़रों की चर्बी उतर कर मिठाई वालों पर चढ़ जाती है। बहरहाल इस तरह से मैं टेलीविज़न का मालिक हो गया और सच तो यह है कि अब मैं सिर्फ टेलीविज़न का मालिक हूँ, घर के मालिक मोहल्ले वाले और बीवी के घरवाले हो गये हैं।

जब मैं नया टेलीविज़न का मालिक हुआ था तो मुझे उसके आदाब नहीं मालूम थे। ग़ालिबन दूसरे या तीसरे दिन की बात है कि मैं शाम को आफ़िस से घर लौटा तो घर में अँधेरा था और सन्नाटा इतना कि सुई भी गिर जाये तो आवाज़ आती। अचानक किसी तरफ़ से 'बचाओ, बचाओ' की आवाज़ आयी। मैं तक़रीबन दौड़ता हुआ कमरे में दाख़िल हुआ। नतीजे के तौर पर किसी चीज़ से टकराकर मुँह के बल कमरे में गिरा। खुद ही उठना पड़ा। किसी ने भी सहारा नहीं दिया क्योंकि टेलीविज़न पर इस्मत दरी (बलात्कार) का सीन चल रहा था, तमाशबीन उसमें मशगूल थे। मेरे बचाव के लिए कौन आता! वह दिन है और आज का दिन, मैंने घर में बारह बजे रात से पहले क़दम नहीं रखा। बहुत रात में घर लौटने की वजह यह भी है कि तक़रीबन रोज़ाना मुझे एंटीना ठीक करने के लिए छत पर जाना पड़ता था। हालाँकि छत पर जाने में मज़ा आता था, क्योंकि दूसरी छतों के टी.वी. प्रोग्राम भी छत से दिखाई देते थे। मेरे दोस्त हकीम साहब कहते हैं कि टेलीविज़न पर जिन्सी (सेक्सी) मनाज़िर देखकर बूढ़े हकीम भी कुश्ता खाने लगते हैं।

टेलीविज़न की ख़राबियाँ अपनी जगह लेकिन इसकी कुछ ख़ूबियाँ भी हैं। मसलन वह बच्चे जो वालिदैन को भी सलाम करना शान के ख़िलाफ़ समझते थे, अब मोहल्ले के उन हज़रत को बआवाज़े बुलन्द सलाम करने लगे हैं जिनके घरों में टी.वी. होता है। एक और ख़ुसूसियत है टी.वी. में। आप किसी भी टेलीविज़न प्रोग्राम में बैठे हुए लोगों को देख लें, वह लोग भी एक ही दस्तरख़्वान पर टेलीविज़न देखते मिल जाएँगे जिन्होंने एक जायेनमाज़ के कई टुकड़े करवा दिये और जिसके नतीजे में मुसलमान कमज़ोर हो गये हैं। पड़ोसियों से दोस्ती का वाहिद आला इस ज़माने में टी.वी. है।

मेरे एक दोस्त जो टी.वी. के तमाम ऐबों औ ख़ूबियों से वाक़िफ़ समझे जाते हैं, उनका कहना है कि टेलीविज़न अस्ल में चाय कम्पनी वालों की अमली शरारत है क्योंकि टी.वी. ख़रीदने में जितना पैसा नहीं लगता उससे ज़्यादा रक़म सिर्फ़ छः माह में चाय पिलाने में खर्च हो जाती है। उन्हीं का कहना है कि टी.वी. की वजह से रिश्वत को फ़रोग़ (नूर/तरक़्क़ी) हासिल होगा क्योंकि टेलीविज़न पर इश्तहारों की भरमार की वजह से फ़रमाइशों का हंगामा रहता है। हर इश्तहार को देखने के बाद ख़ातूने ख़ाना

(पत्नी) मुँह बनाकर कहती हैं, आप इस इश्तहार का मतलब समझे? मैं कहता हूँ, नहीं तो वह कहती हैं, इसका मतलब है कि सिर्फ़ इश्तहार मत देखिए बल्कि कुछ ख़रीदकर घर में लाइए भी।

मौसूफ़ ने बातों-बातों में यह राज़ भी खोला कि एक साहब अपनी बीवी के बहुत फ़रमाँ बरदार थे लिहाज़ा उनको बेवकूफ़ लिखना भी बिना ज़रूरत गुफ़्तगू की तरह है। उन्होंने एक दिन टी.वी. पर एक ड्रामा 'सौतन' देखा। दूसरे ही दिन यह सामान भी घर में ले आये। घर में हंगामा हो गया। इससे पहले कि ख़ून ख़राबा होता, मोहल्ले वालों ने मामले को रफ़ा दफ़ा करने की ग़रज़ से सूरते हाल जानना चाही, तब जाकर मालूम हुआ कि मौसूफ़ ने इस ड्रामे को भी इश्तहार समझा था। हालाँकि वह ड्रामा सिर्फ़ एक कम्पनी की तरफ़ से स्पान्सर्ड था। आज कल तक़रीबन हर प्रोग्राम दूरदर्शन वालों की जानिब से नहीं बल्कि स्पान्सर की तरफ़ से पेश होता है। सिर्फ़ न्यूज़ ही एक ऐसा प्रोग्राम है जो शायद दूरदर्शन वालों की अपनी भेंट हो। अगर यही सूरते हाल रही तो मुमकिन है टी.वी. पर ख़बरें भी स्पान्सर्ड होकर आने लगें। हर ख़बर के बाद बताया जाएगा कि यह ख़बरें आप फ़लाँ सियासी पार्टी के तवस्सुत (माध्यम) से समाअत फ़रमा रहे थे या यह ख़बरें आप फ़लाँ ज़बान के मुहाफ़िज़ दस्ते की तरफ़ से सुन रहे थे। मेरे वह दोस्त जिनका मैं पहले भी तज़किरा कर चुका हूँ, हर मामले में अपनी टाँग अड़ाना अदब की ख़िदमत तसव्वुर फ़रमाते हैं। एक दिन मुझे राज़दाराना तौर पर बताने लगे कि आप जानते हैं राना साहब! बासुदेव सिंह ने उर्दू के ख़िलाफ़ ऐसा बयान क्यों दिया है? मैंने कहा कि आप ही बताइए क्योंकि जब तक आप ज़िन्दा हैं मैं अपने ज़हेन पर ज़ोर नहीं दूँगा। मौसूफ़ बोले, मरकज़ी हुकूमत हर सनीचर को मुशायरों के ज़रिये उर्दू ज़बान को अवामी अदालत में रख रही है और भोले-भाले अवाम, जिनको पिछले सैंतीस बरसों में यह बताया गया है कि फ़िल्म और अवाम में जो ज़बान बोली जाती है वह हिन्दी है, लेकिन अब वही ज़बान जब कवि सम्मेलनों के बजाय मुशायरों के ज़रिये कानों में रस घोल रही है तो बासुदेव सिंह का परेशान होना लाज़िमी है। ख़ैर, तो मैं यह अर्ज़ कर रहा था कि मुझे बीवी से इश्क़ है और उनको टी.वी. से लेकिन उनका जज़्बये इश्क़ ख़तनाक स्टेज पर है क्योंकि अगर उनका बस चले तो नमाज़ भी टी.वी. की तरफ़ मुँह करके पढ़ें। आप यक़ीन कीजिए मौसूफ़ा टी.वी. का हर प्रोग्राम देखती हैं और जब प्रोग्राम नहीं हो रहा होता है तो सिर्फ़ टी.वी. को देखती रहती हैं। पहले मैं हर प्रोग्राम देख सकता था, लेकिन इधर पिछले दिनों से सिर्फ़ मर्दाने प्रोग्राम देखने की इज़ाजत है क्योंकि जैसे ही किसी औरत का चेहरा स्क्रीन पर आता (उम्र की क़ैद नहीं) मौसूफ़ा मेरे चेहरे के तास्सुरात (लक्षण) पढ़ने में मसरूफ़ हो जाती हैं। मैंने एक दिन एहतिजाज (विरोध) भी किया कि बेगम कम से कम अधेड़ उम्र की औरतों को देखने की इजाज़त होनी चाहिए। कहने लगीं, आपका कोई भरोसा नहीं है, जब आप हकीम की उम्र के लोगों से दोस्ती कर सकते हैं तो आपसे कुछ भी नहीं बईद नहीं।

इसी बीच एक अजीब वाक़िया रूनुमा हुआ। टेलीविज़न पर मुशायरा हो रहा था। किसी शायरा ने ग़ज़ल शुरू की। इत्तिफ़ाक़ से वह ग़ज़ल मैं पहले भी कई मर्तबा सुन चुका था लिहाज़ा ग़ज़ल का एकाध मिस्रा मैंने शायरा से पहले पढ़ दिया। बस क़यामत हो गयी। कहने लगीं, पुरानी जान पहचान मालूम होती है। शायद पार्क की एक ही बेंच पर बैठकर ग़ज़ल कही गयी है। मैंने कहा, बेग़म यह सरासर इल्ज़ाम है, मैं इस क़िस्म का आदमी नहीं हूँ। कहने लगीं, आप शायरों पर मुझे रत्ती भर भरोसा नहीं। कई क़िस्म के दाग़ों का मालिक 'दाग़' देहलवी कहता था :

मिट्टी की भी मिले तो रवा है शबाब में

और तो और उस्तादों का उस्ताद ग़ालिब क़ब्र में पैर लटकाये था, फिर भी कहता था :

गो हाथ में जुम्बिश नहीं आँखों में तो दम है

क्या ज़माना आ गया है जनाब, लड़की की उम्र और ख़ानदान देखने के बजाय दहेज़ के टी.वी. का मेक और कम्पनी देखते हैं। रुख़्सती के वक़्त दुल्हन तो पैदल आती है मगर टी. वी. गोद में लाया जाता है? मेरे एक दोस्त ऐसे एक वाक़ये के चश्मदीद ग़वाह हैं। कहते हैं, दुल्हा मियाँ ने हुजलये उरूसी (नयी दुल्हन का कमरा) में दाख़िल होने के बजाय उस कमरे में रात गुज़ारी जहाँ टेलीविज़न रखा गया था बल्कि दुल्हन के साथ आयी हुई दाइयों ने तो यहाँ तक बताया कि मौसूफ़ रात भर टेलीविज़न से लिपटकर सोते रहे।

यह मज़मून मुकम्मल करने के लिए मुझे बहुत-से दोस्तों के घर जाना पड़ा। अक्सर ने मिलने से इनकार कर दिया। एक शायर दोस्त के घर आवाज़ दी तो उनकी बेगम ने अन्दर बुला लिया और कहने लगीं, तशरीफ़ रखिए, आपके भाई छत पर नंगे पाँव गये हैं एंटीना ठीक करने। उन्होंने नौकर से चाय लाने को कहा और मुझसे मुख़ातिब हुईं, "भाई साहब आज कल के बच्चे बहुत शैतान हो गये हैं। भला बताइए अगर मैं किसी दिन टी.वी. नहीं खोलती या बच्चों को घर में नहीं आने देती तो यह कमबख़्त पतंग ख़रीद लाते हैं और उसकी मदद से एंटीना ख़राब कर देते हैं। अभी पिछले इतवार की बात है, टी.वी. पर 'जोरू का गुलाम' प्रोग्राम आ रहा था। मोहल्ले भर के बच्चे मेरे घर पर क़ाबिज़ हो गये। कुछ देर के बाद मैंने कहा, अब तुम लोग जाओ, शाम को आना। बस फिर क्या था, बच्चों ने पतंग के ज़रिये एंटीना को हिलाना शुरू कर दिया। आप यक़ीन करें भाई साहब, आपके दोस्त को पूरे तीन घंटे छत पर एंटीना पकड़कर खड़ा रहना पड़ा।" मैंने सोचा, मोसूफ़ की आधी उम्र बच्चों को ठीक करने में गुज़र गयी और बक़िया उम्र एंटीना ठीक करने में बीतेगी। काफ़ी देर हो चुकी थी लेकिन मौसूफ़ छत से एंटीना ठीक करके नहीं आये थे, लिहाज़ा मैंने उनसे छत पर ही मुलाक़ात कर लेना मुनासिब समझा। लेकिन आप यक़ीन करें कि छत पर जो मंज़र मैंने देखा वह काफ़ी दिलचस्प था। मौसूफ़ दूसरी छतों पर लगे हुए

एंटीना देखने में मशगूल थे। जब मैंने कहा कि हज़रत, एंटीना तो ठीक हो गया लेकिन छत पर आने से आपका किरदार कुछ मश्कूक (सन्दिग्ध) हो गया है तो मेरी बात सुनकर मुस्कुराये और फिर यह शेर पढ़ा :

ख़त कबूतर इस तरह ले जाये बामे यार पर
पहले एंटीना पे रक्खे फिर धरे दीवार पर

कहने वाले तो यहाँ तक कहते हैं कि बहुत से लोग सिर्फ़ टी.वी. हासिल करने की ग़रज़ से दूसरी शादी करने को तैयार हो जाते हैं। इन्हीं लोगों ने यह भी बताया कि दुहाजू (दूसरी शादी वाले) को ब्लैक एण्ड व्हाइट टी.वी. मिलता है। रंगीन टेलीविज़न के लिए कुँवारा होना शर्त है। इस बात की तस्दीक़ (पुष्टि) यूँ भी हो जाती है कि अभी पिछले दिनों मेरे एक शायर दोस्त की तीसरी शादी हुई है और उन्हें जहेज़ में सिर्फ़ एंटीना मिला है।

मिर्ज़ा ग़ालिब के किसी दोस्त ने जब अपनी तीसरी शादी की दावत में उन्हें बुलाया तो ग़ालिब बहुत शर्मिन्दा हुए और अपने ख़ुशनसीब दोस्त से कहा, "मैं कितना बदनसीब हूँ कि आपको सिर्फ़ एक ही बार बारात में शिरकत की दावत दी और आपने मुझे तीन बार मदऊ (आमंत्रित) किया।

जिस घर में टी.वी. आ जाता है वहाँ रेडियो के साथ वही सुलूक होता है जो दूसरी शादी के बाद पहली बीवी के साथ होता है। वीडियो कैसेट की मौजूदगी में टेप रिकार्डर के कैसेट पहली बीवी के बच्चों की तरह रखे जाते हैं। वीडियो तो बहुत ही दिलचस्प चीज़ है। आजकल शादियों में निकाहनामे से ज़्यादा वीडियो फ़िल्म ज़रूरी समझी जाती है। वीडियो में एक रिमोट कंट्रोल भी होता है। अगर फ़िल्म का कोई हिस्सा पसन्द नहीं आता तो इस रिमोट कंट्रोल के ज़रिये फ़िल्म को तेज़ी से आगे बढ़ा दिया जाता है। ख़बर मिली है कि ऐसा ही एक रिमोट कंट्रोल हुकूमत के पास भी है। उर्दू के हक़ की बात आते ही उसे दबाकर फ़िल्म आगे बढ़ा दी जाती है।

उड़ा दिये तो कबूतर शुमार क्या करना

दो तीन बरस पहले की बात है, मैं अपने बालिद साहब के साथ जीप के ज़रिये रायबरेली से वापस आ रहा था। रास्ते में उन्होंने मुझसे सवाल किया, कबूतर बाज़ों से तुम्हारी जान पहचान है? मैंने अर्ज़ किया, हाँ है, मिसाल के तौर पर आपसे। मुस्कुराने लगे और पूछा, किसी और को भी जानते हो? मैंने फिर अर्ज़ किया कि आपका ही हुक्म है ज़्यादा लोगों से मरासिम अच्छे नहीं होते। कहने लगे, क़स्बा तिलहर में तुम्हारा कोई शायर दोस्त है? मैंने जवाब दिया, हाँ, एक साहब ताहिर तिलहरी हैं। उनसे मेरी सलाम दुआ है। फ़रमान हुआ कि उनके घर चलो। मैंने अर्ज़ किया, अब्बू जान! रात का एक बजा है, इस वक़्त उनके घर जाना मुनासिब नहीं है। कहने लगे, अगर अभी मुशायरा होता तो तुम उनके घर कर्फ़्यू की ख़िलाफ़वर्ज़ी करके भी चले जाते। ख़ैर, नालायक़ी का इलाज मैं जानता हूँ। मैं डर गया और उनके साथ ताहिर के घर जाने पर राज़ी हो गया क्योंकि मैंने कहीं पढ़ा था कि जो आदमी मौत की आहट सुन लेता है वह बुखार पर राज़ी हो जाता है। ये वह ज़माना था जब उत्तर प्रदेश में कांग्रेस की हुकूमत नहीं थी, पुलिस की हुकूमत थी। जीप की आवाज सुनकर मोहल्ले वालों ने खिड़कियाँ और ज़बानें दोनों बन्द कर लीं। मेरी आवाज़ उस रात के सन्नाटे में अगरचे शाहजहाँपुर तक पहुँच गयी होगी मगर ताहिर तिलहरी नहीं जागे। लेकिन जब मैंने कोशिश करके यह यक़ीन दिला दिया कि मैं शायर हूँ और मेरा नाम मुनव्वर राना है तो वह अपने घर से बरामद हुए। शायर की यही खूबी होती है कि वह शायर की आवाज़ सुनकर मलकुल मौत से भी कुछ देर की छुट्टी ले लेता है। मलकुल मौत भी मुशायरे के सामेईन (श्रोताओं) जैसा होता होगा, इसीलिए तो फ़ौरन शायर की छुट्टी कर देता है। बहरहाल इससे पहले कि ताहिर तिलहरी लबकुशा होते, मैंने उन्हें अपने वालिद साहब से मिलवा दिया, तशरीफ़ आवारी का सबब भी बता दिया और साथ ही साथ यह भी बता दिया कि इन्हें शायरी से बहुत लगाव है लेकिन शायरों की सूरत से भी नफ़रत करते हैं। ताहिर साहब ने चुपके से मेरे कान में कहा कि अगर ऐसी बात थी तो फिर तुमको अपने वालिदे मोहतरम को टेप रिकार्ड पर मेरा कलाम सुनवा देना चाहिए था। मेरी शक्ल दिखलाने की क्या ज़रूरत थी। मैंने अर्ज़ किया, वालिदे साहब किसी शेर पर उस वक़्त दाद नहीं देते

जब तक शायर की सूरत पर लानत न भेज दें। अलबत्ता उन्हें कबूतरों से बड़ी मोहब्बत है। ताहिर साहब ने बताया कि उन्हें कबूतरों से उतनी ही दिलचस्पी है जितनी सरकार को उर्दू से, और कबूतर बाज़ों से मेरे ताल्लुक़ात भी उतने ही हैं जितने बाल ठाकरे के मुसलमानों से। मैंने उन्हें बताया कि बाल ठाकरे के कई मुसलमानों से तो बहुत अच्छे ताल्लुक़ात हैं। ताहिर साहब कहने लगे कि एकाध कबूतर बाज़ों को तो मैं भी जानता हूँ, बस बेतकल्लुफ़ी नहीं है। फिर भी मैं आप लोगों को एक कबूतर बाज़ के घर ले चलता हूँ। किस्सा मुख़्तसर, शबे तारीक में यह क़ाफ़िला एक कबूतर बाज़ के घर की तरफ़ रवाना हुआ। अब रात के तक़रीबन दो बज रहे थे। कबूतरबाज़ साहब को जगाने में पूरा मोहल्ला उठ बैठा लेकिन वह नहीं जागे। शायद कबूतर पकड़कर सोये थे। जल्द ही वह वक़्त आया कि तमाम मोहल्ला हम लोगों के साथ मिलकर उन्हें आवाज़ें दे रहा था। बिल्कुल क़व्वाली का-सा समाँ था। किसी की आवाज़ किसी से नहीं मिलती थी। वैसे हमारी क़ौम की पहचान भी इस ज़माने में यही है कि सब अलग-अलग राग अलापते हुए मिलेंगे। ख़ैर, बड़ी मुश्किलों से मौसूफ़ जागे। नाराज़गी से दरवाजा खोला और हम लोगों से तशरीफ़ आवारी का सबब दरयाफ़्त किया। मोहल्ले वालों ने बताया था मौसूफ़ सय्यद हैं और ख़ानदानी कबूतरबाज़ भी। हालाँकि बेचारे शिकस्ता हाल दिखाई दे रहे थे।

हम लोगों ने उन्हें अपनी हाज़िरी का मक़सद बताया और यह इल्तिज़ा भी की कि अगर शाहजहाँपुरी हरे कबूतर का एक जोड़ा मिल जाता तो हम लोग आपके एहसानमन्द होते, और अगर आप कुछ नज़राना भी कुबूल फ़रमा लें तो कोई मुज़ाइक़ा (हर्ज) नहीं है। साथ ही वालिद साहब ने उन्हें यह बताया कि नजीबुत्तरफ़ैन (भले मानुस) सय्यद हैं। कबूतरबाज़ साहब कहने लगे, अगर आपने लड़का-लड़की माँगी होती तो मैं इनकार न करता लेकिन कबूतर नहीं दे सकता। कबूतर मेरी जिन्दगी हैं और जिन्दगी देने पर कोई राज़ी नहीं हो सकता। हम लोगों ने भी वालिद साहब की तरफ़ से उनकी बहुत मिन्नत समाजत की बल्कि उनके घर के लोग भी उन पर दबाव डाल रहे थे फिर एक ऐसा वक़्त भी आया जब तमाम मोहल्ले वाले उनसे नाराज़ हो गये तब उन्होंने बड़ी बेबसी से एक जोड़ा कबूतर देने पर आमादगी ज़ाहिर की। मौसूफ़ के साहब ज़ादे कबूतरों का एक जोड़ा लेकर आये और मेरे वालिद साहब के हवाले कर दिया। मौसूफ़ ने कबूतरों को बादीदये नम (नम आँखों से) देखा और भार्रायी हुई आवाज़ में बोले, "जाओ, इनके घर में तुम आराम से रहोगे। मैं तो तुम्हारे दाने पानी का इन्तिज़ाम भी नहीं कर पाता था। तुमको भूखा रखता था।" इतना कहकर उन्होंने मुँह फेर लिया और फूट-फूटकर रोने लगे। वालिद साहब ने जीप स्टार्ट की, मामूल (सामान्य) से दुगनी रफ़्तार से सड़क पर दौड़ाने लगे और बोले जल्दी निकल चलो कहीं उनका इरादा न बदल जाये। एक जगह रेल की पटरियाँ भी सड़क की हमसफ़री कर रही थीं। एक रेलगाड़ी भी मिली लेकिन वालिद साहब की जीप

की रफ़्तार के मुक़ाबले में हारकर बहुत पीछे रह गयी। जीप में बैठे हुए कबूतर ख़ौफ़ज़दा थे। अचानक एक जगह रेलवे क्रॉसिंग मिली और उसका फाटक बन्द मिला। मैंने वालिद साहब से बहुत ही मासूमाना अन्दाज़ में कहा कि देखा अब्बू जान, आपसे रेलगाड़ी वाला जीत नहीं पाया तो गेट बन्द करवा दिया। वालिद साहब ने मुस्कुराते हुए मुझे घूरा और मैं जीप से बाहर की जानिब देखने लगा। आज तक वे कबूतर मेरे घर में मौजूद हैं और आप यक़ीन करें कि दामाद और बहुओं से भी ज़्यादा इज़्ज़त व एहतराम से घर में रहते हैं। कबूतरबाज़ों की आँखों की रोशनी मरते-मरते भी क़ायम रहती है। कबूतरबाज़ की सेहत ख़राब हो सकती है मगर आँखें नहीं। कभी-कभी तो ऐसे कबूतरबाज़ भी देखने में आते हैं जिनके चेहरे पर सिर्फ। आँखें बचती हैं, चेहरा ख़त्म हो जाता है। कबूतरबाज बिल्लियों से बहुत नफ़रत करता है। कौआ गुफ़लेल से उतनी नफ़रत नहीं करता जितनी नफ़रत कबूतरबाज़ बिल्लियों से करता है। कबूतरबाज़ औरतों में बहुत एहतराम (सम्मान) की निगाह से देखा जाता है क्योंकि कबूतरबाज़ निगाह कहीं भी डाले उसे सिर्फ़ कबूरत दिखाई देता है, औरतें नहीं दिखाई देतीं और यह एक ऐसी ख़ूबी है जिसकी वजह से उसकी अज़दुवाजी (घेरलू) ज़िन्दगी बहुत ख़ुशगवार गुज़रती है। मोहल्ले की पर्दानशीन औरतें जो नर कबूतर से भी पर्दा करती हैं, कबूतरबाज़ों से कोई झिझक नहीं महसूस करतीं बल्कि उनको क़लक़ (दुःख) होता है, हुस्न की इस बेहुरमती पर। कबूतरबाज़ अपने कबूतरों को देखकर जितना खुश होता है उतनी ख़ुशी बिरला और टाटा अपनी फैक्ट्रियाँ देखकर भी नहीं महसूस कर सकते। आप इसे मुबालिग़ा (अतिशयोक्ति) न समझें। एक बार मोहल्ले में एक मशहूर कबूतरबाज़ बिस्तरे मर्ग (मौत का बिस्तर) पर आख़िरी साँसे ले रहा था। जब उनसे घर के लोगों ने आख़िरी ख़्वाहिश दरयाफ़्त की तो उन्होंने सिर्फ़ इतना कहा कि बनारस से मोती चूर का एक जोड़ा मँगवा दिया जाये। लड़कों से इलतिजा कर रहे थे कि मुझे दवा मत दो, कबूतरों को दाना-पानी दे दो, सुबह से भूखे हैं। लखनऊ, बनारस, शाहजहाँपुर, देहली और इलाहाबाद के कबूतर बहुत मशहूर हैं। हालाँकि लखनऊ में अब नवाबी नहीं रही लेकिन कबूतरबाज़ी आज तक होती है क्योंकि कबूतरबाज़ी के लिए नवाबी की कलन्दरी की जरूरत है और कलन्दरी तो लखनऊ की मिट्टी में शामिल है। मीर जैसा शायर भी साहब से नालाँ (नाराज़) हुआ तो चौक में स्थित तहसीन की मस्जिद की सीढ़ियों की ख़ाक उड़ाता रहता था। नवाबों ने हज़रत 'इंशा' के पर कतर के उनको घर में ही क़ैद कर दिया तो मौसूफ़ ने कहा था :

हमारी बेबसी पर किस लिए हँसता है ऐ सय्याद
यहाँ तो पर कटे हैं कितने ही पर दार बैठे हैं

लखनऊ वाले उड़ने-उड़ाने के मामले में हमेशा सरे फ़ेहरिस्त रहे हैं और बनारस तो हमेशा लखनऊ का दोस्त रहा है। महाराजा रामनगर वाजिद अली शाह के बहुत

गहरे दोस्त थे। कहा जाता है कि जब अंग्रेज़ वाजिद अली शाह को क़ैद करके कलकत्ता ले जा रहे थे तो महाराजा ने अंग्रेज़ों से गुज़ारिश की थी कि कुछ दिनों के लिए वाजिद अली शाह की मेहमान नवाज़ी का शरफ़ बख़्शा जाये और जब बनारस के क़रीब दौराने सफ़र नवाब साहब की गाड़ी एक जगह कीचड़ में फँस गयी तो महाराजा ने ब नफ़्से नफ़ीस इस गाड़ी को धक्का दिया था लेकिन नवाब साहब ताँगे में ही विराजमान रहे। महाराज ने इस हादसा से सबक़ लिया और अपने ख़ानदान वालों को मेहनत मज़दूरी की तालीम भी दी। यही वजह है कि महाराजा का ख़ानदान आज ऐश कर रहा है, कोठियों में रहता है और मोटरों में सफ़र करता है जब कि नवाब साहब का ख़ानदान आज तक उसी ताँगे में विराजमान है और ताँगा कीचड़ में फँसा खड़ा है। कितने अफ़सोस का मक़ाम है कि रेलगाड़ी जिनके मोहल्लों तक आती थी आज वही लोग स्टेशन के प्लेटफार्मों पर ज़िन्दगी गुज़ार रहे हैं, लेकिन इसके बावजूद लखनऊ वाले आज तक अपनी फ़ख़्ता और दूसरों की हँसी उड़ाना नहीं भूले। बनारस वाले तो बहुत सँभल गये। वहाँ खाते-पीते लोगों की तादाद भी ज़्यादा हो गयी है। अगर आप कभी बनारस जायें तो देखेंगे कि वहाँ पर बच्चा हो या मुरब्बी (बूढ़ा), मुरब्बा खाता हुआ दिखाई देगा। गुनहगार हो या आचार्य, आपको अचार चाटता मिलेगा, दाँत वाला हो या सिर्फ़ आँत वाला, पान से शौक़ फ़र्माता हुआ नज़र आएगा। वहाँ के लोग ख़ाने-पीने के इतने शौकीन हैं कि एक मण्डी का नाम ही दालमण्डी रख दिया। अब तो सिर्फ़ मण्डी है दाल कहीं नहीं दिखाई देती बल्कि दाल वहाँ कभी नहीं थी। सिर्फ़ चन्द पैसे वाले थे जनकी वहाँ दाल गलती थी, बाक़ी लोग मण्डी से सिर्फ़ क़सम खाते हुए निकलते थे। बनारस वालों की एक और ख़ूबी है, वह शरई (कानूनी) क़ाम करें या गैर शरई, टोपी हर वक़्त पहने रहते हैं। मुशायरों के जबरदस्त शौक़ीन लेकिन उर्दू से उतने ही बेज़ार, कोई भी उर्दू अख़बार वहाँ से नहीं निकलता। दालमण्डी के सामने ही एक निहायत ख़ूबसूरत होटल तामीर हुआ है जिसका नाम 'फ़ारान' है। सुब्हान अल्लाह! क्या अच्छा नाम है। लेकिन वहाँ उर्दू अख़बार नहीं आता, जो अख़बार आता है उसका नाम 'गाण्डीव' है। बनारस के कबूतरबाज़ों में मुस्लिम और ग़ैर मुस्लिम दोनों ही शामिल हैं। फ़ैज़ाबाद को पुराने लोग लखनऊ का वालिद कहते हैं। आसफ़ुद्दौला का वतन फ़ैज़ाबाद ही था जिनके साहबज़ादे ने लखनऊ आबाद करके हज़ारहा नवाब पैदा कर दिये थे। वह फ़ैज़ाबाद तो पहले ही वीरान हो गया था। वहाँ की एक कबूतरी लखनऊ वालों की छतरी पे आ बैठी थी। सुनते हैं उसका नाम उमरावजान था। वह एक बार लौटकर अपने घर वापस चली गयी थी लेकिन हालात और मिर्ज़ा 'रुसवा' उसे फिर लखनऊ वापस ले आये। शाहजहाँपुर वाले तो निरे पठान थे ही, लिहाज़ा जब वह पाकिस्तान जाने लगे तो कबूतर साथ लेते गये और जो लोग नहीं ले जा सके उन्होंने कबूतरों को ज़िबह करके फेंक दिया कि हमारे कबूतरों की नस्ल इधर-उधर न भटके।

वैसे भी वह लोग कबूतरों को इस तरह पकड़ते थे जिस तरह पुलिस वाले शरीफ़ आदमियों का गरेबान पकड़ते हैं। इलाहाबाद वालों के बारे में तो लोगों ने बताया है कि कबूतरबाज़ी के शौक़ में वहाँ कई बार गोलियाँ भी चल चुकी हैं। हालाँकि वह लोग अगर अक्लमन्द होते तो बजाय गोलियों के अमरूद का इस्तेमाल भी कर सकते थे :

लुत्फ़ का लुत्फ़ रहे जान सलामत भी रहे

दिल्ली जो एक शहर है आलम में इन्तिख़ाब, इस शहर का क्या कहना! कबूतरबाज़ तो इनसान होते हैं लेकिन यह शहर ख़ुद कबूतरबाज़ दिखाई देता है। कितनों की छतरियाँ उड़ जाती हैं और कितने ही बग़ैर परों के उड़ते हुए दिखाई देते हैं। वहाँ हर तक़रीब (आयोजन) में कबूतर उड़ाये जाते हैं, जिस तरह किसी के घर में ख़्वाह मौलवी आयें या क़ौमी लीडर, नुक़सान सिर्फ़ मुर्ग़ों को पहुँचता है। इसी तरह देहली में चाहे कोई आये या वहाँ से हिजरत करे, कबूतर उड़ा दिये जाते हैं। यह भी बताया जाता है कि यह अम्न (शान्ति) के पैग़म्बर (दूत) हैं। फ़िर कबूतर जब काफ़ी बुलन्दी पर पहुँच जाते हैं तो वहीं से बाज़ भी उड़ा दिये जाते हैं।

यह बाज़ जब अम्न पसन्द कबूतरों को मार-मारकर लहूलुहान कर देते हैं तो फिर कबूतरों की एक नयी खेप अम्न की टोली के तौर पर रवाना की जाती है। कबूतरों के तआकुब में बाज़ उड़ानें वालों का अंजाम बुरा होता है। मैंने ऐसे कई बाज़ पालने वालों को देखा है जो मक्खियाँ तक उड़ाने के क़ाबिल नहीं रह गये। कबूतर बहुत तेज़ निगाह रखने वाला वफ़ादार परिन्दा है। कितनी ही बुलन्दी पर क्यों न चला जाये अपने घर, दोस्तों और रिश्तेदारों को नहीं भूलता। यह ख़ूबी उसके मालिकान के हिस्से में नहीं आती। कबूतर घर से मोहब्बत की बिना पर अक्सर उक़ाब का शिकार भी हो जाता है। कभी-कभी ऐसा होता है कि कबूतर आसमान से उतर नहीं पाता कि रात हो जाती है और वह अँधेरे में किसी मुक़ाम पर बैठ जाता है। अगर जानवरों की ज़द से महफ़ूज़ रह जाता है तो सवेरा होते ही उड़ता है और अपने घर की छत पर मँडराने लगता है :

इक ख़लाये बेकराँ है और बाज़ू मारना
दरमियाँ है रात, छतरी से कबूतर दूर है

बहुत से कबूतर जो रास्ता भटक जाते हैं वह मस्जिदों या वीरानी हवेलियों को अपना मसकन बना लेते हैं, अपने माज़ी (अतीत) को भुलाने के लिए जंगली कबूतरों के साथ ज़िन्दगी बसर करने लगते हैं। मन्दिर और मस्जिद के कबूतरों में बड़ा भाईचारा होता है। जब भी शहर में इनसान एक दूसरे को क़त्ल करने लगते हैं तो यह कबूतर एहतिजाजन (विरोध में) वह जगह या इलाक़ा छोड़कर चले जाते हैं और फिर कभी लौटकर वहाँ नहीं आते। कबूतरबाज़ कबूतरों को किसी न किसी तरह अपने मज़हब से जोड़ लेते हैं। मिसाल के तौर पर मुसलमानों का अक़ीदा है कि कबूतर ने उस ग़ार (गुफा) के दहाने में अण्डे दे दिये थे जहाँ हमारे रसूलुल्लाह ने क़याम

फ़रमाया था। ईसाई कहता है कि कबूतर ही हज़रत नूह की कश्ती से उड़कर ज़मीन का पता लगाने गये थे और हिन्दू कहता है कि देवी देवताओं का पसन्दीदा परिन्दा कबूतर है तभी तो मन्दिरों में क़याम करता है।

कभी कोई कबूतरबाज़ किसी दूसरे कबूतरबाज़ के हाथ में अच्छा कबूतर नहीं देता क्योंकि कबूतरबाज़ बहुत हासिद (ईर्ष्यालु) होता है। दूसरे के अच्छे कबूतर की कोई रग वग़ैरा दाबकर ख़राब कर देता है। अच्छा कबूतर हासिल करने के लिए कबूतरबाज़ हर जायज़ व नाजायज़ काम कर सकता है। एक साहब जो पुलिस के आला ओहदे पर थे, उन्होंने एक कबूतरबाज़ से एक ख़ास कबूतर माँगा। उसके इनकार पर नाराज़ हो गये और उसको एक झूठे मुक़दमे में फँसवाकर उसके घर का सामान क़ुर्क़ करने गये और सिर्फ़ कबूतर लेकर आये। इसी तरह एक जज साहब का वाक़िया भी बहुत मशहूर है कि उन्होंने एक अछूत से कबूतर हासिल करने के लिए क़त्ल का मुक़दमा छोड़ दिया और दिनभर उसी के घर में उसकी चारपाई पर लेटे कबूतर के उतरने का इन्तिज़ार करते रहे और कबूतर लेकर ही घर वापस आये। एक वकील साहब के बारे में भी मशहूर है कि वह उड़ान के ज़माने में मुक़दमे नहीं लेते थे। मुवक्किलों से कह देते थे कि मेरा त्योहार है, अभी मैं कोई काम नहीं लूँगा। अपने हकीम साहब भी कबूतरों के बहुत शौक़ीन हैं। कबूतर पालने के नहीं बल्कि कबूतर खाने के। उनका कहना है कि कबूतर खाने वाले को लक़वे या फ़ाजिल का असर नहीं होता बल्कि किसी बात का असर नहीं होता। हकीम साहब की फुर्ती देखकर इस बात की तस्दीक़ (पुष्टि) भी होती है। पिछले दिनों वह मेरे घर तशरीफ़ लाये, मैं उनको अपने कबूतर दिखाने छत पर ले गया। कबूतरों ने उनको देखते ही फड़कना शुरू कर दिया। कई कबूतर तो आसमान का रुख़ कर गये। मैं समझ गया कि कबूतर खाने की वजह से मेरे कबूतरों ने इन्हें बिल्ली समझ लिया होगा। हकीम साहब ने बताया कि ख़लील भाई (मोहम्मद अली लाइब्रेरी वाले) ने लाइब्रेरी के सामने तोते पाले हैं। मैंने कहा, उन्हें कबूतर पालना चाहिए था। हकीम साहब ने कहा, उन्हें अण्डों-बच्चों से वहशत (घबराहट) होती है, इसी वजह से आज तक शादी नहीं की। हकीम साहब भी किसी ज़माने में कबूतर पाले हुए थे। एक दिन वह घर की छत पर खड़े कबूतरों को आवाज़ दे रहे थे आव, आव, आव। पड़ोस की छत पर एक साहिबा खड़ी जुएँ मार रही थीं। उन्होंने समझा कि उन्हें आवाज़ दी जा रही है लिहाज़ा ख़ुश हो गयीं। लेकिन जब उन्होंने यह जान लिया कि कबूतरों को बुला रहे हैं, तो अपने वालिद से शिकायत कर दीं। नतीजे के तौर पर हकीम साहब के पास जुएँ पालने तक की जगह नहीं रह गयी। हकीम साहब कबूतरों की बहुत इज़्ज़त करते हैं। कहते हैं, कबूतर सय्यद होता है। लेकिन सय्यद होने के बावजूद मुझे अक्सर गालियाँ देते रहते हैं। उन्होंने एक कबूतरबाज़ के बारे में बड़ी अजीब बातें बतायीं। कहने लगे कि मौसूफ़ को कबूतरों से ऐसा इश्क़ था कि बीवी से कहते थे, मैं तुमको

छोड़ सकता हूँ कबूतर नहीं निकाल सकता। उन्हें जहाज़ों के गिरने से ज़्यादा कबूतरो के जख्मी होकर गिरने का दुःख होता था। फ़लसफ़ा यह बयान करते थे कि जहाज़ में लोग अपने मर्ज़ी से जाते हैं, कबूतर मालिक की मर्ज़ी से उड़ता है। अण्डों पर बैठी हुई मादा दाना चुगने उसी वक़्त जाती थी जब मौसूफ़ वहाँ बैठ जाते थे। यही वजह है कि कई कबूतरों का नाक़-नक्शा उन्हीं पर गया था। बिल्लियों से इतनी नफ़रत थी कि कहते थे, अगर अल्ला मियाँ बिल्ली न पैदा करते तो क्या हो जाता। उनसे जब कोई पूछता था कि आप नर-मादा में कैसे पहचान करते हैं तो वह नाराज़ हो जाते और कहते कि आप कैसे समझते हैं कि कौन आपका बेटा है और कौन बेटी।

पहले ज़माने में कबूतर डाकिया का काम करता था। यक़ीनन उस वक़्त डाक का निज़ाम बहुत अच्छा रहा होगा। हुकूमत को चाहिए कि इस निज़ाम को फिर से अमल में लाये वर्ना :

हम वहाँ हैं जहाँ से हम को भी
.ख़ुद हमारी .ख़बर नहीं आती

शहरों में कोई चाँद को मामा नहीं कहता

यह मिसरा (शेर की एक पंक्ति) मेरी समझ में उस वक़्त आया, जब मैं शहर आकर बस गया और शहर की आबो हवा, मिज़ाज और मामलात से मानूस भी हो गया। यहाँ आकर यह बात भी समझ में आयी कि शहर में आदमी वह तमाम बातें भूल जाता है जो उसे गाँव का मदरसा और गाँव की चौपालें सिखाती हैं और यह ज़रूरी भी है क्योंकि शहर के अपने क़ानून होते हैं और अपना मिज़ाज़ होता है। गाँव और शहर के रस्मो रिवाज और रहन-सहन में भी बहुत फ़र्क़ होता है। आप अगर ग़ौर करें तो देखेंगे कि देहात में घरों और दुकानों में ऐसे कैलेंडर इस्तेमाल होते हैं जिसमें शहर मौजूद होता है, शहर की इमारतें, शहर के लोग और शहर की शबाहत (शक्लो सूरत) मौजूद होती है जबकि शहर की दीवारें उन कैलेंडरों से आरास्ता की जाती हैं जिनमें देहात मौजूद हो, देहात का मौसम और भोलापन दिखाया गया हो।

लोग उस शहर को ख़ुशहाल समझ लेते हैं जो रात के वक़्त भी जाग रहा होता हैं। मैं गाँव में अक्सर सोचता रहता था कि शहर में लोग चाँद को ग़ैर ज़रूरी-सी चीज़ क्यों समझते हैं। शहर में आने के कुछ दिनों बाद तक तो मैं भी चाँद को चन्दा मामा ही समझता था, लेकिन रफ़्ता-रफ़्ता जब शहर ने मुझे अपने साँचे में ढाल लिया तो मैं भी भूल गया कि कभी चाँद से मेरी रिश्तेदारी भी थी।

फिर काफ़ी अर्से बाद एक दिन गाँव से मेरे मामू तशरीफ़ लाये। उन्हें देखकर याद आया कि कभी चाँद से मेरी रिश्तेदारी और बेतकल्लुफ़ी थीं। मैं सोचने लगा कि आख़िर शहर में रहकर चाँद को भूलने की क्या वजह हो सकती है? कई दिनों तक ग़ौर करने के बाद महसूस किया कि दरअसल शहरों में बिजली, जनरेटर और बैट्री के तुफ़ैल से ट्यूब लाइट, मरकरी बल्ब और रंग बिरंगी रौशनी आदमी को इतना मबहूत (भौंचक्का) कर देती है कि वह चन्दा मामा को भूल जाता है। और यही शायद मेरे साथ भी हुआ जिसकी वजह से मैंने अपने एक क़रीबी रिश्तेदार को फ़रामोश कर दिया। वह चन्दा मामा जिसने मुझे हर शब उजाला बख़्शा, कच्चे से घर में जहाँ मिट्टी का नन्हा-सा कमज़ोर दिया हवा की हल्की-सी जुम्बिश से लरज़ने लगता था, हर रोज़ शाम होते ही चन्दा मामा जगमग करते मेरे घर को रौशन करने और मुझे कहानी सुनाने आ जाते। चाँद में चर्ख़ा कातने वाली रवायती (कहानियों वाली) बुढ़िया को

मैंने कभी नहीं देखा। हाँ, चन्दा मामा की रौशनी में मुझे दादी का चमकता हुआ चेहरा साफ़ दिखाई देने लगता था। मैं घर की अँगनाई में पलंग पर लेटा हुआ टुकुर-टुकुर चन्दा मामा को तकता तो मेरी आँखों की पुतलियों में अपने मामूँ की तस्वीर उतर आती और माँ जब यह तस्वीर देखती तो मैं उसे हू-ब-हू चाँद जैसा दिखाई देता था। मिट्टी के बने चूल्हे पर जब आग तवे दहकाती और चिंगारियाँ तवे पर रक्स करने लगतीं तो ऐसा लगता कि तवा मुस्कुरा रहा है। रोटी सेंकने के लिए माँ जब सूखी गीली लकड़ियों को सुलगाती तो पसीने-पसीने हो जाती थी और उसके मुक़द्दस पसीने के क़तरे रोटियों में जज़्ब हो जाते थे। शहर ने मुझे बिरयानी खिलाकर रोटी की लज़्ज़त छीन ली, दूध क डिब्बों ने गाय भैंसों के दूध का जायका छीन लिया।

कैसा हौलनाक अलमिया (डरावनी विडम्बना) है कि एक लड़का शहर की रौनक़ में सब कुछ भूल जाये और बूढ़ी माँ रोज़ चौखट पर दिया रौशन करे। गाँव में हर बड़ा अपने छोटों का चाचा था। न हिन्दु था न मुसलमान। अगर छोटे ने सलाम न किया तो डाँट खाई और कर लिया तो ढेर सारी दुआएँ वसूल कीं। शहर में तो लोग सलाम किये जाने का इन्तिज़ार करते रहते हैं। लोग दूसरे को सलाम करने से गुरेज़ करते हैं। अमीर आदमी किसी ग़रीब को सलाम करने में हतक (अपमान) महसूस करता है। सलाम करने वाले को सलाम का जवाब नौकरी से जवाब की तरह मिलता है :

तुमको अकड़ी हुई गर्दन पे नज़र क्या आता
आरज़ू हाथ पसारे थी सलामों के तले

गाँव में किसी को पानी पिलाने से पहले मिठाई नहीं तो कम से कम गुड़ ज़रूर पेश किया जाता है जब कि शहरों में पानी पचास पैसा फ़ी गिलास मिलता है। यह फ़र्क़ होता है कुएँ के मीठे पानी और शहर के पाइपों के पानी में। आज भी गाँव में एक आदमी की मौत को गाँव की मौत समझा जाता है। मरने वाले के साथ क़ब्रिस्तान तक पूरा गाँव जाता है। हफ़्तों चौपालें उदास रहती हैं। तक़रीबे (आयोजन) मुल्तवी हो जाते हैं। तबस्सुम लबों तक पहुँचने का रास्ता भूल जाता है, लेकिन शहर में शरीके ग़म होना दूर की बात है, काँधा भी उसी जनाज़े को देते हैं जिसके लवाहिक़ीन से दामे दिरमे कोई फ़ायदा पहुँचने वाला होता है। मैं अपने गाँव की झील में चन्दा मामा को तैरते हुए देखते जवान हो गया। अब पनघट से आने वालियाँ मुझे देखकर घूँघट काढ़ने लगी थीं। चिड़ियाँ मुझे देखकर अब नग़में नहीं सुनाती थीं सिर्फ़ ज़ेरे लब मुस्कुराती थीं। अब्बू और अम्मी के सिरों पर कच्ची बर्फ़ जमने लगी थी। फिर गाँव की बंजर ज़मीनों ने मेरा बोझ ढोने से इनकार कर दिया और शहर ने कारख़ानों की चिमनियों में धुएँ के ज़रिये पैग़ाम भिजवाकर मुझे बुलाना शुरू कर दिया। गाँव के सुहाने मंज़रों ने मुझे रोकना चाहा लेकिन भूख ने ग़ैरत दिलाई। बाप के चेहरे पर एक ख़ामोश ज़रूरत लरज़ने लगी। मैंने घबराकर माँ की तरफ़ देखा। माँ ने ज़बान से कुछ नहीं कहा, सिर्फ़ बेचारगी से मुझे देखने लगी। उन आँखों की ठण्डक आज

तक मुझे लू धूप से महफ़ूज़ रखती और मेरे साथ सिर पर (ढाल) बनकर रहती। बहनों ने डबडबाई हुई आँखों से ख़ुदा हाफ़िज़ कहा और सिर झुका लिया। मेरे जैसे ही छोटे मेरे भाइयों ने मुझे रुख़्सत किया, फ़रिश्ते आगे बढ़े और मेरे शानों पर नर्मी से हाथ रख दिये, और चन्दा मामा...? चन्दा मामा ने कुछ भी नहीं कहा, लेकिन जब मैं दहलीज़ से बाहर निकला तो चन्दा मामा भी बाहर निकल आये। स्टेशन तक मुझे गाँव वाले ही नहीं, गाँव भी पहुँचाने आया। पगडण्डियों ने मेरे नर्म पैरों की हिफ़ाज़त के लिए घास बिछा दी, ऐसी घास जिसे शबनम ने रो-रो कर नर्म कर दिया था। गन्दुम (गेहुँ) की बालियों ने मेरी ताज़ीम (सम्मान) में सिर झुका दिये। धान के खेतों ने हवा की सरसराहट के ज़रिये मुझे अलविदा कहा। सरसों और अरहर के खेतों ने मुझे अपना जोगियों वाला पीला लिबास दिखाया। झील के पानी ने अपनी ख़ामोशी से दुःख का इज़हार किया। छोटा-सा गाँव का रेलवे स्टेशन...इक्का दुक्का मुसाफ़िर ....चमकती हुई रेल की पटरियाँ....प्लेट फ़ार्म पर रौशनी और एक क़दीम (पुरानी) लालटेन जो गाँव के सब लोगों को पहचानती है। नहीफ़ और लाग़र (कमज़ारे)-सा एक कुली जिसने सारी जिन्दगी लोगों का बोझ उठाया और अब ज़िन्दगी का बोझ उठाये स्टेशन पर बैठा रहता है। मिलने और बिछड़ने की हज़ारों वरक़ वाली किताब पढ़ने वाला यह कुली मुझे कभी अनपढ़ नहीं महसूस हुआ। बूढ़ा स्टेशन मास्टर जो मेरा कोई नहीं था। मगर चाचा था, वह हर बरस मेरे लिए मेले से सीटी ख़रीद कर लाता था, मुझे अजीब-सी निगाहों से देखने लगा। जैसे कह रहा हो कि जल्दी आना, मैं तुम्हारे लिए मेले से सीटी ख़रीद कर लाऊँगा और जब तक तुम नहीं आओगे अपने पास ही रक्खे रहूँगा। थोड़ी देर में आस-पास के पेड़ों को झुलसती हुई रेल गाड़ी आ गयी जो बार-बार सीटी भी बजा रही थी जैसे मेले से किसी ने उसे भी आज ही सीटी ख़रीद कर दी हो। रेल एक डिब्बे ने इशारे से मुझे बुलाया और मैं... :

न हमसफ़र है न रस्ता बता रहा है कोई
मैं जा रहा हूँ कहीं और बुला रहा है कोई

अलविदा और ख़ुदा हाफ़िज़ की आवाज़ों ने मुझ पर साया कर दिया। मैंने तमाम लोंगों को बाआवाज़े बुलन्द सलाम किया। मेरे सलाम का जवाब सभी ने दिया, लेकिन ऐसा लगा कि जैसे सबने जवाब नहीं दिया। मैंने निगाह उठाकर देखा तो चन्दा मामा खड़े मुस्कुरा रहे थे। रेलगाड़ी मंज़िल की तरफ़ चलने लगी, ज़िन्दगी ने भी पटरियाँ तब्दील की। मंज़र, उजाला, आँसू, माज़ी, बचपन, खिलौने, आँधियाँ, घरौंदे, चिराग़ जुगनू, झील, चिड़ियाँ, पेड़, शाख़ें, झूला, सावन, पतझड़, मस्जिद का मीनार, मन्दिर का कलश, मोहब्बतें, मुरव्वतें और शफ़क़तें यह सब चीज़ें अपनी शिनाख़्त (पहचान) बदल रही थीं। मेरी सिर्फ़ दो आँखें और यह लामुतनाही (ख़त्म न होने वाले) मंज़रों का सिलसिला। फिर रात जुगनुओं से सरगोशी करती हुई, सूरज को समझाती बुझाती हुई खिड़कियों के रास्ते डिब्बे में दाख़िल हो गयी। नींद ने बढ़ कर उसका इस्तक़बाल

किया और दोनों ने मिलकर मुझे हक़ीक़त की दुनिया से निकालकर ख़्वाबों की ख़ूबसूरत वादी में पहुँचा दिया। ट्रेन हिचकोले खाती हुई बढ़ती रही, रास्ते में कभी दरियाओं ने उसका रास्ता बिल्ली की तरह काटा, कभी पहाड़ों ने रुकने का इशारा किया, लेकिन... :

जाविदाँ, पैहम रवाँ हर दम जवाँ है ज़िन्दगी

ज़िन्दगी...दौड़ती हुई ज़िन्दगी, ज़िन्दगी...रोती हुई ज़िन्दगी, ज़िन्दगी...शहर की ज़िन्दगी, बड़ी-बड़ी सड़कें...ऊँची-ऊँची इमारतें...लम्बी-लम्बी कारें...।

मैं रेल के डिब्बे से उतरा तो देखा कि चन्दा मामा मेरे क़रीब ही खड़े मुस्कुरा रहे हैं। अब मैं समझा कि उन्हें तो मेरे साथ आना था इसलिए उन्होंने मुझे रुख़सत नहीं किया था।

तेज़ रौशनियाँ, रौशनियों में नहायी हुई सड़कें, ऊँची इमारतें मगर बन्द-बन्द से मकान, कमरे मसनुई (बनावटी) ठण्डक और फूलों से आरास्ता, दो दरीचे दरवाज़े बन्द, रास्ते गाड़ियों से भरे हुए, आँखें हवस से भरी हुईं, कुदूरत (रंजिश) से भरे हुए, कपड़े ख़ुशबुओं से भरे हुए, चेहरे परेशानियों से भरे हुए, साग़र शराबों से भरे हुए, दीवारें इश्तहारों (विज्ञापनों) से भरी हुईं, हर सड़क जैसे राहे वफ़ा...गुज़रना दुश्वार, इतनी उलझनें कि सँवरना दुश्वार, इतना बोझ कि मरना दुश्वार, इतनी जल्दी कि ठहरना दुश्वार, जब ज़िन्दगी इतनी तेज तफ़्तार हो जाये तो फिर कैसी रिश्तेदारी, कैसा ख़ुलूस, कैसा एहतराम...क्या ज़रूरत है चन्दा मामा से मिलने की, गुफ़्तगु करने की।

तो क्या ख़ुलूस का ताल्लुक ख़ुदग़र्जी से था, रिश्तेदारी का ताल्लुक़ ज़रूरत से था, इन्तिज़ार का रिश्ता हवस से था। मुमकिन है ऐसा ही हो या फिर शहर का मिज़ाज ज़रा मुख़्तलिफ़ हो। लेकिन मिज़ाज से क्या होता है। इन्सानियत तो ख़ुशबू है, ख़ुलूस तो जादू है, शहर और देहात से क्या। इनसान तो दोनों ही जगह रहते हैं, लेकिन :

ये शहर है बच्चे यहाँ मिट्टी नहीं खाते

हम फ़क़ीरों के लिए चाय बहुत होती है

हिन्दुस्तान एक ऐसा मुल्क है जहाँ बहुत से ख़ाने हैं। दवाख़ाने, जुआख़ाने, कारख़ाने, चिड़ियाख़ाने, क़हबाखाने, (वेश्यालय), मुर्ग़ीख़ाने लेकिन जो उरूज (रुत्बा) चायख़ाने को हासिल है वह किसी और ख़ाने को हासिल नहीं है। किसी मोहल्ले में भी आप चले जाएँ यह ख़ाना ज़रूर मिलेगा, लेकिन ख़ाली नहीं बल्कि चाय की प्याली की तरह भरा हुआ। क़ौमी यकजहती को यहाँ से फ़रोग़ मिलता है। कुर्सी पर बैठा हुआ आदमी चाय के ज़रिये तमाम मसाइल हल करने पर आमादा रहता है। मुल्क का हर चायखाना पार्लियामेन्ट का बच्चा मालूम होता है, शक्ल तो ख़ैर नहीं मिलती हाँ सीरत (चरित्र) बड़ी हद तक मिलती है। चायख़ाने के मालिक की पोज़ीशन स्पीकर जैसी होती है। वह हर चायनोश से सौतेली माँओं जैसा सुलूक करता है, लेकिन मोहब्बत माँ की तरह।

कहते हैं कई सौ बरस पहले चीन में एक साधू चालीस दिनों की तपस्या कर रहा था। शबोरोज़ जागने वाली इस तपस्या में एक रात साधू की आँखें झपक गयीं, जिसकी वजह से उसकी तपस्या भंग हो गयी। तैश में आकर उस साधू ने अपनी दोनों आँखें निकालकर फेंक दीं। आँखों से उबलने वाले ख़ून ने ज़मीन सुर्ख कर दी। कुछ दिनों बाद लोगों ने देखा कि एक नयी क़िस्म का पौधा उस ख़ुन आलूद ज़मीन पर लगा है। उसे लोगों ने चाय का नाम दे दिया। आज तक उस चाय का यह असर है कि उसको पीते-पीते आदमी बेहोश तो हो सकता है लेकिन सो नहीं सकता। शायरों, चोरों और ड्राइवरों की यह पसन्दीदा ग़िज़ा है। अंग्रेज़ इसको मुफ़्त बाँटता था और हिन्दुस्तानी बेचता है। वैसे ही जैसे आज अंग्रेज़ अपने पुराने कोट पतलून बाँट देता है और हिन्दुस्तानी शरीफ़ लोग उन्हें बेचते फिरते हैं।

बहुत से चालाक क़िस्म के कारोबारी अख़बारों में इश्तहार नहीं देते बल्कि चायख़ानों में लोगों के सामने अपनी चीज़ की तारीफ़ बयान कर देते हैं। दूसरे दिन अख़बार से पहले यह बयान धूल की तरह उड़कर हर कमरे में पँहुच जाता है। अक्सर चाय ख़ाने ग़ीबतकदों (पीठ पीछे बुराई करने के अड्डे) का काम भी देते हैं। हुकूमत को चाहिए कि फ़िरक़ावाराना फ़सादात (साम्प्रदायिक दंगों) के दौरान तमाम चायख़ानों को बन्द कर दिया करे। अपने शहर में भी कई ग़ीबतकदे हैं। अदबी क़िस्म का एक ग़ीबतकदा तो एक मदरसे के पास आबाद है। कहा जाता है कि मिर्ज़ा ग़ालिब इस

मदरसे में मुशायरा भी पढ़ चुके हैं। एक और ग़ीबतकदा गौहर जान (अकबर इलाहाबादी वाली) और मुन्नी बाई 'हिजाब' (दाग़ देहलवी वाली) के घरों के पास आबाद था। (गौहर जान सात घोड़ों वाली बग्घी पर सवारी करती थीं)। कहा जाता है कि वायसराय ने एक बार मुग़ालते (भ्रम) में गौहर जान को सैल्यूट कर लिया था। बाद में बहुत पछताया, सैल्यूट करने पर नहीं बल्कि इस ग़म में कि... :

क़सम ख़ुदा की जवानी में गर मिला होता

पछतावे के तौर पर उसने कुछ रास्तों पर गौहर जान की बग्घी का चलना ममनूअ (निषिद्ध) क़रार दे दिया। गौहर जान की वफ़ात को तक़रीबन सौ बरस हो गये, मगर उनकी बिरादरी आज भी कलकत्ता के कई इलाक़ों में आबाद है। मुन्नी बाई हिजाब के आशिक़ दाग़ देहलवी पाटलिपुत्र (अज़ीमाबाद फिर पटना और अब पटना साहिब) में बैठे हुए कहा करते थे :

कोई छींटा पड़े तो दाग़ कलकत्ते पहुँच जायें
अज़ीमाबाद में हम मुन्तज़िर सावन के बैठे हैं

मोहतरमा अगर आज ज़िन्दा होतीं तो दाग़ को उनसे मिलने में बहुत परेशानी होती। हावड़ा स्टेशन से उनको टैक्सी नहीं मिलती क्योंकि टैक्सी वाले हावड़ा से नवाब वाजिद अली शाह के इलाक़े में जाना पसन्द करते हैं, मुन्नी बाई में क्या रखा है। दूसरी बात यह है कि अगर छींटा पड़ने के बाद दाग़ कलकत्ता आते तो उन्हें एक कश्ती भी ख़रीदनी पड़ती क्योंकि कलकत्ता में छींटा पड़ते ही छींटें पड़ने लगती हैं। यहाँ के बच्चों ने तैरना इसी मौसम में सीखा है। दाग़ शायर थे, लेकिन नवाब के बेटे थे। वह कश्ती ख़रीद सकते थे वर्ना इस मुल्क के शायर के पास कश्ती पर बैठने का किराया तक नहीं होता, कश्ती ख़रीदना तो दूर की बात है। कहीं पढ़ा था कि रूस में कई शायरों और अदीबों के पास अपने हवाई जहाज़ हैं। अपने हिन्दुस्तान में शायरों के पास सिर्फ़ हवाई क़िले मिलेंगे। जिस आबशार (झरना) को देखकर हिन्दुस्तान में ग़ज़ल कही जाती है, रूस में उससे कई शहरों के लिए बिजली पैदा की जाती है :

ज़ालिम ने इसी ज़िद में हर इक़ शम्अ बुझा दी
तस्लीम करो दाल में काला भी नहीं है

मैं भटक रहा हूँ बल्कि चाय मुख़्तलिफ़ मेज़ों का जायज़ा लेते हुए आगे बढ़ रहा हूँ। मौलाना अबुल कलाम आज़ाद चाय के बहुत शौक़ीन थे। कहा जाता है कि बहुत क़ीमती चाय पीते थे, हालाँकि इन दिनों उससे ज़्यादा क़ीमती चाय तो उन पर पी.एच-डी. करने वाले पी रहे हैं।

मेरे एक दोस्त को जो चाय की ईजाद के बाद तवल्लुद (पैदा) हुए हैं, यह दुःख सताता रहता है कि उनसे पहले चाय की कितनी नाक़द्री और बेहुरमती हुई है और यह सोचकर भी उदास हो जाते हैं कि उनके बाद चाय के नाज़ों नख़रे और कौन बर्दाश्त करेगा। सचमुच मौसूफ़ ने चाय के जितने नख़रे बर्दाश्त किये हैं, उतने नख़रे

जहाँदार शाह ने लाल कुँवर के भी न बर्दाश्त किये होंगे। इसके बावजूद वह कभी-कभी बेदिली से कहते हैं :

रुसवा भी हुए जाम पटकना भी न आया

लोग मौसमों का अन्दाज़ा हमारे इन दोस्त की चायनोशी से लगाते हैं। अक्सर देखा गया है कि वह गर्मियों में चाय थम्सअप की बोतलों में भरकर पीते हैं। लबालब भरी हुई प्याली उनके पास सिर्फ़ चन्द लम्हों के लिए मौजूद रहती है, फिर इस तरह ख़ाली हो जाती है जैसे दुनिया को एक दिन फ़ना हो जाना है। मुशायरों से ज़्यादा मुशायरों की चाय से मोहब्बत करते हैं। स्टेज पर हमेशा केतली के पास बैठते हैं बल्कि अगर हालात साज़दार(अच्छे) नहीं देखते तो केतली पर ही बैठ जाते हैं :

ये शीशओ साग़र मेरे आगे से हटा दो
रहने दो फ़क़त चाय की बोतल मेरे आगे

कभी किसी से चाय पिलाने को नहीं कहते ख़ुद तमाम चायख़ोरों का क़र्ज़ अदा करते हैं। कोई उनसे कहता है कि हज़रत चाय नोश कीजिए तो फ़रमाते हैं आप पियें और मुझे 'पिया' समझें। इनके बारे में मशहूर है कि अगर कोई 'ज़ोहरा जबीं' इनके पास चाय लेकर जाती हैं तो इन्हें सिर्फ़ चाय दिखाई देती है। वैसे ज़्यादा चाय पीने की आदत ने उन्हें इस क़ाबिल भी नहीं रखा कि वह किसी हसीना की तरफ़ देखें। चाय नोशी का यह आलम है कि यह फ़ैसला नहीं कर पाते कि पहले चाय से नहायें या दूसरे मामलात से निपटें। कभी-कभी ऐसा भी होता है कि वह पानी का लोटा ले जाने के बजाय बैतुलख़ला (Toilet) में केतली ले जाते हैं। इसके आगे का हाल मुझे मालूम नहीं बल्कि किसी को भी नहीं मालूम। अगर कोई उनसे पूछ बैठता है कि हज़रत आप दिनभर में कितनी चाय पीते हैं तो नाराज़ होकर कहते हैं कि उससे कहीं ज़्यादा पीता हूँ जितनी आपको गिनती आती है। और यह बात किसी हद तक दुरुस्त भी है। यह चाय नोशी का ही कमाल है कि वह ज़रा फ़ासले से देखने पर पोस्ट पार्टम रिपोर्ट दिखाई देते हैं। चाय के मामलात में वह न तो मिक़दार (मात्रा) के क़ायल हैं, न वक़्त के। इसके बावजूद बासी चाय कभी नहीं पीते। कहते हैं कि मैं बूढ़ी औरत से शादी का क़ायल नहीं हूँ। स्टील के कप में भी चाय नहीं पीते। तावील (दलील) यह है कि मालूम होता है दूधदानी में चाय पी रहे हैं। मौसूफ़ हकीम साहब के दवाख़ाने के लाइफ़ मेम्बर हैं। हकीम साहब अपनी नब्बाज़ी (नब्ज़ देखने की कला) का इम्तिहान यूँ देते हैं। एक सुबह मेरे घर तशरीफ़ लाये। मेरी 'अहलियत' (अहलिया) घर पर नहीं थीं, वैसे यह बताने की क़तअन (क़तई) ज़रूरत नहीं क्योंकि अगर वह मौजूद होतीं तो मौसूफ़ मेरे घर से कम-से-कम तीन सौ फीट दूर रहते। कहते हैं कि आपकी बीवी किसी दिन मुझ पर आपकी सास छोड़ देंगी। उनको सासों से बल्कि काटने वाली सब चीज़ों से बहुत डर लगता है। बहरहाल मैंने उनसे अर्ज़ किया कि चाय पियेंगे?' बिग़ड़ गये, कहने लगे, यह तो

ऐसे ही हुआ जैसे चोर पुलिस वाले से पूछे आप मुझे पकड़ेंगे (वैसे यह कहावत इस ज़माने में ग़लत साबित होगी)। बीवी की मौजूदगी में बावर्ची ख़ाने का हाल बहुत ख़राब था। यूँ समझिए कि बिल्कुल वैसा था जैसा बीवी की मौजूदगी में मेरा हाल रहता है। मुँह से प्याली लगाते ही बोले, आप सिर्फ़ बेवकूफ़ बना सकते हैं, चाय कभी नहीं बना सकते। मैंने अर्ज़ किया, हुजूर आपको दोज़ख़ में भी ऐसी ही चाय मिला करेगी। कहने लगे, मुबारक हो, क्या दोज़ख़ के कैंटीन का कॉन्ट्रैक्ट आपको मिला है? कहते हैं कि दुनिया में चाय मेरे लिए बनायी गयी है। वह चाय पीने चीन तक जाने को तैयार हैं। एक गुलूकारा (गायिका) चूँकि एक चाय कम्पनी में काम करती है इसलिए उसकी हर महफ़िल में शरीक होते हैं और उसे यूँ देखते रहते हैं जैसे गुनहगार जन्नत को देखता है। मैंने एक दिन पूछ लिया कि हज़रत दूसरी हसीनों पर आप निगाह तक नहीं करते सिर्फ़ यही गुलूकारा (गायिका) क्यों? कहने लगे, यह लड़की जब गाती है तो इसकी आवाज़ से चाय की ख़ुशबू आती है।

कटी उम्र होटलों में

बक़ौल अकबर, कटी उम्र होटलों में...हालाँकि अकबर बादशाह से लेकर अकबर इलाहाबादी तक सभी साहिबे हैसियत लोग थे। एक तो ख़ैर बादशाह ही थे और दूसरे साहब के घर में भी छोटे-मोटे होटल जितना खाना पकता था। लेकिन हो सकता है कि अकबर इलाहाबादी कोर्ट कचहरी के बाद कोई होटल चलाते रहे हों। यूँ भी उस शहर के तमाम होटल उन्हीं के ज़माने के हैं, बल्कि कई होटलों में खाना भी उसी वक़्त का पका हुआ मिलता है।

एक अन्दाज़े के मुताबिक़ मुस्कुराहट और ख़ुश एख़लाक़ी का सबसे कम इस्तेमाल होटल मालिकों के यहाँ होता है। मिज़ाज भी बिल की अदायगी के बाद ही दरयाफ़्त किया जाता है। मक्खियों को खाने पर बैठने की इजाज़त है, लेकिन नाक पर बैठने का हुक्म नहीं। बक़ौल हकीम साहब होटल वाला मुस्कुराकर बात करे तो समझ लो खाना बासी है और अगर हँसकर गुफ़्तगू करे तो मालिक नया होगा। स्पेशल डिश का मतलब रात का बचा हुआ खाना होता है। उनका ही क़ौल है कि होटल में खाने वाला शादीशुदा हो तो मज़लूम (पीड़ित) है और अगर कुँवारा हो तो आवारा। चूँकि हकीम साहब पिछले चालीस बरस से होटल में खाना खा रहे हैं और शादीशुदा भी हैं लिहाज़ा उनसे बड़ा मज़लूम और कौन होगा? उनका कहना है कि होटल के पँखे हू-ब-हू मालिक़ों जैसे होते हैं। फ़िज़ूल और बेमसरफ़ लोगों के बैठते ही बन्द हो जाते हैं और जाड़े का मौसम हो तो बैठते ही चलने लगते हैं।

मेरे एक शायर दोस्त जिनकी गोश्त की दुकान है, एक दिन कहने लगे, तुम गालियाँ खा लेना मगर होटल में कभी क़ीमा न खाना क्योंकि होटल वाले क़ीमे में सब कुछ काट देते हैं बल्कि कभी-कभी तो मुलाज़िम की उँगली भी कटकर क़ीमे और होटल मालिक का वज़न बढ़ा देती है।

मौसूफ़ का ख़याल है कि झटके का गोश्त हो या बिजली का झटका, दोनों ईमान के लिए ख़तरनाक होते हैं। यही वजह है कि वह जाड़े में चाय का इस्तेमाल बिल्कुल नहीं करते। दलील यह पेश करते हैं कि जाड़े के पाये कबूतर की छतरी होते हैं पता नहीं किस छतरी से आकर, किस छतरी पर बैठ जाये। उन्होंने यह भी गुज़ारिश की कि मेरे हवाले से यह बात मत लिखना वर्ना बिरादरी वाले मेरा हुक्का पानी बन्द

कर देंगे। मैंने कहा कि हुक्का तो आप पीते ही नहीं हैं और पानी कॉर्पोरेशन वाले पहले ही से बन्द किये रहते हैं, ख़ुदा कम अज़ कम उनकी आँखों का पानी सलामत रखे। वह गिड़गिड़ाये, यार समझा करो, बिरादरी से निकाल दिया जाऊँगा। मैंने कहा तो क्या हर्ज है, लोग पार्टियाँ बदलते हैं, लिबास बदलते हैं, चेहरे बदलते हैं यहाँ तक कि इस्लामी क़ानून तक बदलने की फ़िक्र में हैं। आप भी अपने नाम की तख़्ती बदल दीजिएगा। कलकत्ता में तो यूँ भी लोग अपनी अमारत (सम्पत्ति) और शोहरत के हिसाब से ज़ात और तख़्ती बदलते रहते हैं।

पिछले जुमे को रईस आँवलवी मेरे पास आये (बिल्कुल मुरब्बा मालूम हो रहे थे) पूछा, नमाज़ कहाँ पढ़ी जाएगी। मैंने पूछा, क्या आप भी मसलकी (पन्थी) झगड़ों में पड़ गये? वह बोले क़तई नहीं, मैं तो यह बताने आया हूँ कि नाखुदा मस्जिद के पास ईरानी खिचड़ी बहुत अच्छी मिलती है। मैंने कहा, ख़ुदा ख़ैर करे, यतीमों के हक़ पर धावा बोलना है क्या? उन्होंने तंज़िया (व्यंगात्मक) लहजे में कहा कि राना साहब, कलकत्ता में होटल वाले जल्दी से ग्राहकों का तो ख़्याल करते नहीं, यतीमों को कौन पूछेगा? मैंने कहा, यह मत कहिए, एक होटल वाले हैं जिनकी बिरयानी बासुदेव सिंह की उर्दू दुश्मनी की तरह मशहूर है। उनके बारे में यह आम राय है कि वह बहुत यतीम परवर हैं। रईस साहब ने फ़ौरन हाथ जोड़ लिये और बोले, मुझे ऐसी बिरयानी नहीं चाहिए जो माँ बाप को मार कर हासिल हो। मैंने अर्ज़ किया, रईस साहब हम शायरों और अदीबों की परवरिश के लिए जब उर्दू एकेडमी तैयार नहीं है तो ग़रीब होटल वालों को मूरिदे इल्ज़ाम (आरोपित) ठहराया जाये? उन्होंने मौज़ू (टॉपिक) की तरफ़ ज़बान की गाड़ी मोड़ दी और बोले, ईरानी खिचड़ी खानी है? मैंने कहा कि ईरान के हालात तो खुद ही खराब हैं, खिचड़ी की क्या हालत होगी? वह बोले, अपनी क़ौम का खाना पीना हमेशा अच्छा रहता है। जमशेदपुर में क़त्ल हो रहा हो लेकिन कलकत्ता वाले शबेबरात में हलवा ज़रूर खाएँगे। हबीब हाशिमी दूध और बिस्कुट कभी नहीं खाते, बीमारी में भी नहीं। कहते हैं कि मुझे दूध के गिलास में उन यतीम बच्चों के चेहरे दिखायी देते हैं, जिन्हें दूध का एक क़तरा भी नहीं मिलता :

आँखों में आँसुओं का समनदर लिये हुए
बिस्कुट की इक दुकान पे बच्चा खड़ा रहा

हम लोगों ने मस्जिद के बाहर ही जुमे की नमाज़ अदा की और सलाम फेरते ही होटल में दाख़िल हो गये। मालूम यह हुआ कि कुर्सियाँ पहले ही से भर गयी हैं। रईस साहब ने मेरे कान में चुपके से कहा कि खाने वाले लोगों में ज़्यादा तादाद ग़ैर नमाज़ियों की हैं जो सिर्फ़ खिचड़ी खाने आये हैं। एक कुर्सी पर अपने हकीम साहब भी दिखायी दिये। मिर्च खाने की वजह से वह बिल्कुल ईरानी दिखायी दे रहे थे। हम लोगों ने उन्हीं के पास बैठना मुनासिब समझा। हकीम साहब ने रस्मन पूछा, क्या खाओगे? हम लोगों ने एख़्लाक़न कहा, गाली। वह बोले, यहाँ क्यों आये हो, दवाख़ाने

में आना चाहिए था। अभी तो मुझे होटल वाले से निपटना है। प्लेट में सिर्फ़ हड्डियाँ रखकर भिजवायी हैं। मैंने कहा, हकीम साहब! उसे मालूम होगा कि आप ख़ानदानी हकीम हैं और हड्डी की छानबीन बहुत करते होंगे। हकीम साहब कहने लगे, मैं तुम्हें एक तजरुबे की बात बताता हूँ। अगर गोश्त की दुकान पर कोई गोश्त के दाम पूछे तो समझ लो कि घर के लिए खरीद रहा है, हड्डी के दाम पूछे तो समझ लो होटल वाला है। मैंने उनकी प्लेट में झाँकते हुए कहा कि हकीम साहब, प्लेट में गोश्त भी तो है। वह बोले, हाँ, गोश्त उतना ही है जितना हिन्दुस्तान में अम्नो अमान है। मैंने कहा कि जितना है अल्लाह का नाम लेकर खाइए। कहने लगे, कैसे खाऊँ, गोश्त कच्चा है। मैंने टुकड़ा लगाया, आज़ाद ग़ज़ल की तरह? वह नाराज़ हो गये और बोले, आज़ाद ग़ज़ल कच्चा गोश्त नहीं बदगोश्त है।

थोड़ी देर बाद एक अजीबोग़रीब चीज़ जो बोटी भी हो सकती थी, मेरी प्लेट में कसमसा रही थी। मैंने एहतियातन वह चीज़ रईस साहब की प्लेट में रख दी। रईस साहब ने तहसीतआमेज़ (प्रशंसा पूर्ण) निगाहों से मेरी तरफ़ देखा, लेकिन बोटी की सख़्ती महसूस करते ही शुक्रिया वापस लेना चाहा। मैंने दस्तबस्ता अर्ज़ किया कि हज़रत, आपके दाँत नक़ली हैं, अगर टूट भी गये तो दूसरे लग जाएँगे लेकिन यह मेरे दाँतों का ओरिजिनल सेट है अगर ख़राब हो गया तो मैं कहीं का न रहूँगा। फिर आपके साले दाँतो के डॉक्टर भी हैं, वह आपकी बत्तीसी का इलाज करते रहेंगे, क्योंकि आपके दाँत उनकी हमशीरा (बहन) की ज़्यादती की वजह से टूटे भी हैं।

हकीम साहब, जो खाना खा चुके थे और मुँह चलाने की जगह दाँतो में ख़िलाल चला रहे थे। कहने लगे, यह ज़माना गोश्तख़ोरी का है, ऐसे-ऐसे लोग गोश्त खाने लगे हैं जो कल तक क़सम भी नहीं खाते थे। ग़ालिबन यही वजह है कि बहुत-से होटलों में सब्जी की जगह सब्ज़ बाग़ इस्तेमाल होता है। होटलों में केबिन का रिवाज आम है। हकीम साहब केबिन की उर्दू 'हुजरये खुसूसी' (ख़ास कमरा) बताते हैं। उन्हीं का कहना है जिन बैरों की ड्यूटी केबिन के आस-पास लगती है, उनकी सारी ज़िन्दगी हकीमों की ख़िदमत में ज़ाया होती है।

हकीम साहब का कहना है कि रमज़ान के दिनो में होटल के पर्दे होटल के खुले होने का इश्तहार होते हैं क्योंकि इन चिलमनों से खाना तो खाना, खाने वालों के आमाल (कर्म) तक झाँकते हैं। शाम को हलीम (खिचड़ा) खाने वालों का एक ग़ोल (जत्था) मुँह के मज़े के लिए निकल पड़ता है जो मुर्ग़ हलीम तो क्या हलीम 'साबिर' तक को खाने पर आमादा रहता है। अगर इत्तिफ़ाक़ से किसी के हिस्से में बोटी नहीं आती तो वह बेचारा होटल वाले से पूछता है कि जनाब, बकरे में बोटी नहीं थी या मेरी क़िस्मत में बोटी नहीं है।

उर्दू का सबसे बड़ा शायर जो फ़ाक़ा मस्ती और सूखी रोटी के टुकड़े खाने पर मजबूर था, आज उसके नाम से इस शहर में बहुत बड़ा होटल है, जहाँ सिर्फ मस्ती

है, (मस्ती तो हर होटल में होती है) लेकिन होटल के नीचे नन्हें-नन्हें बच्चे जब फेंके हुए खाने से दाना चुनते हैं तो महसूस होता है कि जैसे ग़ालिब आज भी भूखा हो और इन बच्चों के साथ दाना चुन रहा हो।

ग़ालिबन शहर भर में सिर्फ़ अहमद रसूल ही एक ऐसे होटल वाले हैं जो शायरों और अदीबों को 'नहारी' खिलाकर उतना ही ख़ुश होते हैं जितनी ख़ुशी हकीम साहब हमें गाली देकर महसूस करते हैं। उनके होटल पर सुबह नहार मुँह (बासी मुँह) पहुँच कर ख़ुश्क ख़ूराक हज़रात नहारी के लिए लाइन लगा देते हैं, लेकिन वह शायरों और अदीबों के नाश्तेदानों को बटोरने में लगे रहते हैं। कई बाहरी लोगों ने तो उनके होटल को नाश्तेदानों की एजेंसी समझ लिया था। मौसूफ़ शायरों और अदीबों को बिल की रक़म बताते हुए इस तरह शर्माते हैं जैसे उर्दू वाले हवाई जहाज़ में उर्दू अख़बार पढ़ते हुए शर्माते हैं। हकीम साहब जिन मरीज़ों को नहार मुँह देखना चाहते हैं, उन्हें मतब के बजाय होटल में जाकर देखते हैं।

क़याम करने वाले होटलों की तरफ़ से उर्दू अखबारों को छोड़कर बक़िया तमाम सहूलियतें पेश की जाती हैं। अंग्रेज़ी अख़बार की रद्दी महँगी बिकती है, इसी वजह से लोग उर्दू को अख़बार के ज़रिये भी होटल में दाख़िल नहीं होने देते। बाज़ होटलों में ऐसी चादरें मिलती हैं जिनसे ट्रक ड्राइवर बोनट पोंछते हुए भी शर्माते हैं, मसहरियाँ दमे के मरीज़ों की तरह कराहती रहती हैं, तकियों को देखकर पत्ते हवा देने लगते हैं, हमाम (स्नानगृह) ऐसे कि बरहनगी (नंगेपन) का खौफ़ परेशान करने लगे, पंखे गर्दिशे माहोसाल (महीनों और बरसों की गर्दिश) के उसूल पर चलने वाले, बैरे उर्दू रिसालों की तरह कभी-कभी दिखाई देने वाले और मालिकान दूर से अदबी रिसालों के एडीटरों जैसे।

होटल वाले शायरों और अदीबों से बहुत घबरातें है। ग़ालिबन इसी वजह से होटल के अच्छे कमरों में वह लोग शायरों, लीडरों और क़व्वालों को नहीं ठहरने देते। कहते हैं कि मुबालिगे (अतिशयोक्ति), झूठ और जेह्ल (अज्ञानता) से कमरों को भी बचाना चाहिए। होटल वालों का कहना है कि शोअरा जब तक ग़ज़ल कहते हैं तो ख़ून थूकते हैं और बक़िया वक़्त में कमरे में चारों तरफ़ पान की पीक थूकते हैं। मैंने एक होटल मैनेजर से कहा कि जनाब, ग़ज़ल तो जिगर का ख़ून माँगती ही है। वह बोले, मगर कमरा तो पानदान नहीं माँगता।

होटल में बहुत से लोग नाम बदलकर क़याम करते हैं। इसी तरह से लोग अख़बार में मुरासला (पत्र) भिजवाते वक़्त अपनी वल्दियत तब्दील कर लेते हैं। मैं बहुत शर्मिन्दा हूँ कि मेरे एक मज़मून की वजह से एक साहब को वल्दियत तब्दील करना पड़ा। ख़ुदा उन्हें माफ़ करे, या न करे लेकिन मुझे माफ़ कर दे।

पिछले दिनों की बात है कि ऐसे ही एक होटल में मुझे अपनी असली बेगम के साथ जाना पड़ा। मैनेजर ने मुझसे पूछा, राना साहब! मोहतरमा की तारीफ़? मैंने

कहा, कितनी भी की जाये कम है। वैसे यह मेरी बेगम हैं। मैंनेजर या तो दुनिया देखे हुए था या फिर चर्ब ज़बान। कहने लगा, शुरू-शुरू में सब यही कहते हैं। मैंने उसे नागवारी से घूरा तो वह घबराकर रजिस्टर में मेरे नाम का इन्द्राज करने लगा। फिर मेरी बेगम से उम्र पूछी तो उन्होंने उतनी ही बतायी जितनी दस बरस से बताती आ रही हैं। जब मुझे कोई एतराज़ नहीं था तो मैनेजर को क्या एतराज़ हो सकता था क्योंकि दुनिया जानती है कि औरतें उम्र के सिवा सब कुछ बता देती हैं। यहाँ तक कि इन्कम टैक्स वालों को शौहर की आमदनी भी। मैंने पूछा कि तुम्हारी उम्र में कुछ इज़ाफ़ा नहीं हुआ। बोलीं, आपकी आमदनी में कौन-सा इज़ाफ़ हो गया। मैंने कहा, बेगम, तुम तो नमाज़ी औरत हो, फिर इस झूठ से क्या फ़ायदा? लड़ने लगीं और बोलीं, आप जो ख़िज़ाब लगाते हैं, यह क्या है? यह भी लोगों को धोखा देने के लिए है। मैं तो सिर्फ़ झूठ बोलती हूँ आप तो सफ़ेद झूठ बोलते हैं। मैंने कहा, बेगम सफ़ेद की इज़ाफ़त से झूठ में हुस्न पैदा हो जाता है। वह जलकर बोलीं, जी हाँ, सफ़ेदी की इज़ाफ़त से आदमी कोढ़ी भीं कहलाने लगता है। मैंने जिरह को तूल न देने की ग़रज़ से कहा कि बेगम, आप बहस बहुत अच्छी करती हैं, आपको तो वकील होना चाहिए। वह मुझे हिक़ारत (घृणा) से देखते हुए बोलीं, मेरे ख़ानदान में ग्यारह वकील और तीन जज हैं, मुझे वकील बनने की कोई ज़रूरत नहीं। मैंने कहा, ज़ाहिर है, जब ही तो आपकी टीम हर खेल जीत जाती है।

क़िस्सा एक सिगरेट नोश का

कहीं पढ़ा था "बिस्तर पर लेटकर सिगरेट न पियें, नीचे गिरने वाली राख आपकी भी हो सकती है"। यह जुमला उस वक़्त मुझे यूँ ही-सा लगा था लेकिन बाद में अन्दाज़ा हुआ कि कुछ लोग ऐसे भी हैं जो हर वक़्त और हर हाल में सिगरेट पीते हैं, बल्कि कुछ खिलंडर क़िस्म के लोग तो ऐसे हैं जो पहले पैकेट पर लिखी वार्निंग पढ़ते हैं और फिर सिगरेट पीते हैं। अक्सर तो सिगरेट जलाना भूल जाते हैं लेकिन वार्निंग पढ़ना नहीं भूलते। सिगरेट की एक ख़ुसूसियत यह है कि उसको पीने वाला मुफ़क्किर (चिन्तक) मालूम होता है। .ख्वाह उसमें सोचने समझने की सलाहित हो या न हो जबकि पान खाने वाला आदमी हमेशा मुस्कुराने की कोशिश करता रहता है। औरतें शायद इसी वजह से पान का इस्तेमाल ज़्यादा करती हैं।

मैंने वार्निंग पढ़कर सिगरेट पीने वालों के बारे में अन्दाज़ा लगाया है कि यह लोग सोच समझकर सिगरेट पीते हैं। मुमकिन है यह सोचकर पीते हों कि वार्निंग सिगरेट की ईजाद (आविष्कार) और काफ़ी इस्तेमाल के बाद लिखी गयी है। आपने देखा होगा, जिस जगह लिखा होता है कि यहाँ पेशाब करना मना है, लोग ख़्वाह म ख़्वाह उसी जगह पेशाब करने की कोशिश करते हैं क्योंकि वह अन्दाज़ा लगा लेते हैं कि तहरीर से पहले लोग यहाँ पेशाब करते रहे होंगे बल्कि बाजमाअत (सामूहिक) भी कर चुके होंगे । मैंने एक पेशाब ख़ाने पर लिखा हुआ देखा था कि 'आप पेशाब चाहे जहाँ करें लेकिन वोट मुझे दें।' नीचे उम्मीदवार का नाम तहरीर था और तख़ल्लुस भी, बल्कि तख़ल्लुस का लफ़्ज़ पेशाब से ही मिलता जुलता था। सिगरेट भी लोग इसीलिए इस्तेमाल करते हैं कि पहले भी लोग इस्तेमाल कर चुके होंगे।

मेरे एक दोस्त हैं (चूँकि उनके तमाम मरज़ पोशीदा हैं लिहाज़ा नाम भी पोशीदा रखना ज़रूरी है) सिगरेट पीने में ओलम्पिक चैम्पियन रह चुके हैं।

सिगरेट पीने वालों की तीन तस्लीम शुदा (मान्यता प्राप्त) क़िस्में हैं। सिगरेटखा, सिगरेटनोश और सिगरेटचूस। आप सोच रहे होंगे कि ये सिगरेटखा कौन लोग होते हैं। दरअसल कुछ लोग सिगरेट खाने के अवक़ात (समय) अपनी औक़ात के मुताबिक़ तय करते हैं यानी नाश्ते के बाद, लंच के बाद, रात के खाने के बाद और बीवी की मार खाने के बाद (आख़िरी .ख़ुराक में मिक़दार की कोई क़ैद नहीं होती)। मेरा अपना

ख़याल है जो लोग सिगरेट ज़्यादा ख़रीदते हैं उनको कैंसर नहीं होता क्योंकि ज़्यादा ख़रीदने वाला पी कहाँ पाता है, ऊपर वाले लोग उचक लेते हैं।

मेरे एक शायर दोस्त हैं। उनको सिगरेट से बहुत प्यार है, ज़िन्दगी से भी ज़्यादा। अगर वह कभी इलेक्शन में खड़े होंगे तो इन्तिख़ाबी (चुनावी) निशान यक़ीनन सिगरेट रखेंगे। इस निशान के साये में हारकर भी वह दुःखी नहीं होंगे, क्योंकि जब सिगरेट के इस्तेमाल से सेहत हारकर भी मायूस नहीं हुए तो इस छोटी-मोटी हार का एहसास उन्हें कैसे होगा! यह जुमला उनके लिए क़तई नहीं है कि इलेक्शेन में हारा हुआ और मोहब्बत में जीता हुआ आदमी घर से शर्माता हुआ निकलत्रा है। वैसे जब मौसूफ़ घर से निकलते हैं तो बच्चे एक दूसरे से कहते हैं कि वह साहब लेमनचूस के चचा हैं, उनका नाम सिगरेट चूस है। सुबह होते ही सिगरेट तलाश करते हैं। जब तक सिगरेट उनको मिल नहीं जाती बहुत परेशान रहते हैं, बिल्कुल उस बाप की तरह जिसका इकलौता बच्चा कहीं खो जाये। रफ़्ए हाजत (लैट्रिन वग़ैरह) को जाते हैं तो झोले में सिगरेटें ले जाते हैं। अक्सर पानी ले जाना भूल जाते हैं मगर सिगरेट नहीं भूलते। जब तक बैतुलख़ला (Toilet) में रहते हैं रौशनदानों से धुआँ ऐसे निकलता रहता है जैसे ईंट के भट्ठों से निकलता है। कई बार तो पड़ोसियों ने फ़ायर ब्रिगेड वालों को फ़ोन भी कर दिया कि आग लग गयी है। सिगरेटनोशी की कसरत ने उनके क़द को किंग साइज़ सिगरेट से घटाकर फ़िल्टर टूटी सिगरेट के बराबर कर दिया है। बहुत मारे-बाँधे नमाज़ को जाते हैं क्योंकि सिगरेट उनको हर जगह बेचैन किये रहती है। सलाम फेरते ही मस्जिद से बाहर निकल आते हैं और सिगरेट सुलगाकर दुआ माँगना शुरू करते हैं। रोज़े कभी नहीं रखते, कहते हैं कि अगर सिगरेट की इजाज़त होती तो मैं एक बरस में कम से कम छः महीने रोज़े रख सकता था।

एक माहिरे मोआशिआत (निपुण अर्थशास्त्री) ने कप्यूटर के ज़रिये हिसाब निकालकर बताया कि मौसूफ़ की सिगरेटें तैयार करने के लिए सिगरेट कम्पनी ने दो आदमी मुक़र्रर किये हैं, जिनको 2200 रुपये अदा किये जाते हैं जबकि मौसूफ़ की तनख़्वाह 220 रुपये भी नहीं। उनको सिगरेट पीते हुए अन्धों तक ने देखा है, लेकिन सिगरेट खरीदते हुए मालिके चश्मे बिना (आँख वाले) ने भी नहीं देखा। बसों और ट्रामों से उनको सख़्त नफ़रत है क्योंकि ट्राम और बस में सिगरेट पीना मना है। अक्सर ऐसा भी देखा गया है कि उनकी बीवी अपने बच्चों को ट्राम में लेकर बैठ गयीं और वह ट्राम के साथ-साथ दौड़ते रहे लेकिन बैठे कभी नहीं। कभी-कभी दौड़ते हुए वह ट्राम से आगे निकल जाते तो लोग इंजन समझने लगते और कुछ दिल जले तो पूछते :

देख तो दिल कि जाँ से उठता है
यह धुआँ-सा कहाँ से उठता है

कहते हैं कि वालिद के साथ सफ़र करने में रमज़ान का एहसास होता है। एक

बार उन्होंने एक दुकान से सिगरेट ख़रीदकर सुलगाने की कोशिश की ही थी कि उनके वालिद साहब ने देख लिया। उन्होंने फ़ौरन सिगरेट जेब में रख ली लेकिन वालिदे मोहतरम ने उनको शर्मिन्दा करने की ग़रज़ से एक सिगरेट दुकान से ख़रीदी और मौसूफ़ से कहा, मैं तुम्हें जादू दिखाता हूँ। यह कहकर उन्होंने सिगरेट अपनी जेब में रख ली और उनसे कहा कि अब यह सिगरेट मैं तुम्हारी जेब से निकालूँगा। उन्होंने शर्मिन्दा होते हुए सिगरेट बाप के हवाले कर दी, लेकिन कह दिया कि आपके जादू में एक कमी थी, ब्रांड वह नहीं है जो मैं पीता हूँ। मौसूफ़ के वालिद जब घर लाकर उन्हें फटकारने लगे तो बेगम ने उनको समझाया कि लड़का अब सयाना हो गया है। बाप के जूते जब लड़के के पैर में आने लगें तो ऐसा सुलूक मुनासिब नहीं। वालिदे मोहतरम बिगड़ गये और बेगम को डाँटते हुए बोले कि मैं दस पैसे वाली सिगरेट पीता हूँ और साहब ज़ादे चालीस पैसे वाली। बेगम भी बरस पड़ीं कि आप कँगले बाप के बेटे थे, वह रईस बाप का बेटा है।

जब वह मुशायरे के स्टेज पर तशरीफ़ लाते हैं तो शोअरा अपनी शायरी के ऐब छुपाने के बजाय सिगरेटें छुपाने लगते हैं। एक बुजुर्ग जो दो बरसों की डायरी पर एक साथ जिल्द बँधवाकर मुशायरे में आते हैं, जब मौसूफ़ को देख लेते हैं तो सिर्फ़ मतला पढ़कर बैठ जाते हैं। मुशायरे के एक एनाउंसर जो शायर के कलाम के बाद आधे घण्टे का अपनी एनाउंसरी का कैसेट बजाते हैं, उनको देखकर सिर्फ़ शायर का नाम पुकारते हैं और बक़िया वक़्त में शायरों की तादाद गिनने के बजाय अपनी सिगरेटें गिनते रहते हैं। कंजूस क़िस्म के लोग तो उनका नाम सुनकर सदारत (अध्यक्षता) से भी इनकार कर देते हैं और ज़्यादा ज़ोर दिया जाता है तो इस शर्त पर राज़ी होते हैं कि मैं सामिईन (श्रोताओं) में बैठकर सदारत करूँगा।

एक बार उनके एक दोस्त किसी से दो सिगरेटें माँगकर लाये और उन्हें सामने रखकर गुफ़्तगू करने लगे। थोड़ी देर बाद मालूम हुआ कि सिगरेटें ज़िबह हो चुकी हैं। ज़िबह का लफ़्ज़ मुनासिब न रहेगा। आप यूँ समझिए कि जिस तरह चाईनीज़ पानी खौलाते हैं और फिर उस खौलते हुए पानी में मुर्गे को अचानक इस तरह डाल देते हैं कि वह बेचारा आवाज़ भी नहीं निकाल पाता, ठीक ऐसा ही अंजाम अपनी सिगरेटों का देखकर मौसूफ़ के दोस्त यतीमों जैसी मुस्कुराहट के साथ बड़बडाए :

ये कैसे लोग हैं जो भीख छीन लेते हैं

जिस तरह बिल्ली अपने शिकार को फाँसने के लिए आँखें बन्द कर लेती है उसी तरह मौसूफ़ भी किसी के पास सिगरेट देखकर खाँसने लगते हैं। उनकी इस अदाकाराना खाँसी से सिगरेट वाला बेफ़िक्र हो जाता है जिसका नतीजा वही हुआ करता है जो रेलवे वाले क्रॉसिंग पर लिखवा देते हैं यानी...सावधानी हटी, दुर्घटना घटी।

कई क़रीबी दोस्तों ने उनके ख़ौफ़ से अपने तबादले करवा लिये हैं। एक ख़ास दोस्त ने तो तबादले में काला पानी (अंडमान) तक जाना मंज़ूर कर लिया था। मौसूफ़

घर से निकलते वक़्त सिर्फ़ माचिस खरीदते हैं। दुकानदार सिगरेट के लिए पूछता है तो कहते हैं, रहने दो भाई, अल्लाह बड़ा मुसब्बिबुल असबाब (इन्तिज़ाम करने वाला) है। कभी-कभी वह ग़ैर मुस्लिम दोस्तों पर रोब डालने की ग़रज़ से कहते हैं कि महाशय, गौर करें, जिन लोगों ने चार मीनार तामीर करवाया है उनके बच्चों को चार मीनार भी मयस्सर नहीं है। अगर उनको दस मिनट भी सिगरेट नहीं मिलती तो बिल्कुल दूध छुड़ाये हुए बच्चे की तरह बौलाये-बौलाये फिरते हैं। उनकी खाँसी की आवाज़ से मोहल्ले वाले परेशान रहते हैं। लिहाज़ा जब मोहल्ले वाले धमकियाँ देते हैं कि आपको मुहल्ले से निकाल दिया जायेगा, आप रातभर हम लोगों को सोने नहीं देते, तो वह मजबूरन डॉक्टर साहब के पास जाते हैं। डॉक्टर की फ़ीस हालाँकि बहुत कम है लेकिन चूँकि उनकी आमद से डॉक्टर साहब के कई मरीज़ भाग जाते हैं और डॉक्टर साहब की सिगरेटें भी ग़ैरमहफ़ूज़ (असुरक्षित) हो जाती हैं, इसलिए वह मौसूफ से दस गुना ज़्यादा फ़ीस लेते हैं। याद रहे कि फ़ीस भी मोहल्ले वाले ही देते हैं। चूँकि वह रात भर खाँसते हैं लिहाज़ा चोरों के आने का .खदशा मोहल्ले में नहीं रहता। इसी सबब से मोहल्ले के लोगों ने अपने कुत्तों को निकाल दिया है और अब वह उनके रातिब (कुत्तों की .ख़ुराक) की जगह उनके लिए सिगरेटें .खरीदते हैं।

जब वह किसी को अपनी मीठी गुफ़्तगू में फँसाकर सिगरेट उड़ाते हैं तो बच्चों का .खतना याद आ जाता है जिनको सोने की चिड़िया दिखाकर लड्डु तक़्सीम किये जाते हैं। क़रीबी से क़रीबी रिश्तेदार भी जब उन्हें शादी का दावतनामा भेजता है तो नीचे नोट के तौर पर लिख देता है कि बराये मेहरबानी अपनी सिगरेटों का स्टाक दावत से दो दिन पहले भिजवा दीजिए। हकीम साहब का दवाख़ाना भी उनकी सिगरेटनोशी से बहुत मख़दूश हो चुका है चुनाँचे हकीम साहब अपने बुजुर्गों की शराफ़त और मेहमान नवाज़ी की आबरू बचाने की .खातिर अब क़ारूरे (पेशाब) की शीशियाँ बेचकर उनके लिए सिगरेटें मँगवा लेते हैं। यही वजह है कि इन दिनों मरीज़ों से क़ारूरे की दो शीशियों की फ़रमाइश करने लगे हैं। एक सुबह छः बजे का क़ारूरा और दूसरा सुबह आठ बजे का। मरीज़ों के पूछने पर कहते हैं कि इतने वक्फ़े में तो कली फूल बन जाती है।

मौसूफ़ ने लवाहिक़ीन को अपना वसीयतनामा सौंप दिया है जिसमें उन्होंने तहरीर किया है कि मरने के बाद मेरी क़ब्र पर अगरबत्ती सुलगाने की ज़रूरत नहीं है। हाँ, अगर कोई चाहे तो सिगरेट सुलगा सकता है। अगर उनके हुक्म पर अमल किया गया तो मरने के बाद वह सिगरेट शाह बाबा कहलाएँगे। हर साल उनका उर्स होगा जिसमें पूरी दुनिया से सिगरेटखा, सिगरेटनोश और सिगरेटचूस आया करेंगे और उनकी क़ब्र पर सिगरेट सुलगाया करेंगे।

माफ़ कीजिए सिर्फ़ सिगरेट पर मज़मून लिखने से ही मेरे फेफड़ों में निकोटिन जज़्ब होने लगा है। किसी ने अपने दुश्मन के लिए ख़ूब कहा है :

वो अपनी मौत से काफ़ी क़रीब हो जाये
.ख़ुदा करे उसे सिगरेट नसीब हो जाये

काँप उठता हूँ कि मेरा भी ये अंजाम न हो

वह दिन है और आज का दिन हकीम साहब जज़्ब आँवलवी से बहुत ख़ौफ़ खाते हैं लेकिन चूँकि मौसूफ़ बहुत ही मुख़लिस और ख़ुश एख़लाक़ हैं लिहाज़ा जज़्ब साहब को दावाखाने में दाखिल होने से तो नहीं रोकते, तब्दीली सिर्फ़ यह हुई है कि वह जज़्ब आँवलवी को उस कुर्सी पर बिठाते हैं जहाँ से ग्राहक तो दूर की बात है मलकुलमौत (मौत का फ़रिश्ता) भी उन्हें जल्दी से नहीं देख सकता।

अभी कल शाम की बात है कि वह एक मरीज़ को नुस्ख़ा तजवीज़ कर रहे थे। उनके तमाम मुसाहिबीन (दरबारी) ख़ामोश और सहमे हुए बैठे थे। मरीज़ ने हकीम साहब से पूछा कि हज़रत यह फ़रमाएँ कि कौन-सी चीज़ जल्द हज़्म होती है। हकीम साहब ने फ़रमाया, रिश्वत! मरीज़ बोला, और हकीम साहब देर में हज़्म होने वाली क्या चीज़ है? हकीम साहब ने मुस्कुराते हुए कहा, दूसरे की कामयाबी। लेकिन अभी आपका मेदा (पेट के अन्दर खाने की थैली) क़तई इस क़ाबिल नहीं है कि आप जल्द हज़्म होने वाली चीज़ों का इस्तेमाल करें। मरीज़ के चले जाने पर मैंने अर्ज़ किया, हकीम साहब आप रिश्वत के बारें में काफ़ी तजुरबा रखते हैं। हकीम साहब ने आलिमाना हिक़ारत से मेरी तरफ़ देखा और कहने लगे, साहबज़ादे मैंने अपने बाल ख़िज़ाब से सफ़ेद नहीं किये हैं। मेरा बत्तीस बरस का तजरुबा है। मैं मरीज़ की नब्ज़ देखकर बता सकता हूँ कि वह गोश्तख़ोर है, सब्ज़ीखोर है या रिश्वतख़ोर है। फिर कहने लगे मैं मरीज़ की नब्ज़ से उसके मेदे का हाल मालूम करता हूँ यानी रिश्वत खाने वाले का मेदा हमेशा ख़राब रहता है। मैंने पूछा कि जब आप समझ लेते हैं कि फ़लाँ शख़्स रिश्वतख़ोर है तो आपका सुलूक उस मरीज़ के साथ कैसा होता है? कहने लगे, मियाँ, एक ड्राइवर भी सड़क से गुज़रते हुए साँप को बचाने की कोशिश करता है और मेरा पेशा तो बहुत ही मुक़द्दस है। यह ख़ुबसूरत जवाब सुनकर मैं खुश हो गया।

मैंने कहा, हकीम साहब आपको वाकई बहुत तजरुबा है। आप बहुत ही दूर अन्देश हैं। आपको तो यूनानी तिब्ब कौंसिल का चेयरमैन होना चाहिए था। कहने लगे, लेकिन यह कभी नहीं होगा। मैंने पूछा, क्यों नहीं होगा। मुस्कुराकर कहने लगे, मुझे न रिश्वत लेना आता है, न रिश्वत देना। मैंने दस्तबस्ता अर्ज़ किया कि आपको सीख लेना चाहिए। कहने लगे :

अपना करो .ख़याल हमारी तो कट गयी

मौसूफ़ का क़ौल है कि रिश्वत और फ़िरक़ा परस्ती (साम्प्रदायिकता) दो सगी बहनें हैं, बल्कि जुड़वाँ बहनें हैं। यही वजह है जहाँ रिश्वत रहती है वहाँ फ़िरक़ा परस्ती की दाल नहीं गलती। यूँ भी दोनों बहनों को एक साथ कोई नहीं रख सकता। इस मुल्क में रिश्वत ने क़त्लों ग़ारतगरी के बाज़ार में ज़्यादा गर्मी नहीं आने दी है। सरकारी दफ़्तरों में जहाँ एक तरफ़ रंगोनस्ल और ज़ातपात के झगड़े चल रहे हैं वहाँ रिश्वत ख़ोरी ने अपने आपको पेश करके इस लानत में किसी हद तक कमी कर दी है। आप किसी भी दफ़्तर में चले जायें। न लम्बी दाढ़ी न मर्दाना चोटी, न पगड़ी, न तिलक। सिर्फ़ एक पहचान एक निशान 'रुपया'। हरे, पीले, गुलाबी और मुख़्तलिफ़ रंगों के मुख़्तलिफ़ साइज़ों के...।

हिन्दू धर्म में दो देवियाँ हैं। सरस्वती इल्म की देवी हैं और लक्ष्मी दौलत की देवी। लक्ष्मी की सवारी उल्लू है लेकिन चूँकि यह इक्कीसवीं सदी है लिहाज़ा लक्ष्मी ने अपनी पसन्द की कई तेज़ रफ़्तार सवारियाँ भी हासिल कर ली हैं। इन देवियों के बारे में कहा जाता है कि दोनों एक घर में एक साथ नहीं रह सकतीं, हालाँकि यह बात कहीं-कहीं ग़लत भी साबित होती है। ख़ासतौर से रूस के अदीबों को देखकर, जिनके पास अपने हवाई जहाज तक हैं। ग़ालिबन यही वजह है कि हिन्दुस्तान के बेशतर अदीब रूस के नक्शे कदम पर चलते हैं बल्कि कई अदीबों और शायरों का देवता ही रूस है।

इस्माल में सूद लेना और सूद देना दोनों ही हराम हैं। यही हुक्म ग़ालिबन रिश्वत के लिए भी है लेकिन इसके बावजूद हिन्दुस्तान के हर घर में छिपकली और हर दफ़्तर में रिश्वत ज़रूर मिल जाएगी। छिपकली पतिंगों और कीड़े मकोड़ों को खाती है और रिश्वत इनसानियत और ईमानदारी का ख़ून पीकर ज़िन्दा है।

कई बरस पहले की बात है। मैंने एक कमेटी बनायी और उसके ज़रिये मुशायरे का एहतराम किया। मेरे एक दोस्त जो रिश्वत में पी.एच-डी. हैं, मुझसे कहने लगे, मुझे पाँच सौ रुपयों की ज़रूरत है। मैंने अर्ज़ किया, इत्तिफाक से मेरे पास नहीं है। कहने लगे, मुशायरे के फ़ण्ड से दे दो। मैंने कहा, कमेटी को क्या जवाब दूँगा। वह फौरन बोले कि अगर तुम मुझे रुपये दे दो और कभी न लेने का वादा करो तो मैं तुम्हें एक कारामद (काम आने वाला) मश्विरा दे सकता हूँ। मैंने मौसूफ़ के हाथ में पाँच सौ रुपये रख दिये बिल्कुल उसी तरह जैसे फ़ाख़्ता कौवे के घोंसले में अण्डे रखती है। रुपये लेकर उन्होंने पूछा, शायरों का नज़राना कितना मुकर्रर किया है? मैंने कहा, फ़ी शायर तक़रीबन उतना ही जितना आपको नज़्र किया है। कहने लगे, यूँ ही नज़्रो नियाज़ पर तवज्जो देते रहो अल्लाह बरकत देगा। मैंने कहा, आप बहक रहे हैं। उन्होंने कहा, रिश्वत एक ऐसा नशा है जो इंसान को बहकने नहीं देता, बाहोशो हवास रखता है। लड़ने-झगड़ने नहीं देता, मोअतदिल (सन्तुलित) रखता है। मैंने अर्ज़ किया, रिश्वत का कोई ख़राब असर भी पड़ता है? कहने लगे, बस चेहरे

पर फिटकार बरसती है...बहरहाल...तो मैं यह कह रहा था कि शायरों के नज़राने में काग़ज़ पर इज़ाफ़ा कर दो। मैंने उनका हुक्म मानते हुए ऐसा ही किया। नतीजा बहुत ख़ुशगवार रहा यानी कमेटी को ग्यारह सौ रुपये का नुक़सान हुआ, लेकिन मुझे छः सौ रुपये का फ़ौरी फ़ायदा हो गया। ग्यारह सौ रुपये का ख़सारा पूरा करने के लिए कमेटी के हर रुक्न (सदस्य) को एक सौ दस रुपये की रक़म अपने पास से देनी पड़ी। मैं भी इस इमदादे बाहमी (आपसी सहयोग) में पूरे तौर पर शरीक था। अब मेरी जेब में ख़ासी रक़म मौजूद थी। कमेटी के दफ़्तर से घर लौटते हुए मेरी निगाह खादी भण्डार पर पड़ी और ठहर भी गयी। आप यक़ीन करें, एक अंजाने-से इशारे और एक लतीफ़-सी सरगोशी ने मुझे दुकान में दाख़िल होने पर मजबूर कर दिया और मैंने उस दुकान से सारे रुपयों का खादी कुर्ते का कपड़ा ख़रीद लिया। हालाँकि इससे पहले मैंने कभी खादी का एक रुमाल भी नहीं ख़रीदा था। उस दिन से मैं आज तक सोचता हूँ कि बेईमानी का पैसा जेब में आते ही खादी पहनने का शौक़ क्यों पैदा होता है। मेरे एक क़रीबी दोस्त ने मुझे बताया कि खादी कुर्ते (Raw Silk) में नमाज़ नहीं होती। वजह उन्होंने यह बतायी कि दरअसल रेशम के कीड़ों से यह कपड़ा तैयार होता है लिहाज़ा एक तरह से Raw Silk रेशम के कीड़ों की लाश से बना हुआ कपड़ा होता है, मुमकिन है यह मन्तिक़ (सोच) सही न हो, लेकिन अच्छी ज़रूर लगी।

हिन्दुस्तान में ऐसे लोग भी हैं जो तनख़्वाह छोड़ सकते हैं लेकिन रिश्वत नहीं छोड़ सकते। एक सूबे में तो रिश्वत दाल में नमक की तरह नहीं बल्कि नमक में नमक की तरह इस्तेमाल होती है। मेरे एक दोस्त जो रिश्वत देने के इल्ज़ाम में कई बार सज़ा से बच गये थे एक दिन कहने लगे कि रिश्वत एक ऐसा फल है जिसका ज़ायज़ा कभी ख़राब नहीं होता और जिसे तोड़ने के लिए बाग़ में नहीं जाना पड़ता बल्कि पेड़ खुद ही आप के पास आता है और आपकी जेब में फल रख जाता है। उनका कहना है कि बहुत से लोग अगर उर्दू से हमदर्दी का इज़हार करें तो समझ लीजिए कि रिश्वत में वोट माँगेंगे। उन्हीं का क़ौल है कि मिठाई की दुकान रिश्वत का नर्सरी स्कूल है। अजीब ज़माना आ गया है, नन्हा बच्चा भी उस वक़्त तक बोसा नहीं देता, जब तक उसे चॉकलेट न पेश की जाये।

ज़बान का भी रिश्वत पर बहुत असर पड़ता है। अगर अंग्रेज़ी बोलने वाले को सौ रुपये मिलते हैं तो हिन्दी में मिज़ाज पुर्सी करने वाले को पचास रुपये। उर्दू का इस कारोबार में कोई रेट नहीं है बल्कि उर्दू वाला तो किसी भी जगह और किसी भी रेट पर बिक सकता है। उर्दू एकेडमी की पीतल की तख़्ती के बदले में पट्टी लेकर खा सकता है। दरअसल हम लोग बुनियादी तौर पर रिश्वत के इतने आदी हो गये हैं कि अगर कोई काम रिश्वत दिये बग़ैर हो जाता है तो बुरा लगता है। बस फ़र्क़ यह है कि रिश्वत का नाम महफ़िलों और हालात की मुनासिबत से तब्दील होता रहता है। कहीं तोहफ़ा, कहीं नज़राना, कहीं बख़्शिश और कहीं 'मोहब्बत में' के उनवान

(शीर्षक) से यह कारोबार होता है। अभी पिछले दिनों की बात है, मैं अपने एक काम के सिलसिले में लखनऊ गया तो वहाँ एक होटल में खाना खाने की ग़रज़ से दाख़िल हुआ। बैरे ने मुझे एक मेज़ पर बैठने का इशारा किया और खाने की फ़ेहरिस्त बताने लगा। मैंने उससे मसूर की दाल लाने को कहा। वह बदतमीज़ मेरे मुँह की तरफ़ देखने लगा। मैंने जेब से दस रुपये का नोट निकालकर उसे सिगरेट लाने के लिए कहा और बक़िया पैसे उसकी ख़िदमत में पेश कर दिये तो बैरा कहने लगा, साहब आपका चेहरा फ़लाँ-फ़लाँ फ़िल्मी हीरो से बहुत मिलता है बल्कि आप उससे ज़्यादा हसीन मालूम होते हैं। मैं उसकी हाज़िर दिमाग़ी की दिल ही दिल में तारीफ़ करने लगा। शहरे लखनऊ अपने आदाब, सलीक़े और मुहज़्ज़ब (सभ्य) गुफ़्तगू के लिए बहुत मशहूर है। वहाँ के लोग रिश्वत भी इस तरह लेते हैं, जिस तरह औरतें बच्चों को गोद में लेती हैं। एक बार मुझे लखनऊ से कलकत्ता आना था। मैं स्टेशन के रिज़र्वेशन काउंटर पर पहुँचा और बुकिंग क्लर्क से कलकत्ता की एक बर्थ के लिए गुज़ारिश की। क्लर्क ने निहायत शुस्ता (शुद्ध) लहजे में मेरा नाम दरयाफ़्त किया और मेरे हाथ से आर्डिनरी टिकट ले लिया। मैंने फ़ौरन जेब से छः रुपये निकालकर काउंटर पर रख दिये। बुकिंग क्लर्क ने रिज़र्वेशन स्लिप बनाते-बनाते एक बार रुपयों की तरफ़ देखा और कहने लगा कि रुपयों पर कुछ वज़न रखिये वर्ना नोट उड़ जाएँगे। मैंने फ़ौरन एक रुपये वाले चार सिक्के रुपयों पर रख दिये। उसने टिकट मेरे हाथ में दे दिया और मुस्कुराकर शुक्रिया भी अदा किया। इस एक वाक़ये से मैं लखनऊ वालों की शाइस्तगी और रिश्वत तलबी का क़ायल हो गया। मेरे एक दोस्त ने एक दिन मुझे बताया कि राना साहब रिश्वत लेते हुए लोग इसलिए पकड़े जाते हैं कि वह अपनी औक़ात से ज़्यादा रिश्वत माँग लेते हैं और रिश्वत देने वाले इसलिए पकड़ लिये जाते हैं कि वह सामने वाले की हैसियत से कम की पेशकश कर देते हैं। उन्होंने कहा कि हुकूमत को मश्विरा देना चाहिए कि रिश्वत लेने और देने की तालीम और तरबियत का मुनासिब इन्तिज़ाम बहुत ज़रूरी है। मैंने कहा, जनाब अव्वल तो मेरी सुनेगा कौन, मैं ग़रीब उर्दू का आदमी हूँ, दूसरी बात यह है कि अगर ऐसा हो भी जाये तो इसमें मेरा क्या फ़ायदा होगा? मौसूफ़ मुस्कुराते हुए बोले, आप किसी एकेडमी के चेयरमैन बनाये जा सकते हैं, वर्ना जिन क़ाग़ज़ों पर आप उर्दू में लिख रहे हैं, उनको बनिये भी लिफ़ाफ़ा बनाने के लिए नहीं ख़रीदेंगे।

मेरी हँसी तो मेरे ग़मों का लिबास है

मेरी माँ बताती है कि बचपन में मुझे सूखे की बीमारी थी। माँ को यह बताने की ज़रूरत क्या है, मुझे तो मालूम ही है कि मुझे कुछ न कुछ बीमारी ज़रूर रही है क्योंकि आज तक मैं बीमार-बीमार सा हूँ। दरअसल मेरा जिस्म बीमारी से रिश्तेदारी निभाने में हमेशा पेश-पेश रहा है। शायद इसी सूखे का असर है कि आज तक मेरी ज़िन्दगी का हर कुआँ ख़ुश्क है। आरज़ू का, दोस्ती का, मोहब्बत का, वफ़ादारी का। माँ कहती है, बचपन में मुझे हँसी बहुत आती थी। हँसता तो मैं आज भी हूँ लेकिन सिर्फ़ अपनी बेबसी पर, अपनी नाकामी पर, अपनी मजबूरियों पर और अपनी तनहाई पर, लेकिन यह शायद हँसी नहीं है। यह मेरे आँसुओं की बिगड़ी हुई तस्वीर है, मेरे एहसास की भटकती हुई आत्मा है। मेरी हँसी इंशाअल्लाह खाँ 'इंशा' की खोखली हँसी से बहुत मिलती है, 'मीर' की ख़ामोश उदासी से बहुत मिलती है, ग़ालिब के ज़िद्दी फक्कड़पन से बहुत मिलती है :

मेरी हँसी तो मेरे .गमों का लिबास है
लेकिन ज़माना इतना कहाँ ग़म शनास है

पेवन्द की तरह चमकती हुई रौशनी, रौशनी में नज़र आते हुए बुझे-बुझे चेहरे, चेहरों पर लिखी हुई दास्तानें, दास्तानों में छुपा हुआ माज़ी (अतीत) और माज़ी में छुपा हुआ मेरा बचपन, जुगनुओं को चुनता हुआ बचपन, तितलियों को पकड़ता हुआ बचपन, पेड़ की शाख़ों में झूलता हुआ बचपन, खिलौनों की दुकानों को तकता हुआ बचपन, बाप की गोद में हँसता हुआ बचपन, माँ की आग़ोश में मुस्कुराता हुआ बचपन, मस्जिदों में नमाज़ें पढ़ता हुआ बचपन, मदरसों में सिपारे (कुरान शरीफ़ के अंश) रटता हुआ बचपन, झील में तैरता हुआ बचपन, धूल मिट्टी से सँवरता हुआ बचपन, नन्हीं-नन्हीं दुआएँ माँगता हुआ बचपन, गुलेल से निशाने लगाता हुआ बचपन, पतंग की डोर में उलझा हुआ बचपन, नींद में चौंकता हुआ बचपन ख़ुदा जाने किस भूल भुलय्या में खोकर रह गया है। कौन संगदिल इन सुनहरे दिनों को मुझसे छीनकर ले गया है। नदी के किनारे बालू से घरौंदे बनाने के दिन कहाँ खो गये। रेत भी मौजूद है, नदी भी नागिनों की तरह बल खाकर गुज़रती है, लेकिन मेरे यह हाथ जो ताजमहल तामीर कर सकते हैं अब घरौंदे क्यों नहीं बना पाते? क्या पराठे रोटियों

की लज़्ज़त छीन लेते हैं। क्या पस्ती को बुलन्दी अपने पास नहीं बैठने देती, क्या अमीरी गुरबत का ज़ायका नहीं पहचानती, क्या जवानी बचपन को क़त्ल कर देती है?

मई और जून की तेज़ धूप में माँ चीखती रहती थी और बचपन पेड़ की शाख़ों पर झूला करता था। क्या धूप चाँदनी से ज़्यादा हसीन होती है? माचिस की ख़ाली डिब्बियों से बनी हुई रेलगाड़ी की पटरियाँ चुराकर कौन ले गया, काश कोई मुझसे कारें ले ले और उसके बदले में मेरी वही छुक-छुक करती हुई रेलगाड़ी ला दे। क्योंकि लोहे और स्टील की बनी हुई गाड़ियाँ वहाँ नहीं रुक सकतीं जहाँ भोली-भाली ख़्वाहिशें मुसाफ़िरों की तरह इन्तिज़ार करती रहती हैं, जहाँ मासूम तमन्नाएँ नन्हें-नन्हें, होंठों से बजने वाली सीटियों पर कान लगाये रहती हैं।

कोई मुझे मेरे घर के सामने वाला वह कुआँ वापस ला दे, जो मेरी माँ की तरह ख़ामोश और पाक रहता था। मेरी ख़ाला जब मुझे अपने गाँव लेकर चली जाती तो माँ ख़ौफ़ज़दा-सी हो जाती थी क्योंकि मैं सोते में चलने का आदी था। माँ डरती थी कि मैं कहीं ख़ाला के कुएँ में न गिर पड़ूँ। माँ रात-रात भर रो-रोकर कुएँ के पानी से कहती रहती कि ये पानी! मेरे बेटे को डूबने मत देना। माँ समझती थी कि शायद पानी से पानी का रिश्ता होता है, मेरे घर का कुआँ बहुत हस्सास (भावुक) था। माँ जब उससे बातें करती थीं तो कुआँ अपने पानी को मचलने भी नहीं देता था। शायद वह मेरी माँ की भोली-भाली ख़्वाहिश के एहतराम में ख़ामोश रहता था। पता नहीं यह पाकीज़गी (पवित्रता) और ख़ामोशी माँ से कुएँ ने सीखी थी या कुएँ से माँ ने।

गर्मियों की धूप में जब टूटे हुए एक छप्पर के नीचे माँ लू और धूप से टाट के पर्दों के ज़रिये मुझे बचाने की कोशिश करती तो मुझे अपने आँगन में दाना चुगते हुए वह चूज़े बहुत अच्छे लगते, जिन्हें उनकी माँ हर ख़तरे से बचाने के लिए अपने नाजुक परों में छुपा लेती थी। माँ की मोहब्बत के आँचल ने मुझे तो हमेशा महफूज़ रखा लेकिन ग़रीबी के तेज़ झक्कड़ों ने माँ के खूबसूरत चेहरे को झुलसा-झुलसा कर सियाह कर दिया। घर के कच्चे आँगन से उड़ने वाली परेशान धूल ने मेरी माँ का रंग मटमैला कर दिया। बूढ़ी दादी भी मुझे बहुत चाहती थीं। वह हर वक़्त मुझे ही तका करतीं। शायद वह मेरे भोले-भाले चेहरे में अपने उस मज़दूर बेटे को तलाश करती रहती थीं जो ट्रक-ड्राइवर की सीट पर बैठा हुआ शेरशाह सूरी के बनाये हुए रास्ते पर गर्मेसफ़र था।

शेरशाह सूरी की बनवायी हुई वह तारीक सड़क जो गुनहगार दिलों की तरह रह-रहकर ट्रकों और कारों की हेड लाइटों से यूँ चमकने लगती है जैसे इस बेईमान ज़माने में कहीं-कहीं ईमानदारी की किरन दिखाई पड़ जाती है। शेरशाह सूरी की यह तवील सड़क जिसके सीने पर रोजाना हजारों गाड़ियाँ गुज़रती रहती हैं, लेकिन यह बेजान सड़क बिहार के किसी हरिजन क़बीले की तरह दुःखों का बोझ उठाये चुपचाप मुस्कुराती रहती है। न जाने कितने ही ड्राइवर अपने फूल से बच्चों का मुस्तक़बिल

सँवारने के लिए त्योहारों को भुलाते हुए, मौसमों की परवाह न करते हुए इस पुरानी सड़क से गुज़रते रहते हैं। थकी-थकी और पुरअसरार (रहस्यमयी)-सी यह सुड़क आये दिन इंसानों का ख़ून पीकर अपनी प्यास बुझाती रहती है। सुर्ख़ इंसानी ख़ून जो तारकोल की काली सड़क पर ज़रा-सी देर में ख़ुश्क होकर सियाह हो जाता है, ख़ून के इस धब्बे को भी ज़रा-सी देर में गुज़रने वाली गाड़ियों के नर्म और काले टायर चाट जाते हैं। वह धब्बे जिनमें किसी सुहाग की सुर्ख़ी भी शामिल होती है, किसी माँ का इन्तिज़ार भी शामिल होता है, किसी भाई का अकेलापन भी शामिल होता है और किसी बहन के मैले-से दुपट्टे के आँसू भी शामिल होते हैं :

मैं लौटने के इरादे से जा रहा हूँ मगर
सफ़र सफ़र है मेरा इन्तिज़ार मत करना

एक सियासी लकीर ने सब कुछ तक़सीम कर दिया। मुल्क को, क़ौम को, रिश्तों को, मुहाफ़िज़ों को, मुजरिमों को, नदियों-तालाबों को। एक घोंसले के कई हिस्से हो गये। एक घर के कई टुकड़े हो गये, कस्टूडियन की चक्की में अजदाद (पूर्वजों) की इमारतें पिस गयीं, ख़ानदानों की मुट्ठियों से ज़मींदारी की बालू सरक गयी, जागीरदारी के चेहरे से विक़ार और एतमाद का रंगो रौग़न उड़ गया, ख़ानदानी ज़ेवरात जिन्हें ग़ैर मर्दों ने देखा तक नहीं था, साहूकारों की तिजोरियों में क़ैद हो गये, पाकिस्तान बन गया, इक़बाल की पेशीन गोई और जिनाह (जिन्ना) का ख़्वाब तामीर की जुस्तुजू में भटकता हुआ पंजाब के उस पार पहुँच गया। रफ़्ता-रफ़्ता हर घर में एक पाकिस्तान तामीर होने लगा। मेरे चचा हज़रात अपना मुस्तक़बिल सँवारने के लिए पाकिस्तान रवाना हो गये। पंजाब मेल जो हर ज़माने में एक नया रोल अदा करता है, मेरे घर के मर्दों और सफ़ेद काले बुर्क़ों में सहमी-सिमटी हुई औरतों को लेकर उस मुहाजिर ख़ाने की तरफ़ रवाना हो गया जिसे लोग पाकिस्तान कहते हैं। मैं चुपचाप अपनी दादी से चिपटा रहा। मेरे चचा ने दादी से पाकिस्तान चलने को कहा और वह भी मुहाजिरीन के ख़ेमे की तरफ़ जाने को तैयार हो गयीं। मैं दरवाज़े की चौखट पर बैठा हुआ यह सोचता ही रह गया कि मेरी दादी मुझे छोड़कर जाएगी या नहीं! और शायद पहली बार यह मुहावरा ग़लत हो गया कि अस्ल से ज़्यादा सूद प्यारा होता है। रेलगाड़ी के कोयले वाले इंजन से निकलते हुए धुएँ ने मेरे वालिद की भीगी हुई आँखों को मैला कर दिया। अब वह इस मुल्क में अकेले रह गये थे, बिल्कुल उस परिन्दे की तरह जिसके सब साथी जाल में फँस गये हों। फिर जैसे ही रेलगाड़ी की सीटी ने सिसकियाँ लीं, कारवाँ अपनी अनजानी-सी मंज़िल की तरफ़ रवाना हो गया। प्लेटफ़ार्म के किनारे खड़े हुए मेरे वालिद लड़खड़ाये, मैंने लपककर सहारा देना चाहा, उन्होंने अपना बोझल जिस्म मेरे हवाले कर दिया और मैं उसी दिन जवान हो गया।

ज़रूरत की रेलगाड़ी में बैठकर मेरा बचपन जावानी के शहर में आ गया, कोयले से दीवारों पर नाम लिखने का मौसम चला गया, तख़्ती पर खड़िया मिट्टी से सबक़

लिखने के दिन चले गये, रोटी की डलिया के सहारे चिड़ियाँ पकड़ने का खेल ख़त्म हो गया। अब माँ अपने सिर में सफ़ेद नहीं काले बाल तलाश करती है। यह तलाश और जुस्तुजू का लामुतनाही सिलसिला कभी ख़त्म नहीं होगा। कभी कोख औलाद को तलाश करती है और कभी औलाद माँ की मुक़द्दस आग़ोश को...!

मेरा बचपन था, मेरा घर था, खिलौने थे मेरे
सर पे माँ बाप का साया भी ग़ज़ल जैसा था

हम अपने गाँव की गलियों में सावन छोड़ आये हैं

अपने अन्दर की वीरानी पर खुशरंग फूल पत्तियों की नक़ाब को हरियाली कहते हैं। मेरे घर के छोटे-से बग़ीचे में भी बहुत हरियाली है। पुराने जख़्मों को हरा रखने के लिए माज़ी के मुर्दा जिस्म में बराबर सुइयाँ चुभोनी पड़ती हैं। घर के बग़ीचे भी अपने आप को तरोताज़ा रखने के लिए चिड़ियों, तेज़ हवाओं और बच्चों को शरारतें तक करने की इजाज़ज देते रहते हैं। सीमेंट के गमले और दरो दीवार, कैक्टस की क़तारें, खुशबू से ख़ाली गुलाब, तहज़ीब से उगी हुई घास, तर्तीब से साँप सीढ़ी बनाती बेलें एक घर में रहते हुए लोगों के दिलों में भी फ़ासलों की फ़स्ल बो देती हैं। कभी-कभी लॉन की हरियाली में हिस्सा लेते हुऐ फूल भी लड़कियों के नसीब की तरह लगते हैं। शाख़ों से अलग होने के दुख-सुख और अंजाम से नावाक़िफ़ यह फूल मगर खिलते ज़रूर हैं कि यही फ़ितरत का तक़ाज़ा है, मौत ही जिन्दगी के एहसास का नाम है, दर्द ही दिल की मौजूदगी का गवाह है।

उत्तर प्रदेश के कई बड़े शहरों से घिरा कई तारीख़ी कस्बों को अपने सीने से लगाये, अपने चेहरे पर बंजर और ज़रखेज़ (उपजाऊ) मिट्टी मले हुए गंगा जी के कछार में सई नदी के किनारे रायबरेली आबाद है। अदबी तौर पर बेइन्तिहा मालामाल यह शहर सियासी तौर पर भी बहुत होशियार है। इस शहर में सियासत इक़तिदार (सत्ता) का नाम नहीं है बल्कि सूझबूझ का नाम है। कुछ शहर अपने जुग़राफ़िये (भूगोल) की हिफ़ाज़त में इतने मसरूफ़ रहते हैं कि तारीख़ उन्हें भूलने लगती है। दरअसल तारीख़ लिखने वालों को यह अन्दाज़ा ही नहीं हो पाता कि वह डायरी नहीं दस्तावेज़ लिख रहे हैं। उनकी एक मामूली-सी ग़लती शहर को खंडहर में, इबादतगाहों को मैदाने जंग में और इंसानी जिस्मों को गोश्त की दुकान पर सजी मुर्दा भेड़-बकरियों में तब्दील कर देती है।

इसी शहर के एक क़दीम मोहल्ले में मेरा घर है। मेरा आबाई घर, जिसकी पुरानी बुनियादों पर जब नयी ईंटों ने अपना सिर रखा तो घर वालों ने मेरी एक किताब का उनवान भी इसके हवाले कर दिया जिसकी निस्बत से मेरा घर भी 'ग़ज़ल गाँव' कहलाने लगा। ग़रीब घर में पैदा होने वाले बच्चे का कोई नाम नहीं रखा जाता, क्योंकि नाम कुछ भी रख दिया जाये दुनिया उस बच्चे को उसी नाम से पुकारती और पहचानती है जो गुरबत उसकी पेशानी पर लिख देती है :

ज़िन्दगी चाहे गदागर ही बनाकर रख दे
ऐ मेरी माँ तू मेरा नाम सिकन्दर रख दे

ग़ज़ल गाँव पुराने हिन्दुस्तान के एक मोहल्ले का छोटा-सा घर है जिसका नये हिन्दुस्तान से सिर्फ़ इतना ही ताल्लुक़ है कि बिजली और टेलीफ़ोन के तारों के फैलाव ने कौवों, कबूतरों और चिड़ियों को कुछ देर क़याम करने के लिए नयी चौकियाँ अता कर दी है। अभी तक यह इलाक़ा नये ज़माने की ख़ुदगर्जियों से ज़्यादा मैला नहीं हुआ है। लेकिन फिर भी बिजली के तारों से चलने वाले रेफ्रिजरेटरों ने इंसान के दिलों से सख़ावत (दानशीलता), फ़य्याज़ी, दरियादिली और गरीब परवरी के जज़्बे को छीन लिया है। अब रोटी की डलियाँ परिन्दों की पहुँच से बाहर होती जा रही हैं। गुलाब चेहरा सुराहियों और घड़ों से चिड़ियों और कबूतरों की इजारादारी ख़त्म होने लगी है। टेलीविज़न इंसानों को कमरों में क़ैद करने की कोशिश में लगा हुआ है। सियासत रोज़ नये-नये लिबासों में मोहल्ले की गर्दिश में मसरूफ़ रहती है लेकिन कई सदियों की मोहब्बतें, कई खुशगवार रिश्तों की ज़ंजीरें और एक दूसरे के ग़म में पलकें भिगोने की रस्म अभी तक बाक़ी है। शायद इसीलिए मेरे मोहल्ले में अभी तक मज़हब सियासत के लिए नहीं बल्कि इबादत के लिए इस्तेमाल होता है। गुरबत चोंचलों से पनाह माँगती है, वह किसी भी पत्थर में भगवान ढूँढ़ लेती है और किसी भी अँगौछे को जायेनमाज़ बना देती है।

ग़ज़ल गाँव की निस्बत से इस क़दीम मोहल्ले में हर मज़हब और मिल्लत के लोग आबाद हैं। ज़्यादा आबादी उसी बिरादरी की है जिसे अशरफुल मख़लूक़ात (जीवधारियों में श्रेष्ठ) कहा जाता है। घर के क़रीब ही औरंग़ज़ेब की बनावायी एक मस्जिद है जो आलमगीरी मस्जिद के नाम से मशहूर है। मेरे अजदाद (पूर्वज) इसी मस्जिद में इमामत करते थे और इसी कैसे मुन्सलिक एक मदरसे में दीनी और दुनियावी तालीम देते थे। मेरे बड़े अब्बा के बाद से इस मस्जिद में नमाज़ पढ़ाने वाले हज़रात मेरे ख़ानदान के लोग नहीं हैं। मदरसा भी दादा के इन्तिक़ाल के बाद तक़रीबन उजड़ गया क्योंकि पहले तालीम इनसान बनने के लिए हासिल की जाती थी, अब इसका हुसूल (प्राप्ति) अफ़सर बनने के लिए होता है। पहले चारागरी (कष्ट निवारण) ख़िदमते ख़ल्क़ के लिए सीखी जाती थी, अब नर्सिंग होम खोलने के लिए। अपनी पेशानियों पर थोड़ा-सा मज़हबी नूर बचाये रखने के लिए हम लोग इस मस्जिद की पार्ट टाइम देखभाल करते हैं। यूँ भी फ़ी ज़माना (आजकल) ज़्यादा देखभाल आदमी को शाही इमाम बनाकर रख देती है।

एतबार की चादर ज़ात-पात नहीं देखती, लेकिन जब अस्सी करोड़ हिन्दुओं की निगरानी में पन्द्रह करोड़ मुसलमान (अब यह अनुपात भी बदल गया होगा) रह सकते हैं तो हमारे लॉन का दरवाज़ा अकीदतमन्द (श्रद्धालु) हिन्दुओं की पूजा की थाली के लिए क्यों नहीं खुल सकता? अजनबीयत सारे रिश्तों को क़त्ल कर रही है और हम

खड़े देख रहे हैं। काश! हम उस पुराने हिन्दुस्तान को तलाश कर लेते जहाँ इबादतगाहें चिराग़ रौशन करने वालों की ज़ात या उनका पता ठिकाना नहीं पूछती थीं। पूरे हिन्दुस्तान में मुझसे शिद्दत से मोहब्बत करने वालों की तादाद अगर पच्चीस होगी तो यक़ीनन उनमें बीस ग़ैर मुस्लिम होंगे और यह भी सच है कि मेरे बुरे वक़्तों में यह मेरे दूध शरीक भाइयों से भी ज़्यादा काम आते हैं। भला मैं इनसे नफ़रत कैसे करूँगा? इनका बुरा क्यों चाहूँगा? इनको नुक़सान क्यों पहुँचाऊँगा? आदमी अपने से मोहब्बत करने वाले बीमार ऊँट को भी रेगिस्तान में छोड़कर नहीं भागता, लेकन प्रिंट मीडिया हो या इलेक्ट्रानिक मीडिया, सियासी बाज़ीगर हों या मज़हबी जादूगर सब ने सियासी दुकानें खोल रखी हैं और नफ़रतों की तशहीर करते रहते हैं :

शायद ये कर्ब तुझको नये .ख़द्दोख़ाल दे
अल्लाह मेरा दर्द तेरे दिल में डाल दे

राखी के बग़ैर भी मोहल्ले की तमाम लड़कियाँ बहनों जैसी दिखाई देती हैं। बीमारों के .ख़ुश्क होंठों के लिए आबे ज़मज़म और दुआओं में लिपटी खजूरें भेजी जाती हैं। नमाज़ पढ़कर दम करने के लिए बुजुर्ग मस्जिदों से निकलकर मरीज़ों के घर जाते हैं। एक दूसरे के लिए यूँ गिड़गिड़ाकर दुआएँ माँगी जाती हैं कि अल्लाह भी अपनी इस म.ख़लूक (रचना) पर फ़ख़्र करता होगा, जिसे उसने खुद अशरफ़ (श्रेष्ठ) का ख़िताब देकर दुनिया में भेजा है। लोग एक दूसरे के बच्चों को ही नहीं उनके पालतू जानवरों तक को पहचानते हैं। हर फलदार दरख़्त में बच्चों की हिस्सेदारी रहती है। सावन के झूलों पर लड़कियों की इजारादारी रहती है। मोहल्ले की तमाम लड़कियों में 'दुपट्टा बदल' बहनों का रिश्ता होता है। हर बुजुर्ग पूरे मोहल्ले का बुजुर्ग होता है, तमाम बच्चे हर बुजुर्ग की निगरानी में रहते हैं। मेरे बचपन के बेश्तर दिन पतंग उड़ाने और कबूतरबाज़ी में गुज़रे हैं। मोहल्ले में कोई हिन्दू मुसलमान नहीं था, हर छत पर हमारा क़ब्ज़ा रहता था क्योंकि वह छतें या तो हमारी फूफियों और .ख़ालाओं की हुआ करती थीं या बुवाओं और मौसियों की! कबूतर और पतंग उस वक़्त तक हमारे क़ब्जे में होते थे, जब तक वह हमारे मोहल्ले में रहते थे।

दो तीन बरस पहले मेरे वालिद का बहुत दिनों तक बीमार रहने के बाद इन्तिक़ाल हो गया। शादियों का मौसम था, मेरे मोहल्ले में कई बरातें आने वाली थीं। दो ग़ैर मुस्लिम घरों में भी शादी की गहमा गहमी थी। लड़कियों की शादी थी लेकिन लड़की वालों ने लड़के वालों से फ़ोन करके कह दिया कि बैण्ड बाजे की रस्म रास्ते में ही पूरी कर लीजिएगा, हमारे दरवाजे पर यह रस्म न हो सकेगी क्योंकि हमारे मोहल्ले के एक बुजुर्ग अनवर चचा गुज़र गये हैं, उनका शुमार ख़ानदान के बुजुर्गों में होता था। लड़के वाले इसे बदशगुनी समझते हुए इस बात पर आमादा नहीं हो रहे थे तो लड़की वालों ने उन्हें तारीख़ बढ़ाने का मश्विरा दिया। उन लोगों ने पूछा कि एक मुसलमान बुजुर्ग आपके परिवार के बुजुर्ग कैसे हो सकते हैं? लड़की वालों ने कहा

कि मेरे घर के तमाम बड़े बूढ़ों की इब्तिदाई तालीम (प्रारम्भिक शिक्षा) उन्हीं के घर पर हुई है, हम हिन्दू हैं तो क्या हुआ, 'र' से राम कहना तो उन्होंने ही हम लोगों को सिखाया था। दो तीन दिन बाद बारात जब मोहल्ले में दाख़िल हुई तो बारात में शामिल बुज़ुर्ग पहले हमारे घर पर पुरसा देने आये। लड़के ने मेरी वालिदा की दुआएँ लीं तब जाकर लगन मण्डप में बैठा। यूँ भी दहेज़ में सबसे क़ीमती सामान बुज़ुर्गों का आशीर्वाद होता है।

मेरे घर के लॉन से मोहल्ले की बहुत-सी औरतें सुबह सवेरे कुछ फूल पत्तियाँ डलिया में रखकर मन्दिर ले जाती हैं। मेरी बीवी भी नमाज़ के लिए फ़ज्र के वक़्त उठ जाती हैं। एक दिन मोहल्ले की कई लड़कियों ने आकर अहलिया से शिकायत भरे लहजे में कहा कि "भाभी! आपके लॉन का दरवाज़ा देर में खुलने से हम लोगों को मन्दिर जाने में देर हो जाती है।" उस दिन से मेरी अहलिया फ़ज्र के वक़्त उठते ही पिछले दरवाज़े को ज़ंजीर की क़ैद से आज़ाद कर देती हैं और मोहल्ले की औरतें अपने वक़्त के हिसाब से फूल तोड़कर मन्दिर पहुँच जाती हैं। मेरे लॉन का पिछला दरवाज़ा मुँह अँधेरे ही खोल दिया जाता है। मुमकिन है यह बात आस-पास के मुसलमानों के इल्म में न हो, लेकिन मोहब्बतों के रिश्ते ज़ात और मज़हब नहीं देखते। मेरे दादा के पढ़ाये हुए हज़ारहा लोग इस शहर में आबाद थे। इनमें से बेश्तर तो मर खप गये, दो चार लोग खंडहर बदन की सूरत में रह गये हैं। शायद पिछले वक़्तों के क़िस्से कहानियाँ सुनाने के लिए, वह भी फूलती हुई साँसों, डूबती हुई नब्ज़ों और बुझती हुई आँखों की बैसाखी के सहारे, लेकिन उनकी औलादें ज़िन्दा हैं। उनकी तस्वीरों पर रोज़ नये फूल चढ़ाने के लिए, उनकी क़ब्रों पर चिराग़ जलाने के लिए, अपनी नम आँखों से उन्हें नमस्कार करने के लिए, उनके अधूरे कामों को मुकम्मल करने के लिए। उनकी पेशानियाँ अपने असलाफ़ (पूर्वजों) के संस्कारों से आज तक रौशन हैं। घर में मिट्टी की दिवारें हों तो शख़्सियत भी रेशम जैसी हो जाती है। आँगन भी हो तो दिल दरिया की तरह हो जाते हैं, आँगन में कोई फलदार दरख़्त हो तो चिड़ियों के लहजे की मिठास भी घर वालों में मौजूद रहती है। घर में मिट्टी का दिया जलता हो तो काजल आँखों को झील जैसा बनाये रखता है। कुआँ हो तो पानी की सरगोशी भी सुनाई देती है जैसे रोज़े में फ़ाक़ाकशों से मोहब्बत बढ़ जाती है। बुज़ुर्गों के कश्फ़ो करामात (चमत्कार), क़लन्दरी, दरियादिली और बेख़तर आतिशे नमरूद में कूद पड़ने की रवायतों के सबब हम लोगों को अभी तक इज़्ज़त और एहतराम की निगाह से देखा जाता है।

यूँ भी रायबरेली की तारीख़ के किसी भी वरक़ में नफ़रत और फ़िरक़ा परस्ती की सियाही का वजूद नहीं है। दिल एक हों तो छतें भी आपस में सिर जोड़कर बैठ जाती हैं। त्यौहार गंगा जमुनी तहज़ीब की तजसीम (आस्था) बन जाते हैं। सिवइयों का ज़ाफ़रानी रंग होली के रंग जैसा हो जाता है। दीवाली का हर पटाख़ा निकाह के

वक़्त दाग़े गये गोलों जैसा लगता है। क्रिकेट मैच होते ही घर में कई टीमें बन जाती हैं। मैं और मेरी अहलिया हिन्दुस्तानी टीम के दीवाने, मेरी छोटी बेटी और बेटा पाकिस्तानी टीम के तरफ़दार। मैच शुरू होते ही लड़ाइयाँ शुरू हो जाती हैं। सचिन के आउट होते ही मेरा बेटा हँसते हुए आवाज़ लगाता है, मम्मी का बड़ा बेटा आउट हो गया। मम्मी को आँसू पोंछने के लिए रूमाल प्रोवाइड किया जाय। उसकी मम्मी सुन लेती हैं और उसे मारने दौड़ती हैं। झगड़ा इतना बढ़ता है कि टी.वी. बन्द कर दिया जाता है। साहबज़ादे का हुक़्क़ा पानी भी बन्द हो जाता है। अब भाई-बहनों में लड़ाई शुरू होती है। एक दूसरे पर इल्ज़ाम लगाये जाते हैं (यह हुनर भी इन लोगों ने संसद भवन की सब्ज़ी मण्डी से सीखा है)। साहबज़ादे कहीं से दो चार पटाख़े लाकर दरवाज़े पर छुड़ा देते और कहते हैं कि जब आप लोगों ने मुझे घर से निकाल ही दिया है, मेरा खाना पानी बन्द ही कर दिया है तो जो जी चाहेगा करूँगा। उनकी सज़ा और बढ़ा दी जाती है यानी अब उनकी पिटाई भी ज़रूरी है। उनकी आख़िरी सज़ा के तौर पर मुझे इस्तेमाल किया जाता है। बुज़ुर्गी की धौंस को बरक़रार रखने के लिए दोनों पार्टियों को डाँटता फटकारता हूँ, फिर मुँह का मज़ा बदलने के लिए शहर के सबसे बड़े चौराहे पर पान खाने पहुँच जाता हूँ। वहाँ और लोग भी पान खाते हुए मिल जाते हैं, वह दबी ज़बान में गुफ़्तगू कर रहे होते हैं कि पाकिस्तान की जीत पर मुसलमान पटाखे क्यों छोड़ते हैं? मैं उन्हें कैसे बताऊँ कि यह छोटे-छोटे बहन भाइयों के वह झगड़े हैं जिनकी बुनियादों में माँ के दूध की मोहब्बतें भी शामिल हैं, यह वह पटाखे हैं जिनसे बारूद की नहीं, माँ के दूध की खुशबू आती है। अब मैं उन्हें कैसे समझाऊँ कि इस बेएतबार ज़माने में मेरे घर का पिछला दरवाज़ा मन्दिर में चढ़ाये जाने वाले फूलों के लिए खोल दिया जाता है। मैं उन्हें कैसे समझाऊँ कि पाकिस्तान में कई दिन मुसलसल रहने के बाद मुझे हिन्दुस्तान इतना याद आने लगता है कि इण्डियन एम्बैसी की इमारत भी मुझे मस्जिद मालूम होने लगती है। अब मैं उन्हें कैसे बताऊँ कि :

मदीने तक में हमने मुल्क की ख़ातिर दुआ माँगी
किसी से पूछ ले इसको वतन का दर्द कहते हैं

सफ़ेद जंगली कबूतर

कबूतर भी अजीब परिन्दा है। इंसानों का साथ उस वक़्त भी नहीं छोड़ा जब हज़रत नूह की कश्ती सैलाब में बेसम्ती (दिशाहीनता) का शिकार हो गयी थी, चारों तरफ़ ग़रक़ाब (डूबी हुई) बस्तियों के निशानात के बावजूद उस ताज़ा ज़मीन की तलाश में निकल पड़ता जिस पर सैलाब के पानी ने अपने गुल बूटे न टाँके हों। अपनी उम्मत (क़ौम) के उतरे हुए चेहरे हजरत नूह से नहीं देखे जाते थे। कबूतरों की परेशानी का सबब यह था कि अगर बची खुची उम्मत भी सैलाब की नज़्र हो गयी तो वह किसके साथ रहेंगे। इंसान अगर अशरफ़ुल मख़लूक़ात (जीवधारियों में श्रेष्ठ) है तो कबूतर इंसान से बेपनाह मोहब्बत करने वाला परिन्दा! हज़रत नूह के ज़माने से ही कबूतर इंसानों के लिए ज़मीन तलाश करते हैं और खुद दरबदरी का शिकार रहते हैं :

सफ़र है ख़त्म मगर बेघरी न जायेगी
हमारे घर से पैग़म्बरी न जायेगी

दुनिया पर हुकूमत का ख़्वाब देखने वाले इंसानों को क्या मालूम कि फ़ज़ा में उड़ते हुए कबूतरों को ज़मीन खेत की तरह और दुनिया गाँव के बराबर मालूम होती है। कबूतर अम्नों आश्ती (शान्ति) का पैग़म्बर यूँ कहलाता है कि उसकी मासूमियत में स्कूल जाते हुए नन्हें बच्चों की झलक दिखाई देती है। उसकी आवाज़ में फ़ाख़्ता और कोयल का मुश्तरका (मिला जुला) दर्द शामिल रहता है। उसके शहपरों की हवा बीमार को सेहत बख़्शती है, जहाँ रहता है, वहाँ नफ़रतें घोंसला नहीं लगा पातीं, जिन छतों पर बैठता है वह ज़लज़ले में भी महफ़ूज़ रहती हैं, जस शाने पर बैठ जाये वह ज़िम्मेदारियाँ उठाने के लायक़ बन जाये, बिजली के नंगे तार पर भी उसके ख़ून की हिद्दत के आगे बर्फ़ हो जाते हैं। जिन तालाबों के क़रीब उतरता है वह बरसहा बरस दरिया बने रहते हैं। अम्न की बहाली में एक कबूतर एक हज़ार सिपाहियों के बराबर होता है। कहा जाता है कि जिस घर में कबूतर का टूटा हुआ पर गिर जाये, साँप बिच्छू उस घर से गुज़रना छोड़ देते हैं। कबूतर सुबह होते ही अपने परों की सफ़ेदी सूरज का मुवाज़ना (बराबरी का अन्दाज़ा) करता है, रोज़ नये हौसले के साथ उड़ता है और बुलन्दी पर पहुँचकर तारा बन जाता है। इंसानों के साथ रहने वाला यही एक परिन्दा है जो हमेशा इंसानों के साथ रहना चाहता है वर्ना पर निकलते ही च्यूँटी भी

अलग ठिकाना तलाश करने लगती है। इंसानों के साथ रहना कितना दुश्वार है यह शायद कबूतर से ज़्यादा कोई नहीं जानता। भटकती हुई कश्ती के मुसाफ़िरों को नयी ज़मीन का पता देने वाला यह कबूतर आज भी मुस्तक़िल सफ़र में रहता है। इंसानों की जलायी हुई बस्तियों से हमेशा के लिए हिजरत कर जाता है। न सोने के पिंजड़ों की फ़रमाइश करता है, न चाँदी की दीवारें तलाश करता है। पेड़ पर भी मजबूरी की हालत में ही बैठता है। दरख़्तों पर नहीं बैठता कि वहाँ वीरानी होती है, जंगल में नहीं रहता कि वहाँ जानवर होते हैं, सहराओं (रेगिस्तानों) में नहीं रुकता कि वहाँ आबादी नहीं होती, खेतों में नहीं रहता कि क़नाअत (राज़ी रहना) की ताजदारी छिनती है। हाँ! बंजर ज़मीनों पर बैठ जाता है क्योंकि अल्लाह की बनायी दुनिया में कबूतर ही 'अशरफुल ख़ाकसार' होता है। बुलन्दी से गिद्ध खाना देखता है, उक़ाब निशाना देखता है, इंसान घराना देखता है लेकिन कबूतर सिर्फ़ ठिकाना देखता है।

कबूतर सदियों तक पैग़ाम रसानी का काम करता रहा। न डाकिये थे न पोस्ट ऑफ़िस, न वायरलेस था, न टेलीफ़ोन, न मोबाइल था न इंटरनेट, न तेज़ रफ़्तार गाड़ियाँ थीं न हवाई जहाज़ लेकिन एक दूसरे की ख़ैरियत और मिज़ाज पुर्सी के चिराग़ दिलों में टिमटिमाते रहते थे। यूँ तो मोहब्बत हर अह्द में संगसारी के मराहिल (मोड़ों, पड़ावों) से गुजरती रही है लेकिन एक वह ज़माना भी था कि इश्क़ कबूतर के सिवा किसी के सामने भी इज़हार की किताब नहीं खोलता था :

गुफ़्तगू फ़ोन पे हो जाती है राना साहब
अब किसी छत पे कबूतर नहीं फेंका जाता

कबूतर जब तक पैग़ाम रसानी करता रहा, मज़ारे इश्क़ की सज्जादा नशीनी और नमाज़े इश्क़ की इमामत के लिए लैला मजनूँ, अज़रा वामिक़, शीरी फ़रहाद, सोहिनी महिवाल, रोमियो जूलियट और मिर्ज़ा साहिबान का जन्म होता रहा लेकिन मोहब्बत तो पत्थर की तरह होती है, किसी के लिए हीरा बन जाती है और किसी को मिट्टी में मिला देती है। जब से कबूतरों ने ख़त लाना, ले जाना छोड़ दिया दुनिया में इश्क़ की दास्तान अय्याशियों की कहानी बनकर रह गयी :

चाहिए पैग़ाम्बर दोनों तरफ़
लुत्फ़ क्या जब दू बदू होने लगी

मुझे बचपन से कबूतर बाज़ी का शौक़ है। दरअस्ल उत्तर प्रदेश के बेश्तर शहर, ख़ास तौर पर अवध के क़स्बें और तहसीलें कबूतर बाज़ों से आबाद थीं। कबूतर के शौक़ में हर मज़हब, हर मसलक (पन्थ) और हर उम्र के लोग गिरफ़्तार थे। लेकिन पाकिस्तान के बँटवारे, कालोनी कल्चर, बढ़ती हुई बेरोज़गारी और एक-एक घर में कई-कई चूल्हों की आँच में कबूतरों के पर जलकर राख हो गये। कबूतरबाज़ों के हौसले ख़ाक हो गये और कबूतर बाज़ी के शौक़ ने हिन्दू बेवा की तरह सिमटकर एक कोना पकड़ लिया। ख़ानदानों के इन्तिशार (बिखराव), दौलत की बेइन्तिहा हवस,

गुरबत और दरबदरी के ज़माने में कबूतर की तरफ़ कौन निगाह डालता है। कभी शहर में सिर्फ़ एक अस्पताल होता था और सारा शहर सेहतमन्द रहता था। अब हर मोहल्ले में कई नर्सिंग होम होते हैं लेकिन सारा शहर बीमार रहता है। शायद ख़ुदग़रज़ ज़माने ने हर आदमी को यह समझा दिया है कि उसकी कहानी दुनिया के स्क्रीन पर उसी वक़्त तक फूल बिखेरती रहेगी जब तक वह ज़िन्दा रहेगा लिहाज़ा लोग ज़िन्दा रहने की कोशिश में और ज़्यादा मरने लगे। यूँ तो कबूतर के लिए जितने मुँह उतने मुहावरे मशहूर हैं लेकिन कुछ ख़ास मुहावरों से लुत्फ़ हासिल करने के लिए क़स्बाती और जज़्बाती होना ज़रूरी है। कुछ मुहावरे कबूतरबाज़ ही समझ सकते हैं। कुछ ऐसे भी मुहावरे हैं जिन्हें कबूतर बनकर ही समझा जा सकता है। मसलन, कुछ लोगों के कहने के मुताबिक़ कबूतर सय्यद होते हैं। लेकिन कुछ लोगों का यह भी कहना है कि कबूतर सिर्फ़ अपनी अफ़ज़ाइशे नस्ल (नस्ल की वृद्धि) चाहते हैं। इन दोनों मुहावरों में ग़ज़ब का तज़ाद (टकराव) है। अगर कबूतर सय्यद होते हैं तो फिर अफ़ज़ाइशे नस्ल की चाह ग़लत है क्योंकि सय्यद अगर अफ़ज़ाइशे नस्ल पर ही ध्यान देते तो कर्बला में जामे शहादत क्यों नोश फ़रमाते :

उम्मत की सरबलन्दी की ख़ातिर ख़ुदा गवाह
ज़ालिम से ख़ुद नबी के नवासे उलझ पड़े

यूँ तो कबूतर कई रंगों के होते हैं लेकिन फ़ज़ा में सफ़ेद और सियाह कबूतर ही ज़्यादा दिखाई देते हैं। आमतौर पर सियाही माएल कबूतर जंगली और सफ़ेद रंग के कबूतर पालतू कहलाते हैं। कबूतर अपना घर फ़ज़ा में उड़ते हुए भी नहीं छोड़ता। कुछ कबूतर तो अपने घर को इस क़दर मरकज़ (केन्द्र) बनाकर उड़ते हैं कि आँगन में रखे कटोरे के पानी में मुस्तक़िल दिखाई देते हैं। घर से इसी बेपनाह मोहब्बत की वजह से अक्सर वह उक़ाब के शिकार भी हो जाते हैं। हिन्दुस्तान के मुसलमानों की मौजूदा हालत भी अब कबूतरों जैसी होकर रह गयी है। वह घर से लगाव के सबब हिजरत भी नहीं कर सके और शबोरोज़ सियासी चील कौओं के शिकार होते रहते हैं :

दुश्मनी ने काट दी सरहद पे अपनी ज़िन्दगी
दोस्ती गुजरात में रहकर मुहाजिर हो गयी

आदमी , कबूतर और कुत्ता अपनी ड्यौढ़ी, आशियाना और ठिकाना आसानी से नहीं छोड़ते। पुलिस की गिरफ़्त में आने वाले बेश्तर ख़तरनाक मुजरिम सिर्फ़ घर से मोहब्बत के एवज़ इनकाउंटर का शिकार हो जाते हैं। दंगे में भी वही लोग मारे जाते हैं जो अपने बुजुर्गों की जूतियाँ आँखों से लगाये रहते हैं। वफ़ादारी की सबसे बड़ी ख़राबी तो यही है कि शेर को भी कुत्ता बना देती है। मुसलमानों का मसला भी यही है कि वह शेर की तरह जीना चाहता है और बेइन्तिहा वफ़ादारी उसे कुत्ता बनाये रखती है।

कबूतर जब तक घरों मे रहते हैं बिल्कुल पालतू होते हैं। कभी बच्चों की तरह

दादी की गोद में बैठ जाते हैं, कभी ताक़ पर रखी रेह्ल के पास अदब से अपने परों को समेट लेते हैं, कभी बच्चों की तरह स्कूल के बस्ते पर बैठ जाते हैं, कभी अम्मी की नक़ाब में छुपने की कोशिश करते हैं, कभी सुराही पर बैठकर अपनी साक़ीगरी का एलान करते हैं, क़भी अनाज चुनती हुई लड़कियों में अपनी जगह बनाने में मसरूफ़ रहते हैं, कभी बाल सुखाती मौसी के साथ छत पर अपने परों को सुखाने में मशगूल दिखाई देते हैं, कभी चोंच में तिनका दबाकर अपने ख़्वाब की ताबीर का एलान करते हैं, कभी रोटी की डलिया के पास बच्चों की तरह बाअदब नज़र आते हैं, कभी मिट्टी के प्याले में पानी पीते हुए, कभी चाय के कप में अपनी चोंच भिगोते हुए, कभी घर की अलगनी पर, कभी मुँडेरों पर, कभी बुज़ुर्गों को करतब दिखाते हुए, कभी अनाज में अपना हिस्सा लगाते हुए, कभी रौशनदान में गुनगुनाते हुए, कभी चारपाई पर बेतकल्लुफ़ी से परों को छप्पर बनाते हुए यह कबूतर जिस घर में भी रहते हैं, वहाँ का अटूट हिस्सा बन जाते हैं।

सर्दियों में सुबह की पहली आहट पर धूप की गुनगुनाहट से हम कलाम होने के लिए ढाबलियों से बाहर निकल आते हैं, थोड़ी देर तक अपने शहपरों को फड़फड़ाहट की तर्बियत देकर अलसायी हुई तबियत से छुटकारा हासिल करते हैं, थोड़ा झूमते हैं फिर सूरज की अँगीठी में तपते हैं। अपने आपको धूप में सेकते हैं जैसे माँ सर्दी खाये हुए बच्चे के सीने पर तेल मलती है, जैसे लड़कियाँ स्कूल की ड्रेस धोकर अलगनी पर सूखने को टाँग देती हैं, जैसे बच्चे धुली हुई तख़्ती सुखाते हैं, जैसे दादी अपने घुटनों पर तेल मलती है। दादी स्कूल से बच्चों के आने की मुन्तज़िर रहती है और बच्चे आसमान से कबूतरों के घटने के मुन्तज़िर रहते हैं। कबूतर कितनी ही बुलन्दी पर पहुँच जायें अपना घर नहीं भूलते। उनकी आँखों से शनासायी (जान पहचान) की रौशनी फूटती रहती है। वह अपने घर के ताजमहल को शाहजहाँ की आँखों से देखा करते हैं, बहादुरशाह की नज़रों से दिल्ली का जायज़ा लेते हैं, वाजिद अली शाह और बेगम हज़रत महल की हिजरत नसीब आँखों से लखनऊ को देखते हैं। खुली फ़ज़ा में भी अपनी आँखों में घर की फूल पत्तियाँ सजाये रहते हैं। अपने ही टूटे परों से अपने घोंसले की तामीर करते हैं। अपने परों की सफ़ेदी से बादलों को शर्मिन्दा करते हैं, मौसमों से जंग करते है, हादसों से निगाहें मिलाते हैं, आसमान को अपने परों के बराबर समझते हैं, चाँद को अपना साथी समझते हैं, फैली हुई धूप को छिटकी हुई चाँदनी समझते हैं, ज़िन्दगी को उड़ान और मौत को महबूबा समझते हैं।

लेकिन उड़ान को ज़िन्दगी और हादसों को अपने कूव्वते बाजू का इम्तिहान समझने वाला कबूतर कभी-कभी तेज़ बारिश, मौसम की ख़राबी, तूफ़ान की शिद्दत, आँधी के तेज़ झक्कड़ों या शाम के धुँधलकों के गहरा जाने की वजह से अपना घर तलाश करने में परेशान हो जाता है। देर तक उड़ने वाले गिरहबाज़ कबूतर जब आसमान की बुलन्दियों पर पहुँचकर तारा बन जाते हैं तो अक्सर घर वापसी के वक़्त

अँधेरा हो जाता है। घर से दूर अँधेरा हो जाने के बाद औरत और कबूतर की वापसी दुश्वार हो जाती है। यूँ भी औरत और कबूतर की ज़िन्दगी में बड़ी मुमासिलत (समरूपता) होती है। अपना घर ढूँढ़ता हुआ कबूतर अगर किसी कबूतरबाज़ के हाथ लग जाता है तो वह फ़ौरन उसके पर कतर देता है या मज़बूती से बाँध देता है। पाकिस्तान जाती हुई बहुत-सी हिजरत नसीब औरतें भी पंजाब के कबूतरबाज़ों के हाथ लग गयीं, फ़ौरन ही उनकी दोशीज़गी (कौमार्य) का क़त्ल करके उनकी कोख में नये रिश्तों की चलती फिरती जंजीरें बो दी गयीं कि फिर वह हमेशा के लिए अपनी उड़ान के क़िस्से को भूल जायें। उनके इन्तिजार में पुराने रिश्तों की आँखें पथरा गयीं, चेहरे झुर्रियों की आमाजगाह (पड़ाव) बन गये और जिस्म हड्डियों के ढाँचे में तब्दील हो गये :

परवाज़ की ताक़त भी नहीं बाक़ी है लेकिन
सय्याद अभी तक मेरे पर बाँधे हुए है

घर से भटका हुआ कबूतर कई दिनों तक मुसलसल फ़ज़ा में उड़ते हुए अपना घर तलाश करता है। कभी ऊँची-ऊँची इमारतों के दरम्यान गुज़रते हुए, कभी मन्दिरों के कलश को चूमते हुए, कभी मस्जिदों से बुलन्द होती हुई सदाये हक़ के उजाले में...लेकिन मेले में खोया हुआ बच्चा और घर से भटक जाने वाला कबूतर वापस कहाँ आता है? भूख-प्यास की शिद्दत, घर छूटने का ग़म और मुस्तक़िल तलाश व जुस्तुजू में सरगर्म रहते-रहते कबूतर अपने परों की ताक़त से नावाक़िफ़ होने लगता है। कुछ दिनों तक जंगल-झाड़ी, खेत-खलिहा, मोहल्लों और बस्तिय्रों में भटकने के बाद कबूतर की आरज़ुओं के पर मैले होने लगते हैं। फिर एक दिन यही दूध और चाँदनी से धुला धुलाया कबूतर किसी मन्दिर या मस्जिद के गुम्बद को आबाद कर लेता है। कुछ दिनों तक तो वह अपने आस-पास बैठे हुए जंगली कबूतरों में अजनबियत महसूस करता है। लेकिन रफ़्ता-रफ़्ता वह भी उसी माहौल, मौसम और ठिकाने का आदी हो जाता है। थोड़े ही दिनों के बाद इल्म से आरास्ता लोग उसे भी जंगली कहना शुरू कर देते हैं। इंसान भी कितना ख़ुदग़रज़ होता है जो उसका कहना मान ले वह पालतू और जो कहना न माने वह जंगली कहलाने लगता है :

भिवन्डी में, अलीगढ़ या बनारस में नहीं लड़ते
कबूतर जंगली होकर भी आपस में नहीं लड़ते

मेरे अन्दर का मुसलमान नहीं मरता है

तक़रीबन पन्द्रह बरस पहले की बात है। मैं लाल क़िले के मुशायरे में शिरकत के लिए कलकत्ता से देहली बज़रिये जहाज़ सफ़र कर रहा था। उन्हीं दिनों मेरी ग़ज़लों की नयी किताब छपकर आयी थी। हिन्दी में थी, उसका नाम था 'मोर पाँव'। मैं दौराने सफ़र इस किताब से लाल क़िला में पढ़ने के लिए ग़ज़लें मुन्तख़ब कर रहा था। वरक़ गरदानी करते हुए जब थक गया तो किताब अपनी कुर्सी के सामने बनी पाकेट में डाल दी। मेरे बराबर एक बहुत ही ख़ूबसूरत नौजवान बैठा हुआ था। उसके चेहरे से उसकी शराफ़त और मासूमियत टपक रही थी। उस नवजवान ने मुझसे इज़ाजत लेकर वह किताब निकाल ली, थोड़ी देर तक पढ़ता रहा, फिर किताब की पुश्त पर छपी तस्वीर से मेरे चेहरे का मुवाज़ना करता रहा। हर तरह से मुत्मइन होने के बाद उसने बहुत ही मुहज़्ज़ब और रेशमी लहजे में मुझसे पूछा कि "यह आपकी लिखी हुई किताब है?" मेरे "जी हाँ" कहने पर उसने पूछा कि यह किस बुक स्टाल पर मिल जाएगी। मैंने बहुत फ़राख़ दिली से अर्ज़ किया कि आप दुकान पर जाने की ज़हमत क्यों फ़रमाएँगे, मेरी तरफ़ से आप इसे तोहफ़ा समझकर कुबूल कर लें। उसके तकल्लुफ़ात को नज़रअन्दाज़ करते हुए मैंने जेब से क़लम निकाला और उसका नाम पूछा। उसने बताया कि मेरा नाम कृष्ण वल्लभ शर्मा है, लेकिन आम तौर से लोग मुझे बड़े ठाकुर के नाम से पुकारते हैं। रास्ते भर उस शरीफ़ नवजवान से गुफ़्तगू होती रही। जहाज़ से उतरते वक़्त बड़े ठाकुर ने मुझसे बहुत इनकिसारी (विनम्रता) से पूछा कि आपको गाड़ी एयरपोर्ट पर रिसीव करने आएगी? अब मैं उसे क्या बताता कि उर्दू जबान के शायर को चार काँधे नसीब हो जाते हैं यही बहुत बड़ा एजाज है, वरना अगर उर्दू शायर और अदीब के आख़िरी सफ़र का काम भी उर्दू एकेडमियों को सौंप दिया जाये तो दो काँधों में भी कटौती करें बल्कि मुमकिन है कि किसी हाथ गाड़ी या रिक्शे पर लादकर क़ब्रिस्तान रवाना कर दिया करें कि इसमें वक़्त और कन्धों की बचत का पहलू पोशीदा है। अब मैं उसे कैसे बताता कि लाल क़िले के मुशायरे में शिरकत की सज़ा के तौर पर कई बार तो भूखा भी सोना पड़ा है क्योंकि उनकी तरफ़ से तो खाने का कोई इन्तिज़ाम होता नहीं है और मुशायरे के बाद अक्सर होटल बन्द हो चुके होते हैं। दो चार गज़लें, एक आध कहानी और दस बीस मुरासलात एडीटर की खुशामद करके छपवा

लेने के बाद अदब के नुमाइन्दा कहलाने वाले क्या जानें कि जश्ने जम्हूरिया (गणतंत्र दिवस) और जश्ने आज़ादी (स्वतंत्रता दिवस) के मुशायरे कमोबेश सोलह बरस से मुस्तक़िल पढ़ने के लिए हमेशा मुझे ट्रेन के फर्स्ट क्लास का किराया मिला है और मैंने तक़रीबन हर मुशायरा हवाई जहाज़ से सफ़र करके पढ़ा है। हिसाब का मामूली तालिब इल्म भी अगर रेलवे के किराये और हवाई जहाज़ के किराये के फ़र्क़ का हिसाब करे तो मालूम हो जाएगा कि मैंने सिर्फ़ देहली उर्दू एकेडमी के ज़ेरे एहतमाम मुनअक़िद (आयोजित) होने वाले मुशायरों में अपनी जेब से कितनी रक़म लगा दी है। कमोबेश यही सूरतेहाल हर मुशायरे में रहती है। मैं सिर्फ़ यह कहना चाहता हूँ कि मुशायरा मेरा शौक है। कारोबारी हंगामों, जिन्दगी के मुख़्तलिफ़ मसाइल और घरेलू उलझनों से निकलने के लिए मैंने किसी क़िस्म के नशे का सहारा नहीं लिया। अपने इर्द-गिर्द बिखरे हुए मसाइल से फ़रार होकर छुपने की सबसे आसान और अच्छी जगह मुशायरा है। शायरी ने मुझे इज़्ज़त और शोहरत दी और इज़्ज़त व शोहरत ने मेरे कारोबार को तक़वियत (मज़बूती) बख़्शी। मुशायरा यूँ भी मेरे लिए इबादत की तरह है कि मैं उससे हासिल होने वाली इज़्ज़त व शोहरत को उस कारोबार में सिर्फ़ (उपयोग) करता हूँ जिससे जुड़े हुए सौ डेढ़ सौ लोगों के बाल बच्चों की परवरिश उसी कारोबार से होती है :

पेट की ख़ातिर फुटपाथों पर बेच रहा हूँ तस्वीरें
मैं क्या जानूँ रोज़ा है या मेरा रोज़ा टूट गया

बहरहाल एयरपोर्ट से बाहर निकालते ही बड़े ठाकुर ने अपने ड्राइवर से मेरा सामान भी अपनी कार में रखवा लिया। पहले तो बज़िद हुए कि उनके घर पर ठहरूँ लेकिन जब मैंने उन्हें बताया कि मुझे दिन भर ट्रांसपोर्ट के सिलसिले में दौड़ना है और मेरे स्टाफ़ वाले भी सुबह होटल आएँगे तो उन्होंने अपने ड्राइवर से कहा कि मुझे घर पर उतार कर राना साहब को जामा मस्जिद पहुँचाओ। फिर एक जगह कार रोककर मेरे लिए सिगरेटों के पैकेट, पान पराग के दो डिब्बे और बाबा ज़र्दा का एक डिब्बा खरीदकर गाड़ी में रखवा दिया। जब ड्राइवर ने मुझे जामा मस्जिद के इलाक़े में उतारा तो यह सामान भी मेरे हवाले कर दिया। इस एक मुलाक़ात के बाद बड़े ठाकुर मेरी शायरी के और मैं उनकी शख़्सियत का आशिक़ हो गया। जब भी वह कलकत्ता आते तो मुझे ज़रूर याद करते और मैं भी जब देहली जाता तो उन्हें फ़ोन ज़रूर कर लेता हूँ। अगर वह शहर में मौजूद हुए तो मैं उनसे मिलने भी ज़रूर जाता हूँ। बड़े ठाकुर बुनियादी तौर पर कृष्ण की धरती वृन्दावन, मथुरा के रहने वाले हैं। उनका ख़ानदान सत्रह पीढ़ियों से कृष्ण का अवतार कहलाता है। वह लोग पूरे मुल्क में और बैरूने मुल्क (विदेशों) में अपनी मण्डली के साथ कृष्ण लीला दिखाने के लिए जाते हैं।

हिन्दुओं में ख़ासतौर से मारवाड़ियों में वह लोग बहुत एहतराम और अक़ीदत (श्रद्धा) की निगाह से देखे जाते हैं। हिन्दुस्तान के अक्सर सरमायादार (दौलतमन्द)

और सियासी लीडर उनके चरण छूते हैं और वह सिर पर हाथ फेरकर 'राधे-राधे' कहते हैं। बक़ौल परवीन शाकिर :

वो मेरे पैरों को छूने झुका था जिस लम्हे
जो माँगता उसे देती, अमीर ऐसी थी

वृन्दावन में उनके भाई की शादी थी। उन्होंने मुझसे शिरकत की दरख़्वास्त की और हवाई जहाज़ का टिकट भी मुझे भिजवा दिया। मथुरा से देहली एयरपोर्ट मेरे लिए कार भेजी । शादी की तक़रीब में उन्होंने एक छोटा-सा कवि सम्मेलन भी रख दिया जिसमें दो एक वहीं के कवि थे और कलकत्ता से मैं शामिल था। कई घण्टे यह कवि सम्मेलन चलता रहा। दूसरे दिन उन्होंने मुझे पूरा वृन्दावन दिखाया। रात में वृन्दावन से मुझे मथुरा स्टेशन तक पहुँचाने आये। ज़बरदस्ती एक लिफ़ाफ़ा जिसमें पाँच हज़ार रुपये थे, मुझे दिया। फिर रास्ते में बताने लगे कि कल आपको जिस स्टेज पर बिठाकर हम लोगों ने आपका कलाम सुना, वह स्टेज मज़हबी एतबार से बहुत अहमियत रखता है। उस स्टेज से देश के बड़े-बड़े साधु और सन्त अपना उपदेश देते हैं। सुबह कुछ लोगों ने उस स्टेज पर आपके विराजमान होने पर उँगली उठायी तो मेरे पिताजी पंडित राम स्वरूप शर्मा ने लोगों से कहा कि जब स्टेज पर बैठकर जायसी, रसखान और रहीम की कविताएँ सुनायी जा सकती हैं तो एक मुसलमान यहाँ बैठकर अपना कलाम क्यों नहीं सुना सकता।

अपने जिन ग़ैर मुस्लिम दोस्तों पर मैं फ़ख़्र महसूस करता हूँ उनमें बड़े ठाकुर का नाम भी है। उनकी शरीफ़ाना गुफ़्तगू, बच्चों जैसी मुस्कुराहट और हिन्दुस्तानी रवादारी की एक झलक हमेशा मुझे उनका एहतराम करने पर मजबूर करती है। वह जब भी मिले, जहाँ भी मिले मेरी सेहत, मेरे कारोबार और मेरे घर वालों के बारे में तफ़्सील से पूछा। हमेशा इस बात पर फ़िक्रमन्द रहे कि कोई परेशानी तो नहीं है? एकाध बार मैंने उनसे किसी बड़ी कम्पनी के ट्रांसपोर्ट के काम के बारे में ज़िक्र किया तो उन्होंने मुख़्तलिफ़ सरमायादार घरानों में मेरे लिए सिफ़ारिश की। मैंने बहुत चाहा कि तहज़ीबी सिफ़त और सलीक़ा मेरी शायरी में दर आये तो मेरी तहरीर और गुफ़्तगू के दिन फिर जायें :

हम उसका ज़िक्र जो रोज़ो शबाना करते हैं
सो गुफ़्तगू भी बड़ी शायराना करते हैं

अप्रैल, 1992 में दोहा (क़तर) में एक मुशायरा था। उस मुशायरे के कन्विनर मोहम्मद सुलेमान थे। उस मुशायरे में शिरकत के लिए मैं देहली गया। मैंने हस्बे आदत बड़े ठाकुर को फ़ोन किया। मेरी आवाज़ सुनते ही खुश हो गये। कहने लगे, कब गाड़ी भेजूँ। मैंने कहा कि तकल्लुफ़ की ज़रूरत नहीं है। मैं आज दोपहर में किसी वक़्त आपके दफ़्तर आऊँगा। इस बीच एकाध काम हैं, वह भी कर लूँगा। इत्तिफ़ाक़ से राज इलाहाबादी साहब मरहूम भी उसी होटल में ठहरे हुए थे। राज़ साहब मेरे

वालिद के गहरे दोस्त थे, लिहाज़ा मैं उनको चचा कहता था। अल्लाह उन्हें ग़रीक़े रहमत करे, बड़े ही बज़ला संज (शोख़ तबीयत), हँसमुख और लड़कों में लड़कों की तरह घुल मिल जाने वाले आदमी थे। इलाहाबाद में ज़ब अतीक इलाहाबादी से दोस्ती हुई तो राज़ साहब से मैं भी बेतकल्लुफ़ हो गया क्योंकि अतीक़ और असलम इलाहाबादी की मौजूदगी में कोई भी आदमी ज़्यादा देर तक न मोहज़्ज़ब रह सकता है और न संजीदा।

राज़ साहब ने मुझसे पूछा, क्या प्रोग्राम है? मैंने कहा, चचा! मेरे एक दोस्त हैं उनसे मिलने जा रहा हूँ। बड़े ठाकुर की अदब दोस्ती के बारे में सुनकर वह भी मेरे साथ उनके दफ़्तर जाने पर आमादा हो गये। देहली के पॉश इलाक़े ईस्ट ऑफ़ कैलाश में उनका दफ़्तर एक इमारत के पूरे फ़्लोर पर था। हर क़िस्म की आसाइश और आराम वहाँ मयस्सर था। हम लोगों के वहाँ पहुँचते ही उन्होंने पूछा, खाना यहाँ मँगवाएँ या लोधी होटल चला जाये। मैंने कहा कि हम लोग तो खाना खाकर आ रहे हैं, लेकिन वह बज़िद हो गये कि ऐसा तो हो ही नहीं सकता। फिर कहने लगे, ऐसा करते हैं कि आपको थोड़ी-सी दाल खिलवाते हैं। कृष्ण नगरी का घी अगर दाल में पड़ जाये तो दाल भी राधा मालूम होती है। यह कहकर उन्होंने फ़ौरन अपने मुलाज़िम को आवाज़ दी कि दो प्यालों में दाल निकालकर लाओ और आज ही जो घी वृन्दावन से आया है वह भी दाल में क़ायदे से होना चाहिए। दस मिनट में दाल के प्याले मेरे और राज़ साहब के सामने रख दिये गये। हम लोगों ने उनकी मोहब्बत के एहतराम में भूख न होने के बावजूद चमचे से दाल पीना शुरू कर दिया लेकिन उन्होंने फ़ौरन रोक दिया और कई सदियों की तहज़ीब अपने होंठों पर सजाकर बोले कि एक फुल्का भी खा लीजिए, दाल की इससे बड़ी नाकद्री क्या हो सकती है कि उसको दूध की तरह पिया जाये। हम लोगों ने एख़लाक़न उनकी यह बात भी कुबूल कर ली और एक फुल्का खा लिया, लेकिन तब तक वह दूसरा फुल्का अपने हाथों से हमारी प्लेट में रखते हुए कहने लगे कि मुझे अपमानित न कीजिए। दुनिया क्या कहेगी कि मेरा दस्तरख़्वान दो कवियों का बोझ नहीं उठा सका! ग़रज़ कि उनकी ख़लीक़ (प्रेमपूर्ण) गुफ़्तगू के आगे हम लोगों ने हाथ पाँव डाल दिये। खाना ख़त्म होते ही कहने लगे, फ़ालसे का शरबत गर्मियों में बहुत मुफ़ीद रहता है, घर से आपके लिए आया है। खाने के दौरान ही नित्यानन्द भाई आ गये। वह बड़े ठाकुर के बहनोई भी थे और उनके बिज़नेस पार्टनर भी, उम्र में हालाँकि वह मुझसे छोटे ही थे लेकिन बड़े ठाकुर के रिश्ते से मैं भी उनको जीजा जी कहता था और उनसे मजाक़ भी करता था। उनके हमराह तक़रीबन दस बारह साधु सन्त क़िस्म के लोग भी आ गये और वह लोग भी बड़े ठाकुर को नमस्कार करके क़रीब की कुर्सियों पर विराजमान हो गये। राज़ साहब माशाअल्लाह सरापा (सिर से पैर तक) मुसलमान दिखाई दे रहे थे, वह भी मौलवी क़िस्म के मुसलमान! वह साधुओं को थोड़ी-थोड़ी देर के बाद पलटकर

देखते और साधु लोग भी बराबर राज़ साहब पर निगाह रखे हुए बग़ौर मेरी और बड़े ठाकुर की गुफ़्तगू सुन रहे थे। गुफ़्तगू के दौरान अचानक बड़े ठाकुर मुझसे कहने लगे कि मुनव्वर भाई! एक बार आपने ट्रांसपोर्ट के काम के सिलसिले में मुझसे कहा था। मेरे 'हाँ' कहने पर वह कहने लगे कि आज कल चार रियासतों मे मेरे भक्तों की हुकूमत है (उन दिनों मध्य प्रदेश, राजस्थान, देहली, और उत्तर प्रदेश में बी.जे.पी. की नयी-नयी सरकारें बनी थीं।) कोई भी काम हो तो करवा लीजिए, बहुत अच्छा मौक़ा है। मैंने हँसते हुए पूछा, आपके कहने से यह लोग मेरा काम कर देंगे। बड़े ठाकुर ने पूरे एतमाद से कहा कि यक़ीनन जो मैं कहूँगा वह करेंगे। भई, यह उत्तर प्रदेश के वज़ीरे आला कल्याण सिंह मेरे परिवार के लोगों के पाँव की धूल को चन्दन समझकर अपनी पेशानी पर मलते हैं। मैंने कहा, बड़े ठाकुर! अगर यह लोग आपका इतना ही कहना मानते हैं तो इन लोगों से आप मेरी बाबरी मस्जिद वापस दिलवा दीजिए। एक लम्हे के लिए पूरे माहौल पर ऐसी ख़ामोशी छा गयी जो वीरान से वीरान क़ब्रिस्तानों में भी नहीं होती है। साधु-सन्त सब मुझे कीनातोज़ (कपटपूर्ण) नज़रों से देखने लगे। राज़ा साहब मरहूम शहादत से पहले कलमा पढ़ने में मसरूफ़ हो गये, लेकिन बड़े ठाकुर ने मेरे इस जुमले को बहुत Sportingly लिया। ख़ूब ज़ोर से हँसे। लेकिन उनकी हँसी में न गुस्सा था, न कोई शिकायत। उनके होंठ तो सिर्फ़ नये-नये फूल की तरह खिल गये थे। वह चन्द लम्हों के लिए ख़ामोश हो गये, फिर अपनी शख़्सियत की सदाक़त (सच्चाई) का नूर बिखेरते हुए बोले, बाबरी मस्जिद वह कैसे दे सकते हैं, उसकी बदौलत तो इन बेचारों को हुकूमत मिली है। वापसी में राज़ साहब कहने लगे, बेटा! क़त्ल करवाना था तो इलाहाबाद ही काफ़ी था। बाल बच्चों से इतनी दूर लाकर क़त्ल करवाने से तुम्हें क्या फ़ायदा होगा :

क़र्ज़ वैसे तो निकलता है ज़ियादा तुम पर
मेरी मस्जिद ही मगर तुम मुझे वापस कर दो

इश्क़ में इतना ख़सारा है तो घर जाते हैं

मेरे एक दोस्त कलकत्ता जाने से घबराते थे, घबराने की वजह पूछने पर ऐसे शर्माते हैं कि तब्दीलिये जिन्स (लिंग परिवर्तन) का शक होने लगता है। एक दिन मुनासिब मौक़ा देखकर मैंने उनसे वजह दरयाफ़्त की। पहले तो वह इस मौज़ू से इस तरह कतराये जैसे क़ौमी लीडर अयोध्या पर गुफ़्तगू करने से कतराते हैं लेकिन जब मैंने उनके असलाफ़ (पूर्वजों) की बेबाकी (निडरता) के क़िस्से सुनाये और उनकी साफ़गोई की झूठी तारीफ़ की तो मौसूफ़ ग़ैर इरादी तौर पर सच बोलने लगे। पहले तो हकीम साहब के दवाख़ाने में खोयी जवानी हासिल करने के लिए आये हुए मरीज़ो की तरह शर्माये, फिर फ़ैशनज़दा औरतों की ब्लाउज़ की तरह खुलने लगे और बोले कि मैं बंग्लाबन्द और कलकत्ता बन्द से डरता हूँ। मैंने पूछा, क्या आप किसी 'बन्द' की लपेट में आ गये थे? कहने लगे, सिर्फ़ एक बार कलकत्ता गया था, वहाँ के साँवले सलोने हुस्न और दराज़ गेसुओं (लम्बे केशों) के इतने क़िस्से सुने थे कि ख़्वाब में भी मेरे शानों पर किसी की जुल्फ़े परेशाँ के साये लहराते थे। वहाँ के रसगुल्लों की लज़्ज़त के इतने तज़किरे सुने थे कि अगर रसगुल्ले तसव्वुर (कल्पना) में भी आ जाते थे तो मैं मुँह चलाने लगता था। कई मिलने वालों ने मुझसे कहा कि आपके मुहँ और हुकूमत में बड़ी मुमासिलत (समरूपता) है, हमारे अरबाबे इक़्तिदार (सत्ता के लोग) बग़ैर ख़ज़ाने के हुकूमत चलाते हैं और आप बग़ैर कुछ खाये पिये मुँह चला लेते हैं। मैं उन्हें फिर से ठोंक पीटकर अस्ल मौज़ू की तरफ़ लाया तो कहने लगे कि कलकत्ता बन्द के दौरान जिन मुश्किलात और परेशानियों से दो चार हुआ हूँ वह नाक़ाबिले बयान हैं। कलकत्ता बन्द मुझ पर इतना ख़ौफ़ तारी हो गया कि मैं हर उस चीज़ से बचने की कोशिश करने लगा जिसमें 'बन्द' शामिल हो। ज़िन्दगी भर कुर्ता पायजामा पहना था कि यही शोरफ़ा (शरीफ़ों) का लिबास था, लेकिन 'इज़ार बन्द' की वजह से धोती बाँधना शुरू कर दी। जब अँग्रेज़ी स्कूल के लड़कों ने मुझे महात्मा गाँधी कहकर परेशान करना शुरू कर दिया और मच्छरों ने मेरी टाँगों को अपना हेड क्वार्टर बनाने की कोशिश शुरू कर दी तो मैंने इन्तिक़ामन (बदला लेने के लिए) अँग्रेजी लिबास पहनना शुरू कर दिया।

साहब ! कलकत्ता बन्द के ज़माने में मेरा कलकत्ता पहुंचना ऐसा *दिलदोज़ सानिहा*

(दिल हिला देने वाली घटना) है कि सोच-सोचकर रोंगटे खड़े हो जाते हैं। मैं हावड़ा स्टेशन से पैदल कलकत्ता गया। सर्दियों के दिन थे लिहाज़ा बीवी ने रज़ाई गद्दे भी साथ कर दिये थे, घर के सब स्वेटर, ओवरकोट भी होलडाल में भर दिये थे, अपने और बच्चों के भी कि इसी बहाने सब धुल जाएँगे। बक़ौल हकीम साहब, औरत को जिसने समझ लिया वह कुँवारा रहना पसन्द करता है। उसकी मुस्कुराहट वह अमरबेल है जो पहले तो मर्द को बेल बनाती है, फिर सारा ख़ून निचोड़ लेती है। बल्कि उनका तो यह भी कहना था कि बाबा आदम भी बड़ी अम्मा हव्वा की वजह से जन्नत से निकाले गये होंगे, लेकिन चूँकि उस ज़माने में मीडिया और इलेक्ट्रानिक मीडिया का वजूद (अस्तित्व) नहीं था, इसीलिए यह ख़बर आम न हो सकी वर्ना 'जहाँ न पहुँचे अनाज तक, वहाँ भी पहुँचे आज तक' की यह ख़बर बाबा आदम के जन्नत से निकाले जाने से एकाध हफ़्ते पहले ही मंज़रे आम पर आ जाती। हकीम साहब तो यह भी फ़रमाते थे कि औरतों की हिस और लीडरों की बेहिसी हर वक़्त बेदार रहती है, शायद मरने के बाद भी! औरत की छठी हिस का यह आलम है कि वह अपने घर में काम करने वाली ख़ातून को बुआ कहती है और अपने बच्चों से ख़ास तौर से बुआ कहलवाती है। इसमें औरत की छठी हिस और एहतियाती क़दम दोनों शामिल रहते हैं। वह बज़ाहिर तो हर काम करने वाली ख़ातून को बुआ कहलवाकर उसकी इज़्ज़त में इज़ाफ़ा करती है लेकिन बुनियादी तौर पर वह अपने शौहर को यह बता देना चाहती है कि यह आपके बच्चों की ख़ाला (मौसी) नहीं है कि आपके निगाह सेंकने के काम आएगी, बल्कि यह बच्चों के रिश्ते से आपकी बहन हुई, लिहाज़ा अपनी बदनिगाही को लगाम दिए रहिएगा। औरत चाहे जितनी ही बदमिज़ाज हो, लेकिन शौहर की तनख्वाह वाले दिन उसकी मुस्कुराहट के सामने क़िलोपतरा (किलोपैट्रा) की मुस्कुराहट भी नज़रें नीची कर लेती है। अल्लाह हकीम साहब को ग़रीक़े रहमत करे, फ़रमाते थे कि शौहर के लिए दो रोटियाँ तवे पर डालने में थक जाने वाली औरत पूरे बाज़ार में डगर-डगर घूमती फिरती है और जैसे ही दहलीज़ पार करके घर में दाख़िल होती है सारी क़ौम की थकान की तस्वीर हो जाती है। अगर भूले से भी पूछ लीजिए कि कहाँ से आ रही हो तो फ़ौरन तनख़्वाह वाले दिन की बची हुई मुस्कुराहट निकाल लेती है और उसी लगावट की नज़र से देखती है जिस नज़र से ख़ुदग़रज़ लीडर एलेक्शन के ज़माने में वोटर को देखता है, फिर कहती है कि आपके पास रूमाल नहीं थे इसीलिए बाजी के साथ बाज़ार चली गयी थी। अगर रूमाल देखने की ज़िद कीजिये तो फ़ौरन पाँच मीटर का एक टुकड़ा निकालकर दिखाती है, यह कहने पर कि यह कपड़ा तो बहुत ज़्यादा है, आवाज़ में सेह्र (जादू) शामिल कर लेती है कि मैंने सोचा था कि आपके रूमाल से अगर कुछ कपड़ा बच गया तो अपने लिए एक सूट भी बना लूँगी, कहीं निकलो तो आपकी इज़्ज़त का भी तो ख़्याल रहता है :

लोग कहते हैं कि इस खेल में सिर जाते हैं
इश्क़ में इतना ख़तरा है तो घर जाते हैं .

ग़ज़ल यह कि हावड़ा स्टेशन से शहर तक कुनबे का बोझ उठाये पैदल जाना पड़ा। रास्ते भर लोग यही पूछते रहे कि किस लाण्ड्री में काम करते हो, दो एक तो रास्ते में ही कपड़े उतारकर धुलाई के लिए देने को तैयार हो गये। मैंने उनको समझाया भी कि आप अगर कपड़े मुझे धोने को दे देंगे तो तीरे बरहना (नंगा तीर) होकर रह जाएँगे, उन लोगों ने कहा कि हम लोग तो नेकर पहिने हुए हैं इसलिए हम नीम बरहना (आधा नंगा) तो ज़रूर कहलाएँगे। काश, हम लोग तीरे बरहना हो सकते, लेकिन हमारी ऐसी क़िस्मत कहाँ! क्योंकि फ़ी ज़माना (आज के जमाने में) बरहनगी तो वह खुश लिबासी है जो पार्लियामेंट और असेम्बिलियों में जगह दिलवाती है। एक साहब जो मुझसे ज़्यादा सितम रसीदा दिखायी दे रहे थे, मुझे सफ़ेद पोश कुली समझ कर मुझसे दरयाफ़्त किया कि कब तक ख़ाली हो जाओगे। मेरे इनकार पर उनके साथी ने कहा कि यह कोई कश्मीरी दहशतगर्द है जो शाल बेचने के बहाने कलकत्ता में दाख़िल हुआ है :

किस किस को दूँ तुम्हारे तग़ाफुल का मैं जवाब
अक्सर तो रह गया हूँ झुका कर नज़र को मैं

वीरान सड़क पर क्रिकेट खेलते हुए लड़कों ने मुझे एक जगह बैठकर सुस्ताते हुए देखकर मुझसे मेरा सूट केस यह कहकर माँगा कि हम लोग इसका इस्तेमाल विकेट के तौर पर करना चाहते हैं और आप अपने गट्ठरनुमा होलडाल समेत अम्पायर बन जाइए। कुछ संजीदा और खुदा तरस (रहमदिल) लड़कों ने मुझे यह कहकर छोड़ दिया कि यह अम्पायर पहले ही ज़ख़्मी दिखायी पड़ रहे हैं, लिहाज़ा हम लोग अपने सिरों पर क़त्ल का कोई केस नहीं लेना चाहते हैं। हर तरह की सऊबतों (मुसीबतों) के ख़तरनाक पुल से गुज़रते हुए मैं होटल तक पहुँचा। होटल में मुसाफ़िर तो क्या, मालिक और मैनेजर तक ग़ैर हाजिर थे। होटल के चौकीदार ने मुझे देखते ही कहा कि कमरा मिल जाएगा लेकिन आज आपको हमारे होटल में घर जैसी सहूलियत हासिल रहेगी यानी कोई ख़िदमत नहीं हो सकेगी। क्योंकि 'बन्द' की वजह से होटल का कोई भी स्टाफ़ नहीं आया है। लिहाज़ा आपको आज हर काम इस होटल में अपने घर की तरह खुद ही करना पड़ेगा। मैं उसकी क़याफ़ा शनासी (देखकर इनसान पहचानने की कला) और वह मेरी शराफ़त का क़ायल हो गया। जब मैंने काउण्टर से रजिस्टर तलाश करके अपना नाम और पता लिखना शुरू कर दिया तो चौकीदार ने वहीं से बैठे-बैठे आवाज़ लगायी कि कमरा नम्बर ज़रूर लिख दीजिएगा क्योंकि अगर पुलिस आपको तलाश करने आये तो उसे ज़हमत न हो या फिर अगर आप खुद ही दो-तीन दिनों तक बाहर न निकलें तो हम लोगों से दरवाज़ा तोड़ने में ग़लती न हो जाये क्योंकि खुशबू तो सम्त (दिशा) बता देती है लेकिन रुस्वाई और बदबू चारों तरफ़ से आती है। होटल का किराया एडवांस में मेरे हाथ में दे दीजिएगा क्योंकि मेरा मालिक इतना किफ़ायत शिआर (कम ख़र्च करने वाला) उर्फ़ कंजूस है कि अपने घर का कुआँ अपनी सिगरेट के गुल

से पाट रहा है। वह मुझसे ज़रे ज़मानत (ज़मानत की रक़म) के तौर पर दो तीन कमरों का एडवांस ले गया है। मैं आपके एडवांस को मालिक के एडवांस में मुजरा कर लूँगा। यूँ भी एडवांस की रक़म से मालिक मुजरा (नृत्य) ही देखता है लेकिन नवाबी बिल्कुल नहीं झाड़ता। पहले ख़ूब मोल तोल कर लेता है। लोग तो बकरे के गोश्त में मोल तोल करते शर्माते हैं लेकन मेरा मालिक ज़िन्दा गोश्त भी बहुत छान फटक कर और मोल तोल के बाद ही ख़रीदता है। कल आप मेरे मालिक से मिलकर गोश्त की ख़रीदारी का हुनर सीख लीजिए। पता नहीं कब इस हुनर की ज़रूरत पड़ जाए। ख़ैर, मैंने आपके चक्कर में अपना बहुत क़ीमती वक़्त बर्बाद कर दिया, अब आप अपने कमरे में तशरीफ़ ले जाइए और हाँ, स्टोर रूम में चादर, तौलिया और साबुन मिल जाएगा वह भी आप वहाँ से तलाश कर लें, लेकिन कोई भी काम ज़रा देखभाल कर कीजिएगा क्योंकि बिजली भी बंग्लाबन्द का शिकार हो गयी है और आप भी अँधेरे में किसी हादसे का शिकार न हो जाएँ। अगर कहीं अँधेरे में आप टकरा जाएँ तो माफ़ी मत माँगने लगिएगा क्योंकि आप अँधेरे में जिससे भी टकराएँगे वह कोई जवाब नहीं दे सकेगा। यूँ भी अँधेरा हो या उजाला दरो दीवार कब किसी को जवाब देते हैं। चौकीदार जो बहुत बातूनी था कहने लगा, अभी-अभी आपसे पहले एक नेता जी आये थे, वह अँधेरे में एक खम्भे के सामने हाथ जोड़े खड़े थे। पहले तो मैं समझा कि पूजा कर रहे हैं, लेकिन जब वह खम्भे से वोट माँगने लगे तो फ़ौरन समझ गया कि अँधेरे में खम्भे को यह कोई वोटर समझ बैठे हैं। मैंने उन्हें बताया कि यह खम्भा है जिसे आप अँधेरे में वोटर समझ रहे हैं। आज तो बन्द की वजह से होटल खाली पड़ा है। न आदमी है न आदमज़ाद, तो वह फ़ौरन होटल से यह कहते हुए निकल गये कि तुम्हारे होटल से अच्छा तो क़ब्रिस्तान है जहाँ दो चार गोरकन (क़ब्र खोदने वाले) तो टहलते हुए मिल ही जाते हैं। मैंने उनको समझाया कि सरकार! दो चार दँगे करवा दीजिए पूरा शहर ही क़ब्रिस्तान हो जाएगा। फिर तो आप गोरकनों के ही वोटों से जीतकर अपना नाम गिनीज़ बुक में दर्ज करवा लेंगे।

मैंने काउण्टर से रजिस्टर उठाकर अपना नाम पता दर्ज किया। चाभी भी अन्दाज़े से उठायी और कमरा भी बमुश्किल तमाम ढूँढ़ निकाला। कमरा तलाश करके जितना मैं खुश हुआ कोलम्बस को वह खुशी अमेरिका ढूँढ़कर न हुई होगी और यूँ भी उसने कोई अँधेरे में तो अमेरिका ढूँढ़ा नहीं होगा। हालाँकि बेचारे कोलम्बस की रूह बेसहारा फ़िलिस्तीनियों और बेकुसूर अफ़गानियों से शर्मिन्दा होगी कि काश उसने अमेरिका को ढूँढ़ने के बजाय अपने आपको तलाश किया होता तो दुनिया उसे भी महात्मा कोलम्बस कहती कि सिद्धार्थ नाम का एक राजकुमार सिर्फ़ इसलिए दुनिया के लिए मिश्अले राह (रास्ते की मशाल) बन गया कि उसने अपने ऐशो आराम और राज काज को तज दिया, बीवी बच्चों को सोता छोड़कर निर्वाण की तलाश में जंगल झाड़ियों में भटकता फिरा और आख़िर एक दिन उसने अपने आप में ही सब कुछ

तलाश कर लिया और सारी दुनिया को अम्नो आश्ती का पैग़ाम देकर महात्मा गौतम बुद्ध बन गया। कमरे का ताला थोड़ी-सी कोशिश के बाद ग़लत चाभी से ही खुल गया। उन दिनों कलकत्ता Candle की रौशनी में जिन्दगी गुज़ार रहा था। वहाँ के लोग इसके इतने आदी गये थे कि दिन में भी शमा रौशन किये रहते थे :

लोड शेडिंग में जले हैं उम्र भर
यह अज़ाबे नार सहते आये हैं
हमको ये माबूद दोज़ख में न डाल
हम तो कलकत्ते में रहते आये हैं

अक़ीदत और ख़ौफ़ ग़ालिबन एक ही सिक्के के दो रुख़ हैं। पारसी कभी आग को बुझने नहीं देते कि यह उनका अक़ीदा है और कलकत्ता वाले Candle इसलिए नहीं बुझाते कि कोई Scandle न फैल जाये। उन्हीं दिनों बम्बई की एक फ़िल्मी हीरोइन कलकत्ता के एक होटल के मैनेजर से इसलिए नाराज़ हो गयी थीं कि उसने कमरे की चाभी के साथ उन्हें एक Candle भी पेश कर दी थी। बक़ौल हकीम साहब फ़िल्म का स्क्रिप्ट ईमान की रौशनी में नहीं पढ़ा जा सकता, ईमान की रौशनी में तो सिर्फ़ ईमान को ताज़ा रखने वाली किताब ही पढ़ी जा सकती है और यह मुक़द्दस किताब नसीब वाले ही पढ़ते हैं कि पूरी किताब उनके दिलों पर ऐसी नक्श हो जाती है कि सारी ज़िन्दगी उन्हें दुनिया की रौशनी की ज़रूरत नहीं पड़ती है। बिस्तर पर थोड़ी देर लेट कर कमर टेढ़ी की क्योंकि बेड की मौजूदा सूरत में गुण्डे तो सीधे हो सकते थे लेकिन कमर हरर्गिज़ सीधी नहीं हो सकती थी। मैंने कई थानों में पुलिस वालों की बेजा मोहब्बत के शिकार लोगों को इसी हालत में देखा था। तकिया उर्दू शायरी के महबूब के तकिये को मुहँ चिढ़ा रहा था। ग़िलाफ़ पर पान की पीक के फूहड़ निशानात बने हुए थे। पहले तो मैं समझा कि 'जदीदियत' है फिर ख़्याल आया कि 'शबख़ून' (एक पत्रिका) की मुस्तक़िल वरक़ गरदानी (पन्ने उलटना) से मैं जदीदियत (आधुनिकता) से वाक़िफ़ हो गया हूँ बल्कि यह भी मालूम हो गया कि जदीदियत समझने के लिए पढ़ने की कोई ज़रूरत नहीं होती। फिर ख़्याल आया कि माबादे जदीदियत (जदीदियत के बाद का) हो सकती है और मैं उर्दू अदब का Back Bencher हूँ लिहाज़ा इस तहरीर को ब्लैक बोर्ड पर खींची उल्टी सीधी लकीर ही समझूँगा। हालाँकि चाहे Back Bencher हो या Back Ward इसके तो पढ़ने का वक़्त नहीं आया। इसकी ज़िन्दगी तो Front Line के इशारे पर हाथ उठाने में ही गुज़र जाती है। हमारे मुल्क में ब्लैक बोर्ड उन्हीं बच्चों को नसीब होता है जिनके वालिदैन के पर्स में Black Money अपने क़याम की मुस्तक़िल जगह बना लेती है। ईमानदारी तो हमेशा तख़्तियों पर मुल्तानी मिट्टी मलती रह जाती है।

होटल की मसेहरी भी ऐसी हो चुकी थी कि करवट लेने से पहले उसे बता देना पड़ता था कि सिर्फ़ मुझे करवट लेनी है आप ज़हमत न फ़रमाएँ। इसके बावजूद

नाफ़रमान बच्चे की तरह एकाध सीटी ज़रूर बजा देती थी। उसकी इस हरकत से पता चलता था कि मसेहरी की लकड़ी मुद्दतों ऐसे किसी पेड़ का हिस्सा रही होगी जो रेलवे स्टेशन या रेल की पटरी से करीब रहा होगा। लेकिन हकीम साहब क़िब्ला का क़ौल यह है कि रेल की सीटी में एक तरह का दर्द भी शामिल रहता है, लेकिन होटल की मसेहरी में सिर्फ़ कमर दर्द का .खतरा रहता है। ट्यूब लाइट आस्तीन से नाक पोंछते हुए बच्चे ही तरह मैली और ग़लीज़ थी, वह तो ग़नीमत था कि बिजली की मुसलसल आँख मिचौली से ट्यूब लाइट में थोड़ी-सी चमक बाक़ी थी वर्ना अगर कहीं बिजली बराबर मेहरबान रहती तो ट्यूब लाइट दबंगों के दरम्यान हरिजन औरत की चोली बनकर रह जाती। दीवार पर छिपकलियाँ ऐसे दौड़ती फिर रही थीं जैसे बकरियाँ चने के खेत में।

मच्छर अगर इनसानों का .ख़ून न पीते रहते तो शायद उनकी नस्ल ही .ख़त्म हो जाती, लेकिन इनसानी .ख़ून में बड़ी ताकत है। इस मुल्क में सबसे ज़्यादा उम्र सियासी लीडरों की होती है। इनके बहुत दिन ज़िन्दा रहने की वजह भी यही है कि यह लोग इनसानी .ख़ून का बराबर इस्तेमाल करते रहते हैं। जिस तरह चन्दन की लकड़ी जलायी जाये, उसका इत्र बनाया जाये, उसे खाने में इस्तेमाल किया जाये या उसकी तिजारत की जाये, हर तरह से सूदमन्द रहती है, उस तरह सियासत की मण्डी में इनसानी .ख़ून भी संदल (चन्दन) की वह लकड़ी है जो सफ़ेद तिजोरियों को काले धन से भर देती है। इनसानी .ख़ून की एक अजीबो ग़रीब .ख़ूबी यह भी है कि इसमें कपड़े डुबोये जायें तो सफ़ेदी और बढ़ जाती है। दुनिया में कोई भी कपड़ा खद्दर से ज़्यादा देर तक सफ़ेद नहीं रहता है।

होटल के कमरे में जड़ा हुआ आईना ग़ालिबन वही था, जिसे बिस्तरे मर्ग (मौत का बिस्तर) पर दराज़ आखिरी साँसें लेने के आलम में किसी शायर ने आख़िरी वक़्त की फ़रमाइश के तौर पर यह शेर कहकर तलब किया था :

पसीना मौत का माथे पे आया आईना लाओ
हम अपनी ज़िन्दगी की आख़िरी तस्वीर देखेंगे

मौत के वक़्त आईना ही दिखायी नहीं देता तो तस्वीर क्या नज़र आती होगी, मौत के वक़्त तो सिर्फ़ चाहे वह दो चार मौत नज़र आती है और मौत के वक़्त तो दुनिया का हर आदमी थोड़ी-सी और ज़िन्दगी का ख़्वाहिशमन्द रहता है पल ही की ज़िन्दगी क्यों न हो। बक़ौल हकीम साहब, खुदकुशी हराम है लेकिन नस्ले आदम जो हर हराम चीज़ को हलाल और जायज़ कर लेने के हुनर से वाक़िफ़ है, .ख़ुदकुशी को जायज़ कर लेने का रास्ता कभी तलाश नहीं करती।

आईना अपनी झाइयों और हमारी झुर्रियों को जोड़ कर अपनी उम्र बता रहा था। इसमें अपना चेहरा तलाश कर लेने के बावजूद कई बार पीछे घूमकर यह देखना पड़ता था कि यह अजनबी चेहरा किसका है क्योंकि मेरा चेहरा तो उस मूर्तिकार ने बनाया

है जो कायनात (सृष्टि) का सबसे बड़ा मुसव्विर (कल्पनाकर) है लेकिन आईने में जो शबाहत (शक्लो सूरत) दिखायी पड़ रही थी वह किसी अनाड़ी कूज़ागर का ऐसा खिलौना थी जिसे मेले में भी कोई नहीं खरीदता है। मुमकिन है जब आईना 'हाल' (वर्तमान) बता सकता है तो मुस्तक़बिल (भविष्य) की भी ख़बर रखता होगा। नाश्ते की मेज़ का हुस्न बताने के लिए उर्दू ग़ज़ल के किसी क्लासिकल शायर की ज़रूरत महसूस हो रही थी। मेज़ के सामने रखी हुई कुर्सी छूते ही 'आयतल कुर्सी' (कुरआन शरीफ़ का एक महत्त्वपूर्ण अंश) पढ़ना ज़रूरी मालूम हो रहा था। हाँ तौलिया ज़रूर इतना साफ़ था कि अगर उस पर कोई सफेद कीड़ा रेंग रहा हो तो फ़ौरन नज़र आ सकता था। कालबेल में सिर्फ काल थी, बेल को लापरवाही की बकरियों ने चर लिया था। कमरे की हालत की गवाही पर कमरबस्ता (तैयार) दीवारें 'दीवारे गिरया' (रोने वाली दीवार जो यहूदियों की आस्था में है) महसूस हो रही थीं। हालाँकि उर्दू शायरी में खिड़की वह रोमांटिक लफ्ज़ है जो हर उम्र में अच्छा लगता है क्योंकि गुनाह करने की एक मख़्सूस उम्र होती है, ताक झाँक करने के लिए उम्र की कोई क़ैद नहीं होती। लेकिन इस होटल की खिड़की से नज़र आने वाले कसाफ़ती (घिनौने) मंज़र और बदबू के भपके ने उर्दू शायरी से नफ़रत करने की राह हमवार कर दी, क्योंकि इस खिड़की से नजात मिलने के बाद एकाध मुशायरा सुनने का इत्तिफ़ाक हुआ। शायरों ने जब अपने शेर की खिड़की खोलते हुए लगावट से किसी शायरा की तरफ़ देखा तो मैं कलकत्ता बन्द की तकलीफ़ों में खो गया।

होटल के कमरे की दीवारें कई दर्जन आशिक़ों के दिली जज़्बात से मुज़य्यन (सुसज्जित) थीं। किसी-किसी ने अपने नाम के साथ दिल और दिल में दाख़िले की सनद पाता हुआ तीर और तीर पर कोई ख़ूबसूरत-सा किसी औरत का नाम भी लिख दिया था। तक़रीबन तमाम मुसन्निफ़ीन (लेखकों) ने अपने-अपने नाम अपनी मादरी ज़बान (मातृभाषा) में लिख दिये थे, कुछ गलियाँ भी तहरीर थीं, लेकिन ग़ालिबन वह किसी और ज़बान में रही होंगी क्योंकि माँ तो सिर्फ़ मोहब्बत सिखाती है, दुनिया की कोई भी माँ अपने बच्चे को गालियाँ और बुरायी नहीं सिखाती। अपने जिस्म की दुकान पर बहुत कम कीमत का माल रखने वाली तवायफ़ें भी दुकानदारी के वक़्त बच्चे को कमरे के बाहर नंगी ज़मीन पर सुला देती हैं कि शायद मिट्टी से मिलकर यह मिट्टी पाक हो जाये :

जो हम पे गुज़री सो गुज़री मगर शबे हिज्राँ
हमारे अश्क तेरी आक़िबत सँवार चले

मैंने सोचा कि शाम भीगने लगी है कुछ खा पी लिया जाये वर्ना इस होटल में तो खाने के नाम पर सिर्फ़ चौकीदार की गालियाँ मयस्सर थीं। मैंने कपड़े बदले और अँधेरे में टटोल-टटोलकर सीढ़ियाँ उतरने लगा। पहली मंज़िल तक पहुँचने में चौबीस सीढ़ियाँ इस्तेमाल की गयी थीं। क्योंकि आते वक़्त मेरी सूरत कमज़ोर फेफड़ों वाले कुली जैसी

थी और कुली का काम सिर्फ़ बोझ उठाना होता है और दुनिया का हर बोझ उठाने वाला सिर्फ़ अपनी ज़रूरतें गिनता है बाक़ी गिनतियों को वह अल्लाह के भरोसे छोड़ देता है। बक़ौल हकीम साहब, जब से लोग मकान किराये पर उठाने लगे तो छतें नीची होने लगीं। उसकी पहली वजह तो यह है कि किरायेदार कभी सिर न उठा सकें, दूसरे सीढ़ी पर चढ़ता हुआ किरायेदार हमेशा हर क़दम पर मकान मालिक को एक अदद गाली से नवाज़ता है लिहाज़ा बुलन्दी कम रहेगी तो वह कम गालियों से नवाज़ा जाएगा। ग़रज़ यह कि मालिक की गर्मी और किरायेदार की सरगर्मी देखकर यह मुहावरा फ़ौरन समझ में आ जाता है कि कौआ अपनी ताक में और चिड़ीमार अपनी ताक में।

चौकीदार ग़रीब अपने मालिक की नाजायज़ महबूबा के बर्थ डे केक से उतरी हुई मोमबत्ती जलाये परवानों को शमा पर कुर्बान होने की तरग़ीब (प्रेरणा) दे रहा था। मैंने उसको अँधेरे में दूर से देखा तो वह झूला झूल रहा था। लेकिन जैसे ही उसने मुझे देखा तो मुरव्वतन खड़ा हो गया। मैंने उसके झूले को बग़ौर देखा तो पता चला कि वह कुर्सी थी और उसका बीच का हिस्सा ग़ायब था। जब वह कुर्सी पर बैठता, उसका पेट कमर समेत कुर्सी के अन्दर चला जाता था और उसकी टाँगें इतनी उठ जाती थीं कि वह खुदबखुद झूलने लगता था। मैंने सोचा कि काश मैं हिन्दुस्तान का सद्र (राष्ट्रपति) होता तो संसद भवन में रखी तमाम कुर्सियों से बीच का हिस्सा ग़ायब करवा देता जिससे यह बड़ा फ़ायदा होता कि पाँच बरस इन कुर्सियों पर गुज़ारने वाले आइन्दा इलेक्शन में खड़े होने के क़ाबिल ही नहीं रहते और दुनिया का कोई इलेक्शन लेटे-लेटे लड़ना बहुत ही मुश्किल है।

मैंने उसे दस रुपये का नोट पेश किया तो उसने शुक्रगुज़ार निगाहों से मुझे देखा और रुपये बख़्शिश के तौर पर कुबूल कर लिये। मैंने उससे पूछा कि आस पास कोई होटल है। उसने कहा कि होटल तो कई हैं लेकिन कलकत्ता बन्द होने की वजह से उन पर भी आफ़त आयी हुई हैं। आप ऐसा करें कि यहाँ से सीधे जायें और एक फ़र्लांग चलने के बाद दाहिने मुड़ जायें फिर तक़रीबन डेढ़ फ़र्लांग चलने के बाद बायें मुड़ जायें, वहाँ मुमकिन है कुछ खाने को मिल जाये। लेकिन आप रास्ते में किसी से कुछ मत पूछिएगा। मैंने पूछा, क्या वहाँ चरक और अफ़ीम बिकती है। चौकीदार ने मुस्कुराते हुए कहा, वहाँ हर चीज़ बिकती है बल्कि वह तो बाज़ारे हीरोइन है। मैं कुछ समझते और कुछ न समझते हुए अपने पेट की दोज़ख़ भरने के लिए चल पड़ा। बहुत देर तक भटकने के बाद मैं रास्ते पर आ गया, लेकिन ये वह रास्ता था जो समाजी एतबार से दुनिया का सबसे ख़राब रास्ता शुमार किया जाता है। दरअसल यह तवायफ़ों का मोहल्ला था। नीचे क़तार से सोने की दुकानें थीं और ऊपर ज़िन्दा गोश्त के बाज़ार लगे थे। सारे इलाके में ख़ूब चहल पहल थी, ख़ूब गहमा गहमी थी। मैंने एक साहब से पूछा कि जनाब कहीं कुछ खाने को मिल सकता है।

वह मेरी बात सुनकर पहले तो मुस्कुराये फ़िर ज़ोर का क़हक़हा लगाया। कुछ देर तक मुझे बग़ौर देखते रहे, मेरे चेहरे से मेरी दिली कैफ़ियात का अन्दाज़ा लगाते रहे। फिर बोले, यह बाज़ार है, यहाँ हर क़िस्म की भूख मिटाने का इन्तिज़ाम है लेकिन पहले आप अपनी भूख के चेहरे से हिजाब (पर्दा) तो हटाएँ, यह बाज़ार है, ज़िन्दा गोश्त का बाज़ार, इस बाज़ार में गोश्त खाने वह लोग भी आते हैं जो जानवरों का गोश्त बिकने पर हाय तौबा मचाते हैं, भूख हड़तालों पर बैठते हैं, जलसे करते हैं और जुलूस निकालते हैं। मैंने थोड़ा हिचकिचाते हुए उन साहब से पूछा कि आज तो बंगला बन्द है, फिर यह बाज़ार क्यों खुला है। वह साहब बच्चों की तरह खिलखिला कर हँस पड़े। फिर कहने लगे, यह बाज़ार फिरंगी हुकूमत की तरह है जिसका सूरज कभी नहीं डूबता था और आख़िरकार एक दिन ब्रिटिश हुकूमत डूब गया, लेकिन यह दुनिया का सबसे क़दीम (पुराना) बाज़ार है। इनसान के रूये ज़मीन पर आते ही जो सबसे पहला बाज़ार खुला था, वह जिस्म का बाज़ार था। दुनिया में जब तक हवस ज़िन्दा रहेगी, मजबूरियाँ जवान होती रहेंगी, गुरबत ज़रूरत की नथ पहने महाजनों के कमरे में जाती रहेगी। मैंने उन्हें टोका आज तो कलकत्ता बन्द है। उन्होंने मुझे बच्चों की तरह समझाया कि मियाँ! दुनिया में हर बन्द इसी बाज़ार को खुला रखने के लिए होता है। जिस दिन यह बाज़ार बन्द हो जाएगा उस दिन के बाद से कभी कोई बाज़ार बन्द नहीं होगा क्योंकि इस बाज़ार में बोली लगाने वाला बज़ाहिर तो किसी गुदाज़ (कोमल) जिस्म की बोली लगाता है लेकिन अस्ल में वह अपने ज़मीर और ख़मीर (आत्मा और स्वभाव) की बोली लगाता है। ज़मीर और ख़मीर की नीलामी में हिस्सा लेने वाले दुनिया और मुल्क की हर चीज़ की बोली लगा सकते हैं। ज़िन्दा गोश्त की भूख बहुत ख़तरनाक होती है। ज़िन्दा गोश्त की अस्ल भूख जंगलों में देखने को मिलती है लेकिन जंगल से शहर का लम्बा सफ़र तय करते हुए ज़िन्दा गोश्त की भूख भी ज़रा मुहज़्ज़ब हो जाती है। इसी तरह सिपाहियों की निशाने बाज़ी की मश्क़ के लिए एक इलाक़े को मख़सूस कर दिया जाता है और लोग उसे चाँदमारी का इलाक़ा कहने लगते हैं। हालाँकि चाँद का बन्दूक़ से क्या रिश्ता? चाँद तो सिर्फ़ मोहब्बत करने के लिए होता है। उसी तरह शोरफ़ा (शरीफों) की भूख को ग़िज़ा पहुँचाने के लिए हर शहर की म्युनिसिपैलिटी एक खास इलाका मुक़र्रर कर देती है। हुकूमत इसकी सरपरस्ती (संरक्षता) करती है, इलाके की पुलिस इसकी हिफ़ाज़त करती है और खनकते सिक्कों की तराजू में लड़कियों का कुँवारपन तुलने लगता है। इस तरह समाज की सबसे बुरी औरत की कमाई से कितने ही नुमाइशी मुहज़्ज़ब ख़ानदान पलने लगते हैं। यहाँ बासी ख़्वाहिशें और देर तक रहने वाली फ़रमाइशें क़ाबिले कुबूल नहीं होतीं। दौलत तो ऐसी रक़्क़ासा (नर्तकी) है कि तवायफ़ अगर थककर बैठ जाये तो खुद नाचने लगती है। सारी दुनिया में एक यही बाज़ार है जहाँ गोश्त रेफ्रिजरेटरों में नहीं रखा जाता और दुनिया में अभी कोई ऐसा

Deep Freezer तैयार भी नहीं हुआ है जहाँ आरज़ूओं, उमंगों, ख़्वाहिशों और छलकती जवानियों को रखा जा सके। यहाँ ख़्वाहिशात के बासीपन को नायिका कहा जाता है। इस बाज़ार के आस-पास ही हर क़िस्म के कीमती बाज़ार होते हैं क्योंकि ख़्वाहिश और फ़रमाइश में हमेशा हमअहँगी (एक सुरता) रही है और इस बाज़ार की हाण्डी में उबाल आने से पहले फ़रमाइश का गोश्त गल चुका होता है। रखैल और खेल की एक उम्र होती है। बाक़ी उम्र तो इतनी उम्र की रंगीन कसक के बखान में गुज़र जाती है। वह चाहे ग़ज़ल के ज़रिये बयान किया जाए या नस्र (गद्य) के ज़रिये! उम्र के इस हिस्से की रूदाद (वास्तविकता) तो आँखों से भी बयान की जा सकती है। बेज़बान लोग तो इशारों से भी बयान करने का हुनर जानते हैं।

आँखों से ही कर लीजिए इक़रारे मोहब्बत
आँखों की ज़बाँ कोई समझता भी नहीं है

कहते थे लोग अब ये हुनर ख़त्म हो गया

बहुत कम शहरों का यह नसीब होता है कि उसके बेशतर क़स्बे और तहसीलें भी अदबी, तहज़ीबी और कल्चरल तारीख़ रखती हों। बहुत कम शहर इल्मी तौर पर इतने मालामाल होते हैं कि उनके आगे बादशाहों के ख़ज़ाने कमतर और छोटे मालूम होते हैं। जुग़राफ़ियाई तौर पर, ज़मीन का बहुत कम ऐसा हिस्सा होता है जो तारीख़ का सुनहरा बाब (अध्याय) बन जाता है।

बहुत कम ऐसे शहर होते हैं जिसके किसी छोटे से क़स्बे से कोई मलिक मोहम्मद जायसी अपने हाथों में *'पद्मावत'* लेकर उठता है और अदब की तारीख़ का हिस्सा बन जाता है। बहुत कम शहर ऐसे होते हैं जहाँ के *'दौलतपुर'* से आचार्य महावीर प्रसाद द्विवेदी नाम का एक क़लमकार उठता है और पूरे हिन्दी अदब को हमेशा-हमेशा के लिए दौलतमन्द कर देता है। बहुत कम शहर ऐसे होते हैं जहाँ गंगा किनारे बसे हुए डलमऊ क़स्बे से मुल्ला दाऊद अदब की शमा लेकर उठता है और सारे हिन्दुस्तान को अपना परवाना बना लेता है। बहुत कम शहर ऐसे होते हैं जिसके किसी गोशे से राना बेनी माधव जैसा जियाला और बहादुर शख़्स उठता है और गुलामी की ज़ंजीरों को मोम की तरह पिघलाकर उससे अपने लिए तलवार बना लेता है। बहुत कम शहर ऐसे होते हैं जिन्हें यह एज़ाज़ हासिल होता है कि उसकी सरज़मीन से एक ऐसा शख़्स उठता है जिसे सारा आलम सलाम करता है, जिसकी तक़रीर और तहरीर में इंसानियत का वह पैग़ाम होता है जिसे फ़िरक़ा परस्ती, तअस्सुब और तंग नज़री की आँधी कभी मिटा नहीं सकती है और रफ़्ता-रफ़्ता अपनी इल्मी बसीरत (उत्कृष्ट ज्ञान) से उस बुलन्दी तक पहुँच जाता है जहाँ इमामे हरम (काबा शरीफ़ के इमाम) के मुबारक हाथों से उसे ख़ानये काबा की चाभी सौंप दी जाती है और सारा आलमे इस्लाम उस शख़्सियत को किलीदे बरदारे काबा सय्यद अबुल हसन अली नदवी के नाम से पहचानने लगता है। बहुत कम शहर ऐसे होते हैं जहाँ फ़िरक़ा परस्ती और नफ़रत के अँधेरे को मोहब्बत और क़ौमी यकजहती की मशाल जलाकर ख़ाक कर देती है। किसी भी छोटी सी नदी का कटाव कई शहरों का जुग़राफ़िया बदल देता है। समन्दर की छोटी-सी अँगड़ाई भी कई मुल्कों की तहज़ीब और तक़दीर बदल देती है। बादशाहत हर सुबह किसी इंक़लाब की मुंतजिर

रहती है। हुकूमत और अरबाबे इक़्तिदार मौसमों की तरह आते-जाते रहते हैं लेकिन तारीख़ के माथे का झूमर हमेशा जगमगाता रहता है। इब्राहिम शर्क़ी से डॉ. मनमोहन सिंह तक शाही और सियासी ऐवानों (महलों) में हज़ारहा ज़लज़ले आते रहे हैं, लेकिन इल्म और तहज़ीब के महलों को ज़मींबोस नहीं कर सके। हाँ, सियासतदानों की नाक़द्री की वजह से कहीं-कहीं खंडहर में ज़रूर तब्दील हो गये हैं।

लेकिन खंडहर किसी भी शहर की रुस्वाई का सबब नहीं हुआ करते बल्कि यह किसी भी शहर के माज़ी की ख़ूबसूरत यादों के ज़िन्दा गवाह होते हैं और हमारे असलाफ़ की तहज़ीबी और अदबी सरगर्मियों के चेहरे का नूर होते हैं। मलिक मोहम्मद जायसी के मकान का वह खंडहर भी मौजूद है, जिस पर हमारी गंगा जमुनी तहज़ीब की बुनियाद टिकी हुई है। क़िले के अन्दर का बड़ा कुआँ हो या शेख़ अब्दुल करीम की बनवायी हुई मस्जिद, शाह अली हसन का इमाम बाड़ा हो या रेवती राम का तालाब, मुल्ला बासू और मुल्ला मुबारक की शख़्सियतें हों या गुफ़राँ मआब का आलिमाना कमाल, खानक़ाहे करीमिया हो या नईम अता शाह की दरगाह, आलमगीरी मस्जिद हो या मंसा देवी का मन्दिर :

हवा छिड़कती हुई कुछ अरक़ ही आती है
हर इक मुक़ाम से आवाज़े हक ही आती है

उर्दू अदब हिन्दुस्तान की गंगा जमुनी तहज़ीब का वह छप्पर है जिसे बामे उरूज (शीर्ष श्रेणी) तक पहुँचाने में मज़हबो मिल्लत का फ़र्क़ किये बग़ैर सबने अपना काँधा लगाया है, वह बाग़ है जिसकी आबयारी (सिंचाई) करते वक़्त न तो ख़ून का ग्रुप देखा गया, न बाग़ में खिले हुए फूलों की ज़ात बिरादरी पूछी गयी और शायद इसी एत्तहाद (एकता) का नतीजा है कि आज दुनिया के हर शहर में शम्ए उर्दू के परवाने और जाँ निसार मौजूद हैं।

शायद यह सूफ़ियों, सन्तों, साधुओं और ऋषिओं की दुआ का असर है कि उर्दू सारी दुनिया में न सिर्फ़ यह कि ज़बान है बल्कि उर्दू एक तहज़ीब की तरह राएज है। हिन्दुस्तानी समाज पर मुश्तरका (मिश्रित) तहज़ीब का जितना असर उर्दू ज़बान ने छोड़ा, वह न सिर्फ़ यह कि एक कमाल है बल्कि एक मोअजिज़ा (चमत्कार) भी है। जिस ज़बान के पास अपने सिर्फ दो-चार सौ अल्फ़ाज हों और दूसरी ज़बानों मसलन हिन्दी, फ़ारसी, संस्कृत, अरबी और ढेर सारी ज़बानों से अल्फ़ाज मुस्तआर (उधार) करके आलमी ज़बान का दर्जा हासिल कर ले, हम उसे ज़बान से ज़्यादा तहज़ीब और बुज़ुर्गों की दुआओं को इनाम समझते हैं।

रायबरेली की मुश्तरका तहज़ीब और इल्म दोस्ती ने उर्दू अदब के ख़ज़ाने में न सिर्फ़ यह कि बेपनाह इज़ाफ़ा किया बल्कि अदब के लालो जवाहर को हमेशा एहतराम और अक़ीदत की निगाह से देखा। इस शहर के सब्ज़ाज़ारों पर अभी तक फ़िराक़ और जिगर के क़दमों के निशानात महफ़ूज़ हैं। यहाँ के दरो दीवार अभी तक मजरूह और

मज़ाज़ के नग़मों के गवाह हैं। यहाँ की फ़ज़ा में अभी तक नूह नारवी, असर लखनवी, नज़ीर बनारसी, नाज़िश प्रतापगढ़ी और नुशूर वाहिदी के कलाम की गूँज है। अभी तक यहाँ के मयख़ाने मजाज़ और मसऊद अख़्तर जमाल को ढूँढ़ते हैं। अभी तक नाज़िर ख़य्यामी, दिल लखनवी और वाक़िफ़ रायबरेली के हिस्से की शराब पैमानों से छलक जाती है। सय्यद वसी नक़वी की रंगारंग शख़्सियत को फ़रामोश नहीं किया जा सकता जो न सिर्फ़ यह कि एक सच्चे वतन परस्त थे बल्कि उर्दू ज़बानों अदब के बहुत बड़े मोहसिन थे, जिनकी कोशिशों से नेशनल इण्टर कालेज के उफ़ुक़ (क्षितिज) पर हिन्दुस्तान भर के शायरों और अदीबों की कहकशाँ बिछी रहती थी और एक रात ऐसी भी आती थी कि जब नेशनल इण्टर कालेज का मैदान छोटा-सा हिन्दुस्तान मालूम होता था जिसमें सारे हिन्दुस्तान के शायर स्टेज पर मौजूद रहते और रायबरेली के अदब के प्यासे अपने अपने होंठों पर प्यास सजाये कहीं बैठे तो कहीं खड़े दिखाई देते थे। जायसी विचार मंच के ज़ेरे एहतमाम हर दिल अज़ीज़ लीडर अखिलेश सिंह ने भी कुल हिन्द पैमाने के मुशायरों से इस शहर को एक पहचान दी।

ज़माने की गर्दिश की हवा भी बड़ी ज़ालिम होती है। कभी निराला को इलाहाबाद उड़ा ले जाती है, कभी मानी जायसी को हैदराबाद के दरबार में पटकती है, कभी अमीन सलोनवी को लखनऊ के मिट्टी के हवाले कर देती है, कभी कौसर जायसी को कानपुर की चिमनियों का धुआँ बना देती है, कभी वाक़िफ़ रायबरेली से बम्बई की ख़ाक छनवाती है, कभी कमाल जायसी को देस परदेस के चक्कर लगवाती है और कभी मुनव्वर राना को बंगाल की जादू नगरी के हवाले कर देती है।

उर्दू अदब तारीख़ में मानी जायसी, अमीन सलोनवी, कौसर जायसी, फ़ख़रुद्दीन ख़याली, हरिश्चन्द्र ज़िया, साक़िब रायबरेलवी, कैफ़ी रायबरेलवी, वाक़िफ़ रायबरेलवी, सबाहुद्दीन उमर, अतिया परवीन, रईस बल्लवी, विलायत जाफ़री और नासिरा शर्मा हर ज़माने में रायबरेली की नुमाइन्दगी करते रहेंगे। इसका यह मतलब हर्गिज़ नहीं है कि उर्दू अदब का ख़ज़ाना इन चन्द नामों से पूरा हो जाएगा। अदब और फ़ौज में बहुत यकसानियत होती है। मसलन फ़ौज यलग़ार (हमला) करती है और अदब भी अपने ज़माने पर छा जाता है। जिस तरह फ़ौज में हर लोहे के टुकड़े की तक़दीर में तलवार बनना नहीं लिखा होता, उसी तरह अदब में हर शख़्स की क़िस्मत में दरोबाम की ज़ीनत बनना नहीं लिखा होता है। लेकिन बुनियाद के पत्थरों के बग़ैर कैसे दरोबाम और कैसी सजावट, यह कैसे मुमकिन है कि ज़िक्र मौसीक़ी का हो और नौशाद याद न आयें, और यह भी तो मुमकिन नहीं है कि नौशाद की याद आये और हमें उनके उस्ताद मास्टर मुरव्वत हुसैन रायबरेलवी का ध्यान न आये। कोई कहानियाँ सुनाये और हमको अतिया परवीन याद न आयें। कैसे मुमकिन है कि सहाफ़त (पत्रकारिता) की बात चले और अखिलेश मिश्रा, सईद नक़वी, मुश्ताक़ परदेशी और हुसैन अमीन का चेहरा

काग़ज पर न उभरे। उर्दू नस्रनिगारों (गद्यकारों) की गुफ़्तगू हो रही हो और हम मुंशी अब्दुर्रज़्ज़ाक़ और मौलाना अबुल हसन अली नदवी को बेसाख़्ता याद न करें। दामने अदब के गुल बूटों में न हम शाह हुसैन अता को नज़र अन्दाज कर सकते हैं, न ही मज़हर रायबरेलवी, शबनम नक़वी और इक़बाल ज़फ़र को जबकि लाला नवनिधि राय, मौलाना हामिद हिन्दी और फ़ख़रुद्दीन ख़याली तो रायबरेली के उर्दू अदब की बुनियाद के पत्थर हैं और बुनियाद के पत्थर न हटाये जा सकते हैं, न निकाले जा सकते हैं, और न ही बदले जा सकते हैं। विलायत जाफ़री और नासिरा शर्मा ने इस ज़िले के विकास में बेपनाह इज़ाफ़ा किया।

एक ज़माने तक रायबरेली में अदबी महफ़िलों का बड़ा जोर था। आये दिन शेरी नशिस्तें हुआ करती थीं। छोटे-मोटे मुशायरे भी कहीं न कहीं होते रहते थे। शहर और इससे मिले हुए क़स्बों के शायर शबोरोज़ नयी ग़ज़लें कहने में मसरूफ़ रहते थे। सुनने वाले भी रात के इन्तिज़ार में दिन गुज़ारा करते थे। पूरे हिन्दुस्तानी उर्दू अदब पर निगाह रखी जाती थी। वहीद रायबरेलवी, राग़िब रायबरेलवी, उनके छोटे भाई क़मर रायबरेलवी शागिर्दों की एक पूरी फ़ौज रखते थे। फ़ज़ाओं में वाक़िफ़ का शेर गूँजा करता था :

मैं तो बुलबुल हूँ मेरा काम है गाते रहना
भूल जाऊँ तो मुझे याद दिलाते रहना

लेकिन रफ़्ता-रफ़्ता इस अदबी गहमा-गहमी को नज़र लग गयी। सियासी खुदग़र्ज़ियों ने पूरे शहर को अपनी लपेट में ले लिया। हर शख़्स मफ़ादपरस्ती (स्वार्थ) की आग में जलने लगा। हर शख़्स सियासी हवालों से अपनी पहचान बनाने लगा और बक़ौल शायर :

क्या हँसता हँसाता शह्र यारो
हासिद का नसीब हो गया है

वर्ना यही शहर था, यही लोग थे, यही दरोदीवार थे, यही सई नदी का पानी था, यही खेत और खलिहान थे जहाँ फ़ज़ाओं में उर्दू ग़ज़ल अपनी खुशबू बिखेरती हुई नज़र आती थी। आइए, रायबरेली के उर्दू अदब को इसके शायरों और उनकी शायरी के हवाले से देखा जाये :

कभी-कभी सफ़रे ज़िन्दगी से रूठ के हम
तेरे ख़याल की छाँवों में बैठ जाते हैं।

(कौसर जायसी)

ज़हर के जाम में फिर श्याम के दर्शन होंगे
कोई बौराये तो इस दौर में मीरा की तरह

(राग़िब फ़ारूक़ी)

जुल्फ़े हस्ती को कई बार सँवारा है मगर
इसकी फ़ितरत है बिखरना ये बिखर जाती है

(वाक़िफ़ रायबरेलवी)

मुस्कुराहट, दर्द, लहजा, सादगी
बेचकर मैं सारे ज़ेवर खा गया

(वाक़िफ़ रायबरेलवी)

खुद अपने नशेमन पे गिरा लेते हैं बिजली
गुलशन को कभी आग में जलने नहीं देते

(वहीद रायबरेलवी)

बेबसी तू भी चली आयी लहेद के अन्दर
रोने वाला तो कोई क़ब्र के बाहर होता

(रिज़वान रायबरेली)

अभी रिन्दों के लब तक कोई पैमाना नहीं आया
अभी महफ़िल में साक़ी गर्मिये महफ़िल नहीं आयी

(बाबू जगदम्बा प्रसाद गौहर)

समझ सका न यही बात माँगने वाला
दराज़ हाथ है किसका कहाँ से मिलता है

(उस्मान रायबरेलवी)

जोश में आया लहू दरिया में तुग़यानी के साथ
ख़ूने अब्बासे अली बहने लगा पानी के साथ

(छेदी लाल अख़गर)

तुम नज़र आये तो तुम ही तुम नज़र में रह गये
एक ही जलवे में इन आँखों की बीनायी गयी

(हरिश्चन्द्र ज़िया)

चमन वालो चमन की ख़ैर माँगो ख़ैर इसी में है
न होगा जब चमन तो आशियाँ अपना कहाँ होगा

(हरिश्चन्द्र ज़िया)

खुलूसे दिल न छुपा रस्मे एहतराम के बाद
रुके न अश्क बहुत देर तक सलाम के बाद

(क़ासिम शब्बीर नक़वी)

मैं तो शायर हूँ मेरी बात कहाँ मानोगे
तुमने झुठला दिये दुनिया में पयम्बर कितने

(क़मर रायबरेलवी)

काटी शबे फ़िराक़ भी बे तैशये उमीद
कहते थे लोग अब ये हुनर ख़त्म हो गया

(क़मर रायबरेलवी)

जब मैं उदास था तो ज़माना था मुतमइन
अब मैं हूँ मुतमइन तो ज़माना उदास है

(क़मर रायबरेलवी)

काश ऐसा कोई काम कर जाऊँ मैं
नाम ज़िन्दा रहे और मर जाऊँ मैं

(ख़लील फ़रीदी)

सो जाते हैं फुटपाथ पे अख़बार बिछाकर
मजदूर कभी नींद की गोली नहीं खाते

(मुनव्वर राना)

किसी को घर मिला हिस्से में या कोई दुकाँ आयी
मैं घर में सबसे छोटा था मेरे हिस्से में माँ आयी

(मुनव्वर राना)

भटकती है हवस दिन रात सोने की दुकानों में
ग़रीबी कान छिदवाती है तिनका डाल लेती है

(मुनव्वर राना)

ज़ाहिर है किसी भी शहर की अदबी तारीख़ उस शहर का आईना होती है और अगर शायरी के हवाले से किसी भी अहूद को कसौटी पर रखा जाये तो पूरा अहूद बोलती और बात करती हुई फ़िल्म की तरह मालूम होती है। आज भी यह मर्दुमख़ेज़ ख़ित्ता पूरी ताक़त और नवानायी से ज़िन्दा है। अदब आती-जाती लहरों की तरह होता है, हर जाती हुई लहर अपने पीछे ताज़ा दम लहरों की क़तार छोड़ जाती है। हमारे असलाफ़ ने अदब के जो पेड़ लगाये थे, उसमें फल आ रहे हैं और नयी कोंपलें भी फूट रही हैं। बक़ौल राग़िब फ़ारूक़ी :

हमको इस मिट्टी में बो देंगी हमारी नस्लें
हम नहीं अपना वतन छोड़ के जाने वाले

आज भी रायबरेली के शेरो अदब का बाग़ करनैल सिंह पंछी, हसन रायबरेलवी, एजाज़ रायबरेलवी, रहबर रायबरेलवी, इक़बाल महशर, नाज़ प्रतापगढ़ी, वज़ीर हसन, ज़फ़र चिश्ती, असर सलोनवी, शम्भू दयाल सागर, बन्धू जी, ख़लील फ़रीदी, लईक़ अंसारी, डॉ. हैदर, अलमदार नक़वी, नामी अंसारी, अफ़ज़ल जायसी, फ़ारूक़ जायसी, फ़ातिमा वसीया जायसी, सहबा रायबरेलवी, बाक़र जायसी और ऐसे बहुत से शायरों और अदीबों की खुशबू से महक रहा है। खुशनसीब है यह नस्ल कि इनके सिरों पर बुजुर्ग मोहतरम वहीद रायबरेलवी और कई बुजुर्ग शोअरा का साया मौजूद है :

तमाम उम्र सलामत रहें दुआ है यही
हमारे सर पे हैं जो हाथ बरकतों वाले

कहाँ जाऊँ ठिकाना मेरा चम्बल लिख दिया जाये

पिछले बरस इटावा में मुशायरा था। मैं इस मुशायरे में तीसरी बार शरीक हो रहा था। पहली बार तक़रीबन अट्ठाइस बरस पहले वहाँ जाना हुआ था। उन दिनों सियासत के उफुक़ (क्षितिज) पर बलराम सिंह यादव का सूरज चमक रहा था क्योंकि अट्ठाइस बरस पहले, हिन्दुस्तान के क़ौमी लीडर की हैसियत से उभरने वाले मुलायम सिंह यादव नुमाइश के इस मुशायरे में सफे सामिईन (श्रोताओं की पंक्ति) में एक एम.एल. ए. की हैसियत से तशरीफ़ फ़रमा थे। वह सचमुच के ज़मीनी लीडर थे, उनके साथ न तो अमर सिंह जैसी कोई चीज़ थी और न जेड प्लस सिक्युरिटी का तामझाम था। वह एक सीधे-सच्चे और सरल लीडर थे। इंक़बाल अहमद साहब इस मुशायरे के कन्विनर थे। उनका वहाँ एक औसत दर्जे का ठहरने वाला होटल हुआ करता था जिसका नाम ही आशियाना था। इक़बाल साहब की जवानी और उनके कारोबार के नवजवानी के दिन थे। उनका मछलियों का बहुत बड़ा कारोबार था। पूरे ज़िले के दर्जनों तालाबों में पली हुई मछलियाँ उनके कारोबार को मज़बूत करने के लिए वक़्त से पहले जवान होकर बाज़ारों में आ जाती थीं। नुमाइश के मुशायरों में सरकारी ग्राण्ट बहुत कम होती है लेकिन अपने सियासी, समाजी और कारोबारी वजूद (अस्तित्व) को बरक़रार रखने के लिए शहर के लोग मुशायरों के कन्विनर बनने के लिए हर तरह से कोशिश करते हैं। मेरठ में नौचन्दी का मुशायरा इस लिहाज़ से सबसे ज़्यादा लाग डॉट का मुशायरा होता है। हाजी याकूब कुरैशी, मेराजुद्दीन और शाहिद एडवोकेट ये सब लोग मुख़्तलिफ़ हुकूमतों में वज़ीर रह चुके हैं, लेकिन इन्होंने शहर में अपनी पकड़ बनाने के लिए मुशायरों की कन्विनरशिप से अपनी समाजी और सियासी ज़िन्दगी का आगाज (शुरुआत) किया, लेकिन ये उस ज़माने की बात थी जब ज़िलों के डी.एम. और एस.पी. पुलिस की हैसियत ज़िले के बादशाह की तरह होती थी। ग़ालिबन कांग्रेस के गुरूर के साथ इस बादशाहत का सिलसिला भी ख़त्म हो गया। अब तो लेटर हेड पार्टियाँ, छोटे-मोटे दलालनुमा पत्रकार और फर्ज़ी मुठभेड़ में मारे जाने लायक़ मज़हबी पेशवाओं (लीडरों) ने अपनी सियासत, साज़िशों और पहुँच से डी.एम. और एस.पी. को कमज़ोर, चालाक और रिश्वतख़ोर बना दिया है।

मरक जी (केन्द्रीय) और सूबाई हुकूमतों को इसका पता भी नहीं होगा कि लोकल एडमिनिस्ट्रेशन का सारा ख़र्चा लकड़ी माफ़िया और आरा मशीन वाले उठाते हैं। कॉनवाय के नाम पर रात-दिन ट्रक वालों से वसूल किया गया पैसा सलामी देने के नाम एस.पी. के बँगले तक जाता है। इस ज़माने में वही डी.एम. या एस.पी. कामयाब माना जाता है जो अपनी पोस्टिंग पर ही एक करोड़ रुपये का बँगला और ज़मीन लखनऊ के गोमती नगर में ख़रीद ले। रिश्वत की तहज़ीब ने लखनवी कद्रों (नैतिकताओं) को कितना पामाल (दुर्दशाग्रस्त) कर दिया है, इसका अन्दाज़ा इसी बात से लग जाता है कि लखनऊ अब चौक, नक्ख़ास, अकबरी गेट, सआदतगंज और अमीनाबाद जैसे इलाक़ों में नहीं है क्योंकि दौलतमन्दी ने गोमती नगर जैसे महँगे इलाक़ों का नाम लखनऊ रख दिया है। वह लखनऊ जो अपनी तमीज़, तहज़ीब और शइस्ता (शिष्ट) लबो लहजे के लिए आज भी दुनिया में मशहूर है, उस लखनऊ को मरे हुए कई दहाइयाँ (दशक) गुज़र चुकी हैं।

बात इटावा के नुमाइश की हो रही थी, इक़बाल भाई के कारोबार की हो रही थी, शाह बेदिल वारसी के कलाम की हो रही थी, निसार इटावी की ग़ज़ल की हो रही थी लेकिन अब क़लम का हाथ तो पकड़ा नहीं जा सकता है, हाथ तो लिखने वाले के क़लम होते हैं या ईनाम से भर दिये जाते हैं। अट्ठाइस बरस पहले कांग्रेस पार्टी पूरे जाहो जलाल (शानो शौक़त) के साथ हुक्मरानी कर रही थी। फिरका परस्ती (साम्प्रदायिकता) तो उस ज़माने में भी थी लेकिन सेक्युलरिज़्म की चादर इतनी मैली नहीं हुई थी या इन्दिरा गाँधी की सख़्त मिज़ाजी से फ़िरक़ा परस्त और उनके इरादे लरज़ते रहते थे। हालाँकि फ़िरक़ा परस्ती की सबसे बड़ी अलम बरदार (ध्वजावाहक) खुद इन्दिरा गाँधी थीं। उन्होंने इलेक्शन के ज़रिये ज़ात-पात और मज़हब की चालाक सियासत की बुनियाद रखी थी। इन्दिरा गाँधी सियासत के मैदान में अपने उस साये को भी सियासी तौर पर क़त्ल कर देती थीं जो उनके क़द से आगे निकलना चाहता था। यूँ भी बड़े बूढ़ों ने यही बताया है कि बादशाह का कोई रिश्तेदार नहीं होता, सिर्फ़ रियाया होती है और इन्दिरा गाँधी बड़े बूढ़ों के इस क़ौल पर सख़्ती से कारबन्द थीं। हिन्दुस्तान की तकसीम (बँटवारे) के रूहे रवाँ (प्राण वायु) अगर सचमुच पण्डित नेहरू थे तो पाकिस्तान की तक़सीम की सबसे बड़ी ग़लती इन्दिरा गाँधी से सरज़द हुई थी। अगर ईमानदारी से सियासी जायज़ा लिया जाये तो यह बात समझ में आ जाती है कि हिन्दुस्तान में आतंकवाद की बुनियाद 1971 ई. में इन्दिरा गाँधी के हाथों रखी गयी थी। पाकिस्तान से जंग और गोद लिये हुए बेराहरव (दिशाहीन) बांग्लादेश की मुद्दतों परवरिश करने का नतीजा ये हुआ कि हिन्दुस्तान दुनिया की नज़र में एक ताक़तवर मुल्क बनकर तो उभरा लेकिन यह एक ऐसा ताक़तवर मुल्क था जो दुनिया के कई कमज़ोर मुल्कों का भी कर्ज़दार होकर रह गया।

हमसायगी के जोश में शोले लिपट न जायें
मत तापिये ये आग पड़ोसी के घर की है

पाकिस्तान से होने वाली हर जंग में हिन्दुस्तानी मुसलमानों की हैसियत रावण के भाई विभीषण जैसी होकर रह जाती है। जिस तरह रावण के भाई विभीषण ने हर क़दम पर रामचन्द्र जी का साथ दिया, लेकिन उसका किरदार (चरित्र) हमेशा इसलिए मशकूक (सन्दिग्ध) रहा कि वह रावण का भाई था, उसी तरह पाकिस्तान से जंग शुरू होते ही सबसे ज़्यादा नफ़रत की निगाहों से कश्मीरी मुसलमान देखे जाते हैं और शक के दायरे में तो सारे हिन्दुस्तान के मुसलमान होते हैं। यह अजीबो ग़रीब बात है कि दो दुश्मन मुल्कों में रहने वाले दोनों मुल्कों की सलामती की दुआएँ माँगते रहते हैं क्योंकि तकसीमशुदा (विभाजित) हिन्दुस्तान के हिस्से ने हज़ारों ख़ानदानों को भी बेदर्दी के साथ तक़सीम करके रख दिया था। दुनिया की सबसे ज़ालिम तक़सीम का नाम शायद हिन्दुस्तान की तक़सीम थी। इस गुनाह में सब लोग शरीक थे, लेकिन इसकी सज़ा सिर्फ मुहाजिरीन (शरणार्थियों) के हिस्से में आयी, चाहे वह हिन्दू मुहाजिर रहे हों या मुस्लिम मुहाजिरीन का ख़ानदान रहा हो। सोचने की बात है कि साइंस की इस तेज़ रफ़्तार तरक़्क़ी के ज़माने में फ़ोटो खींचता हुआ मुसलमान पाकिस्तान का जासूस कैसे हो सकता है और इधर-उधर बेमक़सद घूमता हुआ हिन्दू या पंजाबी हिन्दुस्तान का जासूस होकर भी क्या कर लेगा। सेटेलाइट के ज़माने में जब दुनिया के सबसे बड़े रेगिस्तान में गिरे हुए *यासिर अराफ़ात* के जहाज़ को एक घण्टे में अमेरिकन Trace Out कर सकते हैं तो काग़ज क़लम लिये या मुल्क का नक़्शा जेब में रखने वाले हिन्दू या मुसलमान या मामूली कैमरों से ऐतिहासिक इमारतों की फ़ोटो खींचने वाले लोग कितने बड़े जासूस हो सकते हैं, लेकिन नफ़रतों को Symbolize करने के लिए ज़रूरी है कि पाकिस्तान में पकड़ा जाने वाला शख़्स हिन्दू हो या पंजाबी हो और हिन्दुस्तान में पकड़े जाने वाला शख़्स ख़तना शुदा हो और नाम मुसलमानों जैसा हो! जब तक अंग्रेजी हुकूमत के बनाये हुए क़ानून की किताब को होली की आग में जलाया नहीं जाएगा। हिन्दू और मुसलमान के बीच में मुहब्बत हमवार नहीं हो सकती। जब तक रूस और अमरीका से अपना दामन नहीं छुड़ाया जाएगा, तब तक पाकिस्तान और हिन्दुस्तान में भी ताल्लुक़ात अच्छे नहीं हो सकते हैं।

उन दिनों इटावा में बलराम सिंह यादव का चराग़ जलता था। वह मरकज़ी वज़ीर तो थे ही, उस इलाक़े के मुसलमान और यादव उनके साथ थे। मुलायम सिंह यादव छोटे-मोटे लीडर थे। एक स्कूल टीचर से वज़ीरे आला की कुर्सी तक पहुँचने के लिए उन्होंने कड़ी मेहनत ही नहीं की, बल्कि इल्ज़ामात और अदालतों के न जाने कितने तिराहों और चौराहों से होकर उन्हें गुज़रना पड़ा। इससे ज़ाहिर है कि सियासत और इक्तिदार (सत्ता) की डगर दुनिया के हर अच्छे-बुरे रास्ते से होकर गुज़रती है। अट्ठाइस बरस पहले इटावा नुमाइश के मुशायरे में बलराम सिंह यादव ने मुशायरे की शम्अ रौशन की थी। अल्ला! अल्ला! क्या मुशायरा रहा होगा! उस वक़्त के तक़रीबन

तमाम अहम् शोअरा स्टेज पर जल्वा अफ़रोज़ थे। सामिईन भी ऐसे कि अच्छा शेर सुनते ही दीवानों की तरह दाद देने लगते थे। मुशायरे में हिन्दू, मुस्लिम अगर बराबर की तादाद में नहीं रहे होंगे तो भी इटावा शहर और आसपास के तक़रीबन सभी पढ़े-लिखे घरानों के लोग मुशायरागाह में मौजूद थे। बशीर बद्र उसी वक़्त से अपनी खुदनुमाई (आत्म प्रदर्शन) की वजह से मज़ाक़ का मौजू (विषय) बनते जा रहे थे। वह नये-नये अमरीका के मुशायरों से लौटे थे और सुबूत के तौर पर एक बहुत नफ़ीस ओवरकोट पहने हुए थे जो ग़ालिबन किसी मद्दाह (प्रशंसक) ने उनको अमेरिका के किसी मॉल से दिलवाया होगा। अपना कलाम सुनाने के दौरान भी वह बार-बार क़सम खाकर अमेरिका और अमेरिकंस की तारीफ़ कर रहे थे। नाजिमे मुशायरा (मुशायरा संचालक) की हैसियत से जब मैंने उनके बाद राहत इन्दौरी को कलाम सुनाने की ज़हमत दी, जो उस वक़्त तक डॉक्टर भी नहीं हुए थे और मगरूर (घमण्डी) भी नहीं, तो उन्होंने आते ही कहा कि हज़रात! मुझे अमेरिका जाने में इसलिए कोई दिलचस्पी नहीं है कि मेरा कारोबार हिन्दुस्तान में ही बहुत अच्छा चल रहा है। सामिईन ने जुमले की साख्त (शैली) और उसमें छुपे हुए तंजे लतीफ (मज़ेदार व्यंग्य) का पूरा-पूरा लुत्फ लिया। उस मुशायरे में इलाहाबाद के शायरों की तादाद काफ़ी थी। राज़ इलाहाबादी, अतीक़ इलाहाबादी, असलम इलाहाबादी और इक़बाल दानिश के अलावा भी तक़रीबन चार-पाँच इलाहाबादी शायर स्टेज पर मौजूद थे। मैंने अजराहे तफन्नुन (मज़ाक के तौर पर) निज़ामत के दौरान कहा कि ये पता नहीं चल रहा है कि इलाहाबाद में अमरूद ज़्यादा हैं या शायर! सामिईन ने मेरे इस जुमले का मज़ा लिया लेकिन सुबह इक़बाल भाई कुछ कबीदा खातीर (नाखुश) दिखाई दिये। मेरे पूछने पर उन्होंने बताया कि मेरी अहलिया (पत्नी) इलाहाबादी हैं, उन्हें यह बात पसन्द नहीं आयी। मैंने उन्हें समझाया कि ये बात मैंने आपकी अहलिया के लिए हर्गिज़ नहीं कही थी, ये बात मैंने सिर्फ़ आपको ये बताने के लिए कही थी कि घर में सुसरालियों की तादाद ज़्यादा होने से आबरू ख़तरे में पड़ जाती है। वह मेरी बात पर इधर-उधर देखकर मुस्कुराये और मुझसे हाथ भी मिलाया। मैं सोचने लगा कि पानी की मछलियों पर बे ख़ौफ़ोख़तर हाथ डाल देने वाला घर के आँगन की तितली से कितना डरता है। मुशायरा सुबह की अज़ान तक चलता रहा। उस ख़ूबसूरत तारीख़ी और यादगार मुशायरे का एक-एक पल मुझे इतने दिनों बाद भी याद है।

फिर कई बरस तक इटावा के मुशायरे में जाने का इत्तिफाक (संयोग) नहीं हुआ। दरअस्ल कारोबारी मसरूफ़ियत ख़ुबसूरत ज़िन्दगी जीने से महरूम (वंचित) कर देती है, लेकिन अचानक उसी जमाने में मेरे ट्रांसपोर्ट के काम ने मुझे इटावा जाने पर मजबूर कर दिया। हुआ यूँ था कि मेरा एक ट्रक लिपटन की चाय लेकर दिल्ली जा रहा था। ड्राइवर ने बकेवर थाने के दरोग़ा जी से मिलकर ट्रक का एक्सीडेंट दिखा दिया, लूट के माल में कुछ चाय की पेटियाँ और नक़दी दरोग़ा जी के हाथ लगीं,

बक़िया चाय ट्रक ड्राइवर ने अपने गाँव में ले जाकर बेच दी थी। इस सिलसिले में मुझे इटावा जाना पड़ा। मैं इक़बाल भाई और उनके एक साथी वकील को लेकर एस. पी. पुलिस के आफ़िस पहुँचा। मैंने अपने नाम की स्लिप अन्दर भिजवायी। एस. पी. साहब ने मेरा नाम पढ़ते ही मुझे फ़ौरन अन्दर बुलवा लिया, मेरी ख़ैरियत पूछी, मुशायरों का हालचाल पूछा और ये भी बताया कि मैं आपकी शायरी का बहुत फ़ैन हूँ। चाय नाश्ते का हुक्म दिया, फिर मुझसे पूछा, इधर आस-पास कोई मुशायरा है? मैंने अपनी दुःख भरी विपदा सुनायी तो वह सन्नाटे में आ गये। उसी वक्त बकेवर थाने के दरोग़ा को वायरलेस पर हुक्म दिया कि फ़ौरन यहाँ पहुँचो। आधे घण्टे के अन्दर वह दरोगा एस.पी. साहब के सामने हाज़िर था। एस.पी. साहब का नाम श्री अतुल था। वह अपने नाम के आगे ज़ात का फुन्दा लगाने के ख़िलाफ थे। उन्होंने बक़िया लोगों को बाहर जाने का सुझाव दिया, फिर दरोग़ा से सख़्त लहजे में बोले कि मुझे पूरी कहानी मालूम हो चुकी है लिहाजा तुम्हारी और तुम्हारी नौकरी की खैरियत इसी में है कि लूटा हुआ सारा माल राना साहब को वापस करो, चाहे वह चाय की पत्तियों की शक्ल में हो या रुपयों की शक्ल में। और इस फ़र्जी एफ.आई. आर. को खारिज करो ताकि यह अपना वकील करके अदालत से ड्राइवर और दूसरे मुल्ज़िम तक आसानी से पहुँच सकें। दरोगा इतना सहम चुका था कि अगर वह मालदार होता तो शायद मुझे पूरी गाड़ी चाय के पैसे वापस कर देता।

दूसरे दिन मैं इक़बाल भाई के साथ इटावा कोर्ट गया। बहुत से वकील और मुल्जिम मुझे अदालत में भी शायर की हैसियत से पहचानते थे, लिहाज़ा सभी की हमदर्दियाँ मेरे साथ थीं और ईमानदारी की बात है कि अदालत जैसे बेमुरव्वत क़स्बे में मेरा एक पैसा भी ख़र्च नहीं हुआ। मेरा मुक़दमा वहाँ के नामी वकील महेन्द्र सिंह ने लड़ा। वह इलेक्शन में मुलायम सिंह के मुकाबले में खड़े हो चुके थे और बहुत कम वोटो से हारे थे, लेकिन अवाम की बड़ी तादाद की हमदर्दियाँ उनके हिस्से में आ चुकी थीं। उन्होंने मुझसे कहा कि लंच के बाद हम आज ही आपको चार्जशीट दिलवा देंगे। लंच से पहले मेरी एक बड़ी मसरूफियत (व्यस्तता) है। डाकू मलखान सिंह का मुकदमा मैं ही लड़ रहा हूँ। वह आज भिंड जेल से इटावा कचेहरी लाये गये हैं, लिहाज़ा इस मुकदमें को लंच से पहले निपटाना ज़रूरी है। डाकू मलखान सिंह का नाम सुनते ही मैं खुश हो गया क्योंकि उस ज़माने में डाकू सिर्फ़ फ़िल्म में दिखाई देते थे या चम्बल के बीहड़ों में होते थे। लिहाज़ा मैंने महेन्द्र सिंह एडवोकेट से मलखान सिंह से मिलने की अपनी ख़्वाहिश का इज़हार किया। उन्होंने मुस्कुराते हुए कहा कि आप चाय पी लें, अभी आपको ले चलकर मिलवाता हूँ। मलखान सिंह से मिलने का शौक़ इस मंज़िल पर था कि चाय मीठी होते हुए भी फीकी मालूम पड़ रही थी। चाय के बाद महेन्द्र सिंह साहब मुझे कचेहरी में बनी एक अलग-थलग कोठरी में ले गये। एक बड़ी-बड़ी मूँछों वाला गोरा-चिट्टा और वजीह (खूबसूरत)

शख़्सियत का मालिक निहायत साफ़ शफ़्फ़ाफ़ खादी के कपड़े पहने बैठा हुआ था। उसकी बिना शिकन की चौड़ी चकली पेशानी (माथा) पर उसके किसी सच्चे अकीदतमन्द (श्रद्धालु) ने टीके का एक फूल सजा दिया था। गले में एक बहुत बड़ी माला पड़ी हुई थी जैसी साधुओं के गले में पड़ी होती है। मलखान सिंह की मौजूदगी में क़ैदी की कोठरी भी किसी जिला वतन (निष्कासित) राजा का दरबार दिखाई दे रही थी। पत्रकारों, फ़ोटोग्राफ़रों या अनजाने लोगों को वहाँ तक जाने की इजाज़त नहीं थी। वह किसी बिगड़े हुए सुल्तान की तरह दूर से सबकी परेशानियाँ सुन रहा था। एक बार उसने निगाह उठाकर मेरी तरफ़ देखा। वकील साहब ने मेरा तआरुफ़ एक बहुत अच्छे शायर और लेखक की हैसियत से कराया। एक लम्हे के लिए अचानक वह वहीं खो गया, फिर हँसते हुए कहने लगा, "मुझे कविता और शायरी से बहुत प्रेम है। अगर मैं डाकू न बना दिया जाता तो मैं भी तुम्हारी तरह शायर या कवि होता और सारे देश में घूम रहा होता लेकिन समाज, सियासत और पुलिस वालों की फ़र्ज़ी कहानियाँ भगवान को भी किसी दिन रावण बना सकती हैं तो मलखान जैसे गुनहगार और पापी की हैसियत ही क्या है।" मेरे लिए फ़ौरन चाय मँगवायी गयी, फिर मलखान सिंह कहने लगे कि राना साहब! समाज, और पुलिस डिपार्टमेंट ने मिलकर भी सौ-पचास लड़कियों की शादियाँ नहीं करायी होंगी, लेकिन इस डाकू मलखान सिंह को यह गर्व है कि यह अब तक 700 लड़कियों की शादियों में किसी न किसी तरह शामिल रहा है। हम लोग तो सियासत और समाज के गोद लिए लड़के हैं, ये पुलिस वाले हमारी मुख़बिरी करते हैं और रखवाली भी करते हैं, फिर समाज और सियासतदानों के इशारे पर धोखे से हमें मार देते हैं। हम पुलिस वालों को मारने से हिचकिचाते हैं क्योंकि हम इनसे नफ़रत करने के बाद भी इनके बीवी-बच्चों और माँ-बाप से प्रेम करते हैं, लेकिन ये हमें मारते वक़्त हमारे सारे परिवार को गुनहगार और पापी समझते हैं। ये हमारी औरत को वेश्या और डकैत कहते हैं, पूरे ख़ानदान को मुख़बिर साबित करने में लगे रहते हैं।" इटावा कचेहरी की एक काल कोठरी में डाकू मलखान सिंह बोल रहा था। सियासत और समाज तो कहीं सत्ता और ठेकेदारी में मसरूफ़ थी लेकिन आस-पास खड़े हुए पुलिस वाले शर्म से निगाहें नीचे किये हुए खड़े थे। मैंने मौक़ा देखकर मलखान सिंह से पूछा कि जनाब अख़बारों में आपकी और फूलन देवी की दोस्ती के बहुत से क़िस्से मशहूर हैं। उसने बहुत ज़ोर का क़हक़हा लगाया। फिर कहने लगा, "हम डाकू हैं, हम अपने साथ मर्द रखते हैं, औरतें पाकेटमारों की टोलियों में रखी जाती हैं। हमारा काम अमीरों को लूटना और ग़रीबों को बाँट देना है। हम लोग लूटकर अपना घर नहीं बसाते हैं। डाकू का घर सारा जंगल होता है। डाकू का परिवार हर दुःखी परिवार होता है। एक डाकू की मौत सैकड़ों परिवारों की मौत होती है। हमारे मरने के बाद भी हमें बुरा कहने वाला एक भी आदमी नहीं मिलता है। हम लोगों के ख़ौफ़ से ज़मींदार थोड़ा

बहुत इंसाफ़ करते हैं। हमारी मौत ही इंसाफ़ के लिए लड़ते हुए होती है। हम डाकू अपनी माँ के पिलाये हुए दूध के एक-एक क़तरे की क़ीमत अपने ख़ून से चुकाते हैं।" मैंने अचानक मलखान सिंह से एक टेढ़ा-सा सवाल पूछ लिया। मैंने कहा कि फूलन देवी ने कई लोगों को ये बताया है कि आप उससे शादी करना चाहते हैं, इसमें कितनी सच्चाई है? मलखान सिंह ने जवाब दिया कि शायर साहब, ये बिल्कुल झूठ है। ब्याह आदमी अपने परिवार को बढ़ाने के लिए करता है लेकिन उसके तो बच्चेदानी ही नहीं है। गुफ़्तगू भी तल्ख (कड़वे) रास्तों की तरफ़ बढ़ने लगी थी और पेशी का वक़्त भी हो रहा था लिहाज़ा एडवोकेट महेन्द्र सिंह मलखान सिंह को लेकर अदालत की तरफ़ चल पड़े। हाथों में हथकड़ियाँ, पैरों में कमर-कमर तक बेड़ियाँ पड़े होने के बावजूद शेर की चाल में कहीं से भी लड़खड़ाहट या थकान का एहसास नहीं हो रहा था। शाम को वकील साहब ने कोशिश करके मेरे मुक़दमे को भी ख़ारिज करवा कर उसके कागज़ात मेरे हवाले कर दिये थे।

दो बरस पहले भी नुमाइश के उसी मुशायरे में शरीक़ होने का मौक़ा मिला था। सदारत मरहूम साग़र ख़य्यामी साहब कर रहे थे और निज़ामत का फ़र्ज़ नय्यर जलालपुरी अंजाम दे रहे थे। लेकिन वह मुशायरा एकाध मिजाहिया (हास्य रस) शायर के बेहूदा कलाम और सीनियर शायर अरमान फ़ीरोज़ाबादी की बेहूदा गुफ़्तगू की नज़्र हो गया। बेहूदगियों का दौर शुरू होते ही सबसे पहले खवातीन (महिलाएँ) उठकर चलने के लिए खड़ी हो गयीं, शोरफा-ए-शहर (शहर के सम्भ्रान्त लोग) भी एक-एक करके मुशायरा गाह से उठने लगे। सद्रे मुशायरा के कलाम पर भी हूटिंग और बदतमीज़ी वाले फिकरे (जुमले) आते रहे। मुशायरा इस लिहाज़ से बहुत अच्छा रहा कि उस वक़्त के कन्विनर सईद नक़वी ने अपने घर पर बहुत बेहतरीन नहारी खिलायी। नहारी के बाद ड्राईफ्रूट और अमरूद भी मौजूद थे, लेकिन अब इसको क्या किया जाये कि जाड़े के दिनों में मुसलमान अपनी हर बीमारी का इलाज नहारी और पाये से करता है। इटावा मुद्दतों से डेरेदार तवायफ़ों का अहम् पड़ाव रहा है बल्कि वहाँ की एकाध गाने-बजाने वालियों से मेरी भी मुलाक़ातें रही हैं, लेकिन मुझे ज़्यादा तफ़्सील से कुछ भी नहीं मालूम था। साग़र भाई वापसी में हमारे साथ ही लखनऊ आये थे। रास्ते में बात इटावा की तारीख़ी हैसियत की छिड़ गयी। उन्होंने बताया कि इटावा मुग़लों का एक अहम् पड़ाव था और उनकी फ़ौजी छावनी की भी हैसियत रखता था। लिहाज़ा फ़ौज को खुश रखने के लिए इस इलाक़े के छोटे-मोटे राजा, ज़मींदार और चम्बल के डाकू हर तरह से उनकी आसाइशों (ऐशो आराम) का एहतमाम रखते थे। मेहमान नवाज़ी का ये सिलसिला इस हद तक दराज (लम्बा) हुआ कि वहाँ अरबाबे निशात (नगर वधुओं) ने अपनी मुस्तक़िल (स्थायी) दुकानें ही खोल लीं। पूरे हिन्दुस्तान से गाने-बजाने वालों की टोलियाँ वहाँ आकर महफ़िलें सजाने लगीं बहुत-सी गाने बजाने वालियाँ निसार इटावी और शाह बेदम वारसी का सारा कलाम

अजबर (कण्ठस्थ) किये हुए थीं। मध्य प्रदेश और चम्बल की घाटियों से मिले हुए इस शहर को हमेशा आसाइशों का शहर कहा जाता था। यहाँ के लोग मेहनतकश, यहाँ की जमीनें ज़रखेज (उपजाऊ), यहाँ के ज़ानवर दुधारू हुआ करते थे। लिहाज़ा इस इलाक़े में मशरिकी (पूर्वी) उत्तर प्रदेश की तरह भुखमरी का ज़माना कभी नहीं आया। चम्बल से क़रीब होने की वजह से यहाँ सियासत की काश्तकारी (खेतीबाड़ी) में जराएम (अपराधों) की खाद भी काफ़ी मिक़दार (मात्रा) में मौजूद रहती थी, इसलिए यहाँ क़त्लों खून का बाज़ार हमेशा आबाद रहता था। मगरिबी (पश्चिमी) उत्तर प्रदेश और मध्य प्रदेश से क़रीब होने की वज़ह से इरा इलाक़े के लोगों की ज़बान में भी एक अजीब क़िस्म का अक्खड़पन मौजूद रहता था जो बाहर से आने वालों को ख़ौफ़ ज़दा रखता था। मुक़ामी लोगों में भी हमेशा तना तनी का माहौल रहता था। यहाँ हिन्दू, मुस्लिम झगड़ों का कोई सिलसिला नहीं था। इसकी सबसे बड़ी वजह तो यही थी कि मुसलमान कमज़ोर थे और बाअसर हिन्दुओं के जेरे नगीं (मातहत) थे।

मेरे एक दोस्त सुभाष मिश्रा हैं, बहुत तजरुबेकार जर्नलिस्ट हैं, अपने काम में बेइन्तिहा ईमानदार हैं। यूँ भी इण्डिया टुडे ग्रुप में प्रभु चावला ने अपने तमाम पत्रकारों को हिन्दू विधवा की तरह समाज से घुलने-मिलने की इज़ाजत नहीं दी है, लिहाज़ा इण्डिया टुडे के लिखने वाले किसी भी तरह के दबाव में आये बग़ैर अपने फ़र्ज़ की तकमील (निर्वाह) में मसरूफ़ रहते हैं। उन्होंने चम्बल के सबसे बड़े डकैत निर्भय गूर्जर का एक तवील इंटरव्यू किया था। वह तक़रीबन 40 बरस से मध्य प्रदेश की पुलिस के साथ आँख मिचौली का खेल खेल रहा था, लेकिन हमेशा उनकी पहुँच से बहुत दूर रहा। सुभाष मिश्रा और उनके देहली के फ़ोटोग्राफ़र साथी चम्बल की वादियों (घाटियों) में निर्भय गूर्जर से मिलने के लिए उतर गये। दो-तीन दिन तक भटकने के बाद उनकी मुलाक़ात निर्भय गूर्जर, उसके साथियों और उसकी दो बीवियों से भी हो गयी। बहुत ही बेतकल्लुफ़ माहौल में मुलाकात हुई, बहुत-से छुए और अनछुए पहलुओं पर गुफ़्तगू हुई। गुफ़्तगू में कोई सियासी लीपापोती नहीं थी। मुझे संसद भवन और विधान सभाओं में बैठे हुए क़ौमी और सूबाई लीडरों के मुक़ाबले में ये ख़तरनाक डाकू हमेशा ज़्यादा अच्छे, सच्चे, ईमानदार और गैर फिरकापरस्त (धर्म निरपेक्ष) लगते हैं। एक तो उनके क़ौल फ़ेल में कोई तजाद (टकराव) नहीं होता, उनके फ़ैसलों में कोई फ़िरक़ापरस्ती नहीं होती। ये सिर्फ़ अमीरों को लूटते हैं। ग़रीब लोग उनको अपने रिश्तेदार जैसे लगते हैं। पार्टी के नाम पर कोई जुल्म और ज़्यादती नहीं करते। अपनी मुख़्तसर या तवील ज़िन्दगी में ये सौ-पचास से ज्यादा लोगों का क़त्ल नहीं करते लेकिन एक मामूली फ़िरक़ापरस्त लीडर अपनी मुख़्तसर ज़िन्दगी में भी कई शहरों को जला देने का गुनहगार होता है। चम्बल के सौ डाकुओं ने पचास बरस में उतने क़त्ल नहीं करवाये होंगे जितने क़त्ल हिन्दुस्तान की सालमीयत (सम्प्रभुता) का हलफ़ उठाने वाले नरेन्द्र मोदी ने गुजरात में पन्द्रह दिनों में करवा

डाले। चम्बल कहाँ नहीं होता लेकिन हुकूमतें आँख बन्द किये रहती हैं। क्या बाल ठाकरे का घर मुम्बई शहर का चम्बल नहीं है...क्या राज ठाकरे जिस कछार में छुपे रहते हैं वह चम्बल की घाटियों से कम ख़तरनाक है? अगर बहुत-से क़ौमी रहबरों का नाम लिखना पड़ गया तो काग़ज और क़लम दोनों ही इस अज़ाब के तज़किरे से पनाह माँगने लगेंगे।

पत्रकारों से पूछे गये हर सवाल का निर्भय गूर्जर ने बड़ी ईमानदारी से जवाब दिया। उसने बहुत-से उन मुक़ामी और ग़ैर मुक़ामी लीडरों के नाम भी बताये जो इलेक्शन के ज़माने में उसके दरबार में हाथ बाँधे खड़े रहते हैं...और शायद ये मुलाक़ात ही उसकी सबसे बड़ी ग़लती थी क्योंकि इस मुलाकात का इण्टरव्यू छपने के महीने भर के अन्दर एक फ़र्जी मुठभेड़ में निर्भय की कहानी का अन्त हो गया। एक दिलचस्प वाक़िया और बयान करना ज़रूरी है वो यह कि जब इण्डिया टुडे के फ़ोटोग्राफ़र ने डाकू रानी से तस्वीर खिंचवाने की गुज़ारिश की तो पहले तो वो बहुत खुश हुई फ़िर फ़ोटोग्राफ़र से पाँच मिनट का समय माँगा। अपने असलहे ज़मीन पर रखकर एक टूटे-फूटे बक्से से किसी देहाती मेले में ख़रीदी गयी लिपस्टिक निकाल कर होंठों पर लगायी, मटमैले-से पाउडर से अपने सियाह चेहरे को सफ़ेद करने की कोशिश की। जितनी देर तक वह डाकू रानी नारीत्व की इस तैयारी में लगी रही उसके साथी बन्दूक़ लिए उसकी हिफ़ाज़त करते रहे। अपने हिसाब से बेपनाह तैयारी के बाद वह फ़ोटोग्राफ़र से मुस्कुराते हुए बोली कि अब मेरी तस्वीर उतारो। इतनी बेतरतीब, ख़तरनाक, तिल-तिल मौत की तरफ़ बढ़ती हुई ज़िन्दगी में भी निस्वानियत (नारीत्व) का एहतराम (सम्मान) कितना मौजूद था। चलते वक़्त निर्भय डाकू ने पत्रकारों को ग्यारह सौ रुपये फ़ीकस के हिसाब से नज़राना पेश किया जो उनके दस्तूर में रुख़्सती कहलाती है। मैंने आज तक किसी क़ौमी लीडर को किसी भी पढ़े लिखे आदमी की तरह इस तरह पजीराई (सत्कार) करते नहीं देखा। डाकुओं और आतंकवादियों का एक पैमाना तो मुक़र्रर करना ही होगा। पैमाना मुक़र्रर करने के बाद ये भी हो सकता है कि जो लोग रहबर दिखाई देते हैं वह अपने किरदार की बदौलत डाकुओं से भी बुरे साबित हों जायें और जो लोग बज़ाहिर चम्बल में छुपे डाकू दिखाई देते हैं वही क़ौम और मुल्क के अस्ली हीरो साबित हों....लेकिन यह तफ़्तीश कभी मुक़म्मल नहीं हो सकेगी :

समाजी बेबसी हर शह्र को मक़तल बनाती है
कभी नक्सल बनाती है कभी चम्बल बनाती है

सर ब सजदा है मसीहा कि मेरी बात रहे

अस्पताल आदमी को ज़िन्दा रखने की आख़िरी कोशिश का नाम है, इसके बावजूद लोग मर जाते हैं। साइंस अपने वजूद (अस्तित्व) की आहट को सूरे इसराफ़ील (प्रलय से ठीक पहले फ़रिश्ते द्वारा फूँका जाने वाला स्वर) साबित करने के लिए चाँद पर चरख़ा कातती हुई बुढ़िया के पास पहुँच गयी लेकिन ज़िन्दगी रोज़ शिकरे के पंजे में दबी गौरेया की तरह फड़फड़ाकर आँखें बन्द कर लेती है। ऑपरेशन थियेटर के शफ़्फ़ाफ (साफ़ सुथरे) मशीन बिस्तर पर लेटे हुए मरीज़ को बेहोशी का इन्जेक्शन देकर सुलाया जाता है तो उस वक़्त आदमी कितनी ख़ामोशी से नींद की आग़ोश में चला जाता है जैसे वह ऑपरेशन थियेटर का बिस्तर न हो बल्कि माँ की आग़ोश हो। बड़े बूढ़े भी यही बताते हैं कि अल्लाह नेक लोगों को जब अपने पास बुलाता है तो फ़रिश्ते मरीज़ को इस तरह उठा कर ले जाते हैं कि मरीज़ के बिस्तर पर गवाही के लिए शिकन तक मौजूद नहीं रहती है :

जो डूबना है तो अब इस सुकून से डूबो
कि आसपास की लहरों को भी पता न चले

पहले हम दवा से ज़्यादा दुआओं का एहतराम (सम्मान) और एहतमाम (प्रबन्ध) करते थे। स्कूल और अस्पताल बनवाते थे, कुएँ और तालाब खुदवाते थे, सायेदार दरख़्तों की कहकशाँ (Galaxy) बना देते थे लेकिन अब हम नर्सिंग होम खोलते हैं, मैरिज हाल बनवाते हैं, बड़े-बड़े मॉल बनवाते हैं, क्लब और बॉर खुलवाते हैं, गुटके का कारोबार करते हैं और नक़ली दवाओं की तिजारत भी करते हैं। हमारे ज़ज्बात सर्द हो चुके हैं। हम पत्थरों से बनाये गये लोग इंसानी जज़्बात का अन्दाज़ा भी नहीं लगा सकते हैं। हम सब सर्कस के उस जोकर का रोल अदा कर रहे हैं जो हँसाने के लिए रोता है और रुलाने के लिए खिलखिलाकर हँस देता है। हुकूमतें अपने-अपने वोट बैंक को मज़बूत करने के लिए पहले तो मंसूबा बन्द (सुनियोजित) तरीक़े से खानदानी मंसूबा बन्दी (परिवार नियोजन) को तबाह करती हैं, फिर बढ़ी हुई आबादी को दवा और ग़िज़ा के बग़ैर मरने के लिए झुग्गियों, झोंपड़ों और फुटपाथों पर छोड़ देती हैं। ज़िन्दगी की कहानी में अगर दुःख न होते, उदासियाँ न होतीं, मायूसियाँ और महरूमियाँ न होतीं तो आदमी ज़िन्दा रहने के लिए कुछ भी कर सकता था, किसी भी हद से गुज़र सकता था। इस कहानी में इतने मोड़ आने के बावजूद आदमी

ज़िन्दा रहने की तमन्ना में सब कुछ कर गुज़रता है। जिन्दगी आँखों में ख़्वाबों की सुनहरी फ़स्ल उगाये ताबीरों (स्वप्नफलों) की बारिश का इन्तिज़ार करती है और एक न एक दिन थक जाती है। थकन मौत की पहली दस्तक का नाम है और मौत की पहली दस्तक बहुत ख़ौफ़नाक होती है। जब मैंने आईने में पहली बार अपने सियाह बालों की लट में एक सफेद डोर उलझी हुई देखी थी तो खूब रोया था...कई दिन तक खाना अच्छा नहीं लगा था, हफ़्तों आईने को मुँह नहीं दिखाया था। रफ़्ता-रफ़्ता सफ़ेद डोर ने रस्सी का रूप अख़्तियार कर लिया। ढलती हुई उम्र, मुस्तक़िल बीमारियाँ, साँसों की उलझती हुई डोर, मजीद (और ज़्यादा) ज़िन्दा रहने की हवस, मसाइल की धूल खाती फ़ाइलें और घरेलू ज़रूरतों के आधे-अधूरे ज़िन्दगी नामे बड़े से बड़े बहादुर और निडर आदमी को भी दवा की एक नन्हीं सी गोली के आगे सर टेकने पर मजबूर कर देते हैं। अस्पताल के नाम पर मुँह बनाने वाले ऐसे लोग भी देखे हैं जो अस्पताल-वस्पताल की रट लगाते हुए दुनिया से रुख़्सत हो गये हैं। मेरे एक देरीना (पुराने) करम फ़रमा हैं...राजा बाबू नाम तो उनका है लेकिन घर वालों ने उनको इसी नाम से पुकारा होगा, लिहाज़ा वह इसी नाम की तफ़्सीर (खुलासा) हो गये हैं। दवाओं की बहुत बड़ी फ़ैक्ट्री के मालिक हैं। एक दिन मैं उनसे मिलने गया तो उन्होंने मेरी तबीयत के बारे में पूछा। मैंने हँसते हुए उन्हें ये शेर सुनाया :

हम से मोहब्बत करने वाले रोते ही रह जाएँगे
हम जो किसी दिन सोये तो फिर सोते ही रह जाएँगे

राजा बाबू बंगाली आदमी हैं। शायरी में सिर्फ़ बंगला शायरी, खाने में सिर्फ़ मछली, क़याम करने के लिए कलकत्ता और वक़्त गुज़ारने के लिए मुझे पसन्द करते हैं। उन्होंने शेर पर कोई भी तब्सिरा किये बग़ैर किसी डॉक्टर को फ़ोन किया, उसे मेरे बारे में बताया, फिर ये भी बताया कि "इनके वालिद से मेरे वालिद के बहुत गहरे मरासिम थे इसी निस्बत से ये रिश्ते आज तक बरक़रार हैं। वैसे तो ये बहुत दिलचस्प आदमी हैं, लेकिन लफ़्ज़ परहेज से बिल्कुल नाआशना (अपरिचित) हैं, इसीलिए अगर इन्हें कभी किसी चीज़ से परहेज़ करने पर मजबूर किया जाता है तो ये बुरा मान जाते हैं और इन्तिकामन (बदले के तौर पर) डॉक्टर और दवाओं से परहेज़ करने लगते हैं। मैं इन्हें आपके पास भेज रहा हूँ।" फ़ोन रखकर उन्होंने मुझसे ये कहा कि यह डॉक्टर आशीष कुमार हैं। इनका शुमार हिन्दुस्तान के बहुत जहीन (बुद्धिमान) डॉक्टरों में होता है। ये मदर टेरेसा के मुआलिज (चिकित्सक) भी रह चुके हैं। मेरे बहुत पुराने दोस्त हैं, आप ब्लड रिपोर्ट के साथ इनसे एक बार मशविरा ज़रूर कर लीजिए। यह ज़्यादा दवाएँ भी नहीं देते कि दवा खाने के बाद पेट में खाना खाने की जगह भी न रह जाये। मुझको अपनी सेहत से ज़्यादा राजा बाबू की बेलौस (निःस्वार्थ) मोहब्बत पर रहम आया और मैं अपनी फ़ाइल के साथ डॉक्टर आशीष कुमार के पास हाज़िरी देने के लिए कलकत्ता हास्पिटल पहुँच गया। वह बिरला का

अस्पताल कहलाता है। एक जमाने में यह कलकत्ते का जदीद तरीन (आधुनिकतम) अस्पताल हुआ करता था। कलकत्ता आज तक बिरला का शहर कहलाता है। बिरला ने अस्पताल ही नहीं आलीशान मन्दिर भी बनवाये हैं यानी बिरला परिवार ने इस बात का पूरा एहतमाम कर रखा है कि ज़िन्दगी बचाने के लिए दवा और दुआ दोनों की ज़रूरत पड़ती है। इस तरह मेहनत से कमाये गये चार पैसे दवा और दुआ की दुकानों में भी ख़र्च हो जाते हैं। आज तक डॉक्टरी वह मुक़द्दस पेशा है जिसके एतबार (विश्वास) की चादर के नीचे बाप अपनी बेटी, और भाई अपनी जवान बहन को तन्हा छोड़ देता है। हालाँकि इस पेशे में भी कुछ ख़राब लोग आ गये हैं मगर ख़राब लोगों से कैसे और कहाँ तक बचा जा सकता है क्योंकि ये तो मन्दिरों और मस्ज़ीदों में भी मंडलाते हुए मिल जाते हैं। कृष्ण बिहारी नूर का मिसरा है :

आँख अपना मज़ा चाहे दिल अपना मज़ा चाहे

जिसके मुताबिक़ डॉक्टर मरीज़ में अपना मिज़ाज और मूड तलाश करता है और बीमारी अपने मिज़ाज और मौसम के मुताबिक़ दवा तलाश करती है। नतीजे के तौर पर कभी मैं ठीक हो जाता हूँ और कभी बीमारी ठीक हो जाती है। वैसे मुस्तकिल तलाश से तो हर मंज़िल मिल जाती है।

बहुत देर तक मेरा जायज़ा लेने के बाद डॉक्टर साहब ने मुझसे पूछा, आपको क्या तकलीफ़ है? मैंने उन्हें बताया कि शुगर बढ़ी हुई है। उन्होंने मेरी आँखों, ज़बान और जेब का क़ायदे से मुआएना किया। फिर पूछा, आपके वालिद को भी शुगर थी? मैंने कहा, नहीं। वह तो इतने कड़वे थे कि गन्ने के खेत वाले अपने खेत के पास से भी उन्हें गुज़रने नहीं देते थे। डॉक्टर साहब शजरे (पूर्वजों की सूची) की गहराई में उतरते हुए बोले कि आपके दादा जान को शुगर थी? मैंने अर्ज़ किया, नहीं। उनकी तो शुगर मिल थी जो अंग्रेजों की मुख़ालिफ़त करने के जुर्म में ज़ब्त कर ली गयी थी, फिर ज़िन्दगी भर दादा ने मीठा खाया ही नहीं और नतीजे के तौर पर मेरे वालिद सरापा (सर से पैर तक) करेला हो गये थे। लोगों को उनसे फ़ायदा होता था, लेकिन वह हमेशा नुकसान में रहते थे। मेरी शुगर बढ़ने की वजह ये थी कि मैं हमेशा सियासी पार्टी वालों से मीठी मुस्कुराहट के साथ मिलता था और चूँकि मुल्क में सियासी पार्टियाँ कुकुरमुत्तों की तरह उग आयी हैं, लिहाज़ा हर वक़्त मुस्कुराना पड़ता था, जिसके नतीजे में शुगर बढ़ गयी। मेरी लच्छेदार गुफ़्तगू ने डॉक्टर साहब की निगाह में मुझे काबिले रहम बना दिया। अब वह मुझे ऐसी नीमबाज (अधखुली) आँखों से देख रहे थे जिस निगाह से कभी हुकूमत अक़लियतों (अल्पसंख्यकों) के मसाएल को देखती है। उन्होंने मुझसे पूछा, चाय पीजिएगा? मैंने इंकार नहीं किया और करना भी नहीं चाहिए था फिर भी एहतियातन अर्ज़ कर दिया कि चाय बग़ैर शक्कर की मंगवाइएगा। डॉक्टर साहब ने मेरी गुज़ारिश के बावजूद मेरे लिए मीठी चाय मंगवायी। मैं भी अपनी फ़ीस से चाय की क़ीमत वसूल करने पर आमादा था।

तक़रीबन पन्द्रह मिनटों तक जब वह मुस्तक़िल सुनते रहे तो मुझे अपनी शख़्सियत पर कव्वाल होने का यकीन हो गया क्योंकि डॉक्टर हज़रात आमतौर पर ज़्यादा बोलने वाले मरीज़ों (ख़ास तौर से ख़वातीन) के मुँह को फ़ौरन थर्मामीटर के हवाले कर देते हैं। तफ़सीली हालात सुनने के बाद उन्होंने फ़रमाया कि आपके बयान के मुताबिक़ आपने अपनी पचास-बावन साला उम्र में जितनी मिठाई खायी है उतनी अंग्रेज आदमी की कई पुस्तें (नस्लें) खाती हैं। अब आपको मीठी चीज़ें ये सोचकर नहीं छोड़ना है कि आप बीमार हैं बल्कि यह समझकर छोड़ देना है कि आप अपने हिस्से की मीठाई खा चुके हैं और चूँकि आप गुदाज़ कल्ब (नर्म दिल) के मालिक हैं, हस्सास (भावुक) तबीयत आपका सरमाया है जिहाज़ा अब अगर आप मीठी चीज़ फिर खाएँगे तो किसी दूसरे का हक़ और हिस्सा खाएँगे और चूँकि आप शायर हैं इसलिए दूसरे का हक़ और हिस्सा नहीं खा सकते। यह काम मोलवियों और मुल्क के रहनुमाओं को करने दीजिए।

बढ़ती हुई उम्र तबीयत की ख़राबी को अपना ढाल बनाये रखती है और बीमारी आदमी को हक़ीम लुक़मान तक पहुँचने की सलाह देती है, लेकिन मौत, बीमारी और डॉक्टर से नजात नामुमकिन होती है। परहेज़ दुनिया की सबसे कारगर दवा है, लेकिन सबसे कम इस्तेमाल होती है। जिस तरह बहुत-से मुसलमान दो-चार रोज़ों के बाद हाथ-पाँव डाल देते हैं, परहेज़ करने वाला भी थोड़े ही दिनों में एहतियात की सारी दीवारें गिरा देता है क्योंकि दुनिया अगर सिर्फ़ डॉक्टरों के कहने पर चलना शुरू कर दे तो सारी दुनिया के कारोबार ठप पड़ जायें। आदमी को उतना परहेज़ करना पड़े कि वह बद परहेज़ी न करने की वजह से मर जाये। बेशक खुदा अपने बन्दों पर रहम करने वाला है, उन्हें नवाज़ने वाला है। उसने इंसान के पैदा होने का वक़्त तो मुक़र्रर कर दिया लेकिन मौत के वक़्त को राज़ में ही रखा, वर्ना शायद इंसान इस ख़ौफ़ से कुछ भी न करता कि उसे तो फ़लाँ वक़्त मर जाना है। चाँद पर पहुँचने की आरज़ू, सूरज के शाना बशाना (काँधे से काँधा मिलाकर) चलने का शौक, तितलियों की तरह फ़ज़ा में उड़ने की ललक, कुछ भी इंसान नहीं कर सकता था अगर उसे अपने मरने का दिन और तारीख़ मालूम होती और ये भी मुमकिन है कि इंसान अपने मरने की तारीख़ को पचासों साल दूर समझकर ग़ैर इंसानी हरकतों की सारी हदें ही यह सोचकर पार कर जाता कि आख़िरी कुछ बरसों में अल्लाह की इबादत करके उसे मना लेगा।

हर शख़्स को यही कहते सुना है कि चालीस पार करने के बाद आदमी को मोअतदिल (सन्तुलित) ज़िन्दगी गुज़ारना चाहिए लेकिन ये बहुत मुश्किल काम है। भला बताइए, जिन अच्छी-बुरी आदतों का इतने बरसों का साथ रहा हो, वह अचानक कैसे छोड़ी जा सकती है, सुना है कुछ लोग छोड़ भी देते हैं लेकिन यक़ीनन वह अच्छे लोग नहीं हो सकते क्योंकि अच्छे आदमी चालीस बरस तक बुरी आदतों के गलियारे में चहल क़दमी नहीं कर सकते। चालीस बरस की बुरी आदतों का साथ वही छोड़

सकता है जो नाक़ाबिले एतबार दोस्त हो। ऐसा शख़्स अपनी जिन्दगी के लिए कई ज़िन्दगी से खेल सकता है और ऐसे लोग या तो सियासत के मैदान में होंगे या आला ओहदों पर विराजमान होंगे। यहाँ तो कभी कालोनी में मकान नहीं लिया कि ग़रीब आदमी की ज़रूरत को दरबान की तलाशी से गुज़रना पड़ेगा। शायद रेफ्रिजरेटर में रखे हुए बासी खाने की बद दुआ है कि बुढ़ापे की लाठी को नौकर पकड़कर चलता है। ममता दवाख़ाने की दहलीज़ पर बैठी हुई ज़िन्दगी का जोड़-घटाव करती रह जाती है, औलादें दूसरी कालोनियाँ आबाद कर लेती हैं। मेरी इस ख़ूबसूरत दलील और तजजिये (विश्लेषण) को सुनकर मेरी अम्मी खुश होती हैं लेकिन ममता बहुत कुढ़ती है क्योंकि ममता अपने इस गोश्त के लोथड़े को क़यामत तक ज़िन्दा देखना चाहती है। लेकिन अगर ममता की ख़्वाहिश पर आवागमन का दारोमदार होता तो दुनिया की आबादी का पता कभी नहीं लग सकता था। कुदरत खुदा के जवाज़ (अस्तित्व) का सुबूत और बीमारियाँ इस जवाज़ की ताईद (समर्थन)। बक़ौल हकीम साहब, शुगर का बढ़ना बीमारी नहीं बल्कि सज़ा है। पहले धन्ना सेठों और बदकिरदार नेताओं को होती थी क्योंकि हमारे समाज में ये दोनों ही ग़रीबों और मजबूरों की बद दुवाओं के बड़े हक़दार थे, लेकिन हमने अपने समाज के जाल को चूहों की तरह, दौलत, औरत और ज़मीनें हासिल करने के लिए हर तरफ़ से कुतर दिया है। इससे समाज एक ऐसी नाली बनकर रह गया है जिससे गुज़रकर छछुन्दर पूरे घर को नजिस और नापाक कर देती है।

आज सारी दुनिया बेख़्वाबी (अनिद्रा) का शिकार है। दवा के बाज़ार में नींद की रंग बिरंगी गोलियों का अम्बार लगा हुआ है, नींद की खुश रंग वादियों तक पहुँचने के लिए मुख़्तलिफ़ नशों की खुशरंग सीढ़ियाँ लगी हुई हैं। मौजूदा अहृद की कनीजों (सेविकाओं) और ख़ादिमाओं (दासियों) की एक फ़ौज सुकून और ताज़गी के नाम पर फुहाशी (बेहयाई) को फ़रोग़ दे रही है लेकिन नींद तो उस नाजुक मिज़ाज बच्ची की तरह है जो सबकी गोद में नहीं जाती। दूध के डिब्बों से लोरियाँ नहीं निकल सकतीं। बोर्डिंग में गुर्बत का खट्टा-मीठा एहसास नहीं होता। हॉस्टल में कुन्बापरवरी की तालीम नहीं दी जाती। शायद नींद न आने का सबसे बड़ा सबब भी यही है कि सारी दुनिया दौलत की जख़ीरा अन्दोजी (जमाख़ोरी) में मसरूफ़ है। काली कमाई से नूर का सौदा किया जा रहा है। लिहाज़ा ऐसे हालात में इंसान तो जागता रहता है लेकिन नींद की गोलियाँ उसके ज़मीर (आत्मा) और क़िरदार को हमेशा के लिए सुला देती हैं।

डॉक्टर और क़साई दोनों काटपीट करते हैं, लेकिन एक ज़िन्दगी बचाने के लिए यह सब करता है जबकि दूसरा ज़िन्दगी को ख़त्म करने के लिए। यह अलग बात है कि अब बेशतर ऐसे ही लोग डॉक्टर हो गये हैं जो ज़िन्दगी ख़त्म करने के लिए और नया नर्सिंग होम शुरू करने के लिए चीर-फाड़ करते हैं। दो-तीन दिन तक मुस्तक़िल मेरे जिस्म के रेगिस्तान में साइंस अपनी जदीद (आधुनिक) टेक्नोलॉजी के साथ ऊपर

से नीचे तक चक्कर लगाती रही। हक़ीकत तो यही है कि साइंस ज़िन्दगी को ख़त्म तो कर सकती है, लेकिन उसे मौत के पंजे से बचा नहीं सकती। मैं अस्पताल की पाँचवीं मंज़िल के एक केबिन में लेटा हुआ ख़ुद एहतिसाबी (आत्म मन्थन) के कर्ब (पीड़ा) से गुज़र रहा था। हवसे लुक़्मये तर (शानो शौक़त की हवस) और झूठी शोहरत के लिए की गयी बद दियानतियों का जोड़-घटाव कर रहा था। मौत की हल्की-सी आहट भी सबसे पहले गुनहगार इंसान को बेदार करती है लेकिन जिस तरह कोमा में गये हुए मरीज़ का दिल तो काम करता है लेकिन दिमाग़ उसका साथ देने से गुरेज़ करता है उसी तरह गुनहगार इंसान का दिमाग़ तो काम करना चाहता है लेकिन दिल उसका साथ देने के लिए तैयार नहीं होता, क्योंकि दिल और दिल का रोग अगर लग जाये तो जान लिये बग़ैर कहानी ख़त्म नहीं होती :

यादे जानाँ कम न होंगी दिल को तड़पाये बग़ैर
ये घटा खुलती नहीं है अश्क बरसाये बग़ैर

अस्पताल वालों ने जो यूनिफ़ार्म मुझे पहनने के लिए दी, मेरे बेडौल जसामत (मोटापा) ने उसके क़ाबू में आने से साफ़ इनकार कर दिया। फ़्लोर मैनेजर जो अपनी Body Language को दाग़ देहलवी की ज़बान बनाने पर आमादा थीं, इस बात पर बज़िद थीं कि आपको अस्पताल के कपड़े पहनने होंगे। मौसूफ़ा एक खुश लिबास ख़ातून थीं। रोज़ाना नये-नये शलवार सूट पहनकर बीमारों के लिए उम्मीद की जोत भी जगाती थीं और अमराज़े क़ल्ब (दिल की बीमारियाँ) का सबब भी बनती थीं। मुझे फ़्लोर पर टहलते देखकर सवालिया निशान की तरह खड़ी हो गयीं। रानी मुखर्जी की तरह भर्रायी हुई आवाज़ में बोलीं कि आप अस्पताल की क़ानून शिकनी करने पर क्यों आमादा रहते हैं, आख़िर आप अस्पताल की यूनिफ़ार्म क्यों नहीं पहनते? मैंने कहा, 'मोहतरमा आप ब्लाउज़ को यूनिफ़ार्म कहती हैं। ब्लाउज़ दुनिया में आदाबे सुपुर्दगी (समर्पण की सभ्यता) की सबसे बड़ी अलामत (निशानी) है। बक़ौल हकीम साहब, जवानी में दुनिया पीछे से खुलने वाले ब्लाउज़ के हुक की तरह लगती है और बुढ़ापे में उस ब्लाउज़ की तरह हो जाती है जो दस्ते खुद दहाने खुद (अपना काम अपने हाथ) की कहानी कहती है। माफ़ कीजिएगा, मैं आपके अस्पताल में फेफड़ों के इलाज के लिए दाख़िल हुआ हूँ, तब्दीलिए जिन्स (लिंग परिवर्तन) के लिए नहीं। आपको मेरे लिबास पर नहीं, मेरी बीमारी पर ग़ौर करना चाहिए। आप खुद तो रोज़ाना नये नये शलवार सट पहनकर अस्पताल आती हैं और मुझे ऐसे कपड़े पहनने पर मजबूर करती हैं जिनकों पहनने से मेरे घर वाले तो क्या मलकुलमौत (मौत का फ़रिश्ता) भी भटक सकता है। इसे पहनकर मेरा निकाह तक मश्कूकियत (सन्दिग्धता) के जुमरे (श्रेणी) में आ जाएगा और ब्लाउज़ भी ऐसा खुला ढला कि :

जिसका जी चाहे चराग़ों को जला ले जाये

नर्स ने जब मुझे ग्राउण्ड फ़्लोर तक ले ज़ाने के लिए व्हील चेयर पर बिठाया

तो मैंने अपने आपको किसी अक़्लियती अदारे (अल्पसंख्यक संस्था) के चेयरमैन की तरह मजबूर और बेबस महसूस किया कि अस्पताल की लिफ़्ट भी इतनी सुस्त रफ़्तार होती है कि बिजली के बजाय ऑक्सीजन से चलती हुई महसूस होती है। मैंने वक़्त गुज़ारी के लिए गोद में रखी फ़ाइल देखने की कोशिश की। अभी एकाध वरक़ ही पलटा कि नर्स ने एक झटके से फ़ाइल मेरे हाथ से छीन ली और साथ में ये भी कहा कि मरीज़ को अपनी फ़ाइल पढ़ने की इजाज़त नहीं है। नर्स का इस तरह फ़ाइल छीनना मुझे नागवार तो लगा लेकिन ये सोचकर खुशी हुई कि चलो इस दयारे ग़ैर में तो कम-अज़-कम लोग मुझे पढ़ा लिखा समझ रहे हैं क्योंकि उर्दू में पढ़ा लिखा होने की सनद तो डॉक्टर, प्रोफेसर या किसी सरकारी ओहदे पर विराजमान होने के बाद ही मिलती है। जैसे मुशायरों में बड़ा शायर होने की सनद अमेरिका, इंग्लैण्ड और दुबई के चकलो में घूमने के बाद मिलती है। इसीलिए तो मुझे ग़ालिब और मीर बशीर बद्र से छोटे शायर मालूम होते हैं क्योंकि न तो उन लोंगों के पास डॉक्टर और प्रोफ़ेसर की काग़ज़ी डिग्री थी और न ही अमेरिका और दुबई के दावतनामे। ग़ालिब तो कचूए अरबाबे निशात (नगर वधुओं की गली) में काफ़ी अमल दख़ल रखते थे, लेकिन बेचारे मीर ने तो सारी उम्र अत्तार के लौंडे से दवा लेने में गुज़ार दी :

रुस्वा भी हुए जाम पटकना भी न आया
रिन्दों को सलीक़े से छलकना भी न आया

ऑपरेशन थियेटर में ले जाने के बाद मुझे पट्टियों से जकड़ दिया गया। फिर डॉक्टर साहब ने मुझसे कहा कि हम तुम्हारे हल्क़ में कॉटन डाल देंगे। साँस तुम्हें नाक से लेते रहना है। तुम्हारा दाहिना हाथ आधा खुला हुआ है...किसी क़िस्म की तकलीफ़ या ज़रूरत के वक्त तुम अपना दाहिना हाथ उठाकर इशारा कर देना। मैंने बुझती हुई मुस्कुराहट की क़ंदील को रौशन करते हुए कहा कि डॉक्टर साहब यह काम मुझसे हर्गिज़ नहीं होगा क्योंकि अगर मैं हाथ ही उठाता रहता तो पार्लियामेंट का मेम्बर बन गया होता। थियेटर में जब मेरी साँस की तकलीफ़ में कमी के बहाने मेरे मुँह और नाक पर क्लोरोफ़ार्म का मास्क रखा गया और ज़ोर-ज़ोर से साँस लेने की हिदायत दी गयी तो मैंने इस खुशी में ज़ोर-ज़ोर से साँस लेना शुरू कर दिया कि शायद इस तरह साँस की तकलीफ़ से छुटकारा मिल जाएगा, लेकिन बमुश्किल तमाम तीन चार दफ़ा ही साँस लेने के बाद महसूस हुआ कि जैसे मैं कहीं दूर वादियों में सफ़र कर रहा हूँ या कहीं खला (अन्तरिक्ष) में भटक रहा हूँ...किसी अन्धे ग़ार में डूबता चला जा रहा हूँ या किसी कुएँ की तह में बैठता जा रहा हूँ। सामने खड़े और तसव्वुर में मौजूद चेहरे आपस में गडमड हुए जा रहे हैं। आँखों के सामने जुगनुओं की बारात खड़ी है, लेकिन ये कैफ़ियत भी बदिक़्क़त तमाम एक या दो मिनट रही होगी :

कुछ दूर तक तो सिर्फ़ अँधेरा था और मैं
फिर मेरी उँगली थाम के महताब ले गया

होश आने पर बेइन्तिहा नकाहत (कमज़ोरी) के बावजूद लाशऊर में (अंजाने में) यह एहसास बार-बार पनप रहा था कि अस्पताल में बोहोश होने और दुनिया से रुख़्सत होने से कुछ पहले के लम्हात (क्षणों) में बहुत यकसानियत होती होगी। वह लोग जिनके आमाल की गठरियाँ नेकियों से लदी फँदी होंगी, जिनकी पेशानियों से जोहदो तक़वा (इबादत और ईमानदारी) का नूर उबल रहा होगा, जिनकी खुशनसीब साँसें इश्क़े रसूल (सल.) की हिद्दत (आँच) से महक़ रही होंगी, जिनके चेहरों पर तकद्दुस (पवित्रता) का सूरज चमक रहा होगा, जिनकी आँखों ने मुहब्बते रसूल (सल.) और गमे आले रसूल (सल.) (रसूल की औलाद का ग़म) में आँसुओं से वजू किया होगा, जो राहे मुस्तकीम (सीधी राह) पर ऐसे चलते रहे होंगे जैसे हर शाम को परिन्दे अपने घोंसले की तरफ़ चलते हैं, वह जिन्होंने ज़कात से ज़्यादा अल्लाह के बन्दों पर लुटा दिया होगा, वह जिन्हें नमाज़ में ख़ुदा और उसके रसूल के सिवा कुछ याद न रहता होगा, वो जो सारी ज़िन्दगी हक़ और हलाल की कमाई की ख़ुशबू से महकते रहे होंगे, वह जिन्होंने अपने शबो रोज़ की चादर में इबादतों, ख़िदमतों, सआदतमन्दियों और नेकियों के सलमा सितारे टाँक दिये होंगे उनको सफ़रे आख़िरत (परलोक की यात्रा) में उतनी ही ज़हमत होती होगी जितनी ज़हमत चारपाई को धूप से छाँव की तरफ़ खींचने में होती है :

बच्चों की तरह पेड़ की शाख़ों से मैं कूदूँ
चिड़ियों की तरह उड़ के मैं खलियान में जाऊँ

ऑपरेशन का तीसरा दिन था। मैं सुबह से ही कुछ अजीब-सी उलझन महसूस कर रहा था। कुछ कैफ़ियतें न बतायी जा सकती हैं, न तहरीर की जा सकती हैं ...उन्हें सिर्फ़ महसूस किया जा सकता है। मेरे चेहरे पर मुमकिन है कि बेचैनी के आसार नुमायाँ रहे हों। अहलिया (पत्नी) और मेरा इकलौता बेटा तबरेज़ बिस्तर से लगे खड़े थे। मुमकिन है मेरे चेहरे पर फैली हुई बेचैनी उन लोगों ने भी महसूस कर ली हो लेकिन 'अयादत' (बीमार का हाल पूछना) 'पुरसे' की पहली सीढ़ी होती है। तसल्लियों के हिलकोरे से दर्द की शिद्दत कभी कम नहीं होती, तिनके ने कभी किसी डूबने वाले को नहीं बचाया, दवा कभी मौत का इलाज नहीं बन सकी, लेकिन आसरा और उम्मीद दूर गाँव में जलते हुए उस चराग़ की तरह होती है, जिसकी हिद्दत से मुसाफ़िर को ठण्डक और अँधेरे का एहसास नहीं होता। अयादत भी एक ऐसे रेशमी एहसास का नाम है जिसकी मौजूदगी में मलकुलमौत को भी मरीज़ के पास दबे पाँव आना पड़ता है और शायद ज़िन्दगी की सबसे बड़ी जीत भी यही होती है कि मौत झिझकते हुए मरीज़ के कमरे में दाख़िल होती है :

वक़्त ख़ुश-ख़ुश काटने का मशविरा देते हुए
रो पड़ा वो आप मुझको हौसला देते हुए

शायद रफ़्ता-रफ़्ता मेरा चेहरा ऐसा आईना बनता जा रहा था जिस पर अज़ीयत और तकलीफ़ की मुकम्मल शबीह (आकृति) उभरने लगी थी क्योंकि नर्सों ने इधर-उधर दौड़ना शुरू कर दिया, मुख़्तलिफ़ मशीनें मौत का रास्ता रोकने के लिए यूँ खड़ी हो गयीं जैसे गाँव के लोग भेड़िये के ख़ौफ़ से घरों के आगे बबूल और बेर की सूखी हुई शाख़ें रख देते हैं।

चन्द लम्हों में ही कई डॉक्टरों और नर्सों से मेरा कमरा भर गया। उन लोगों ने मेरी अहलिया और बेटे को फ़ौरन कमरे से जाने को कहा। मुमकिन है मेरी बिगड़ती हुई हालत उन लोगों से न देखी जा रही हो या उनके उतरे हुए चेहरे मुझे मज़ीद अज़ीयत की खाई में धकेल रहे हों। शायद इसी वजह से मेडिकल साइन्स के क़ानून में डॉक्टर को अपने क़रीबी रिश्तेदार के ऑपरेशन की इजाज़त नहीं होती।

मेरा सारा जिस्म पसीने से शराबोर हुआ जा रहा था। मेरे सर चेहरे से इस तरह पसीना उबल रहा था जैसे बाथरूम का शावर थोड़ा खुला रह जाये। डॉक्टरों ने आँखों ही आँखों में कुछ इशारे किये, फिर फ़ौरन स्ट्रेक्चर लगवाकर मुझे बिस्तर से उठाकर उस पर लिटा दिया गया। मैं बेहद तकलीफ़ में होने के बावजूद पूरे होश में था। पाँच सात मिनट के इस वक़्फे में ज़िन्दगी के तिरपन बरस एक सायकिल की सूरत में मेरी आँखों के सामने यूँ रक्स करने लगे जैसे टायर Repair करने वाला ट्यूब को घुमा फिराकर पंक्चर तलाश करता है :

पसीना मौत का माथे पे आया, आईना लाओ
हम अपनी ज़िन्दगी की आख़िरी तस्वीर देखेंगे

आँखों की पुतलियाँ खुद एहतिसाबी के साथ मिल कर आमाल के जोड़ घटाव में मसरूफ़ थीं और नर्सों की लगातार कोशिश के बावजूद मैं बार-बार बरहना (निर्वस्त्र) हुआ जा रहा था। डूबती हुई नब्ज़, उलझती हुई साँसों और धौंकनी की तरह फूलते पिचकते सीने में शोर मचाते दिल के किसी हिस्से ने चुपके से मेरे कान में कुछ कहा तो मुझे याद आया कि इस बार दुनिया और दुनियादारी के बोझ ने मुझे रमज़ान में भी किसी वक्त कुरआन पढ़ने का मौक़ा नहीं दिया। लिहाज़ा इससे पहले कि जिस्म से साँसों के मरासिम (सम्बन्ध) ख़राब हो जायें, मुझे कलमा पढ़ लेना चाहिए। मैं चुपके-चुपके कलमा पढ़ने लगा। डॉक्टर ने मेरे हिलते हुए बे सौतो सदा (स्वर विहीन) होंठों से अन्दाज़ा लगाया कि शायद मैं कुछ कहना चाहता हूँ, लेकिन हिसाब-किताब करता हुआ आदमी होंठ तो हिला सकता है...बात नहीं कर सकता और फिर जहाँ ज़िन्दगी के आख़िरी पड़ाव पर उम्र भर का हिसाब हो रहा हो, वहाँ सिर्फ सोचा जा सकता है, एहतिसाबे गुनाह किया जा सकता है...कुछ बोला नहीं जा सकता। सारे चेहरे पर ज़मीर की चुटकियों के सुर्ख़-सुर्ख़ निशान उभर आते हैं। ये ऐसे निशानात हैं जिन्हें दुनिया की कोई भी मेडिकल साइन्स क़यामत तक Diagnose नहीं कर सकती। इन्हें तो सिर्फ़ पछतावे की आँखें देख और पढ़ सकती हैं।

इस तकलीफ़देह कशमकश के बाद आहिस्ता-आहिस्ता मेरे चेहरे से सुकून और इत्मीनान झलकने लगा और एक ख़ुशगवार-सी आहट मेरे खुश्क होते हुए होंठों से चिपक गयी। ये वही वक्त था जब मेरे जिस्म को लाद फाँद कर ICCU की तरफ़ ले जाया जा रहा था। मेरी अहलिया, बेटा, और भी दो चार लोग मेरी तरफ़ लपके, मेरे होठों पर मुस्कुराहट अभी तक चिपकी हुई थी। मैंने हाथ उठाकर उन लोगों को आहिस्ता से "खुदा हाफिज़" कहा, फिर फ़ौरन ही ये ख़याल आया कि अगर मैं वापस नहीं लौटा तो दो चार दिनों में ही कुदरत का मरहम इन लोगों के दुःखे दिल के ज़ख़्म भर देगा। घर के लोग मेरा आख़िरी सफ़रनामा सुनाते हुए ये भी कहेंगे कि उनके चेहरे पर उस आलम में भी कैसी दिलकश मुस्कुहारहट खेल रही थी। वह दुनिया से कितने इत्मीनान और सुकून के साथ रुख़्सत हुए। हालाँकि मैली-मैली सी उस मुस्कुराहट का सबब शायद यह था कि खुद एततिसाबी में मेरे कानों में चुपके से ये कह दिया था कि दुनिया के इम्तिहान में तुम्हारा पर्चा ज़्यादा ख़राब नहीं हुआ है। तुम्हारे इतने नम्बर हैं कि तुम दावरे मशहर को अपना मुँह दिखा सकोगे :

ताबे नज़्ज़ारा जो लाये मुझे वह दिल देना
मुँह क़यामत में दिखा सकने के क़ाबिल देना

आनन फ़ानन मुझे ICCU में पहुँचा दिया गया। तकलीफ़ के वावजूद मैं हर तरह से बाख़बर था। पाँचवीं मंज़िल तक पहुँचने में बमुश्किल तमाम चार से पाँच मिनट लगे होंगे। मरीज़ की ज़िन्दगी के लिए अस्पताल की ज़रूरत पड़ती है और अस्पताल की ज़िन्दगी का दारो मदार उसके सिस्टम पर होता है। ICCU तक पहुँचते ही मेरा तअल्लुक़ पाँचवीं मंज़िल, उसके कमरे, वहाँ के स्टॉफ़ और अपने घर वालों से भी बिल्कुल मुन्कता (टूटना) हो गया। वहाँ की दुनिया बिल्कुल मुख़्तलिफ़ होती है। वहाँ का अमला (स्टाफ़) भी तबीयत न और मिज़ाजन बिल्कुल अलग होता है। वहाँ सिर्फ़ मरीज़ होते हैं या उस डिपार्टमेंट के लोग जो हर वक़्त चौकन्ना रहते हैं। जिस तरह किसी वज़ीर के जमीनी सफ़र पर हर ज़िले की पूरी मशीनरी इस बात की कोशिश करती है कि वज़ीर का काफ़िला उसके ज़िले से सलामती के साथ गुज़र जाये। ठीक उसी तरह ऑपरेशन थियेटर वाले यह चाहते हैं कि ओ.टी. से मरीज़ बआसानी अपने कमरे तक पहुँच जाये और यूँ भी दुनिया के ओ.टी. में मरने वालों की तादाद मुश्किल से हज़ार में एक भी नहीं होती है। आई.सी.सी.यू. वालों के यहाँ तो अव्वलियत इसी की होती है कि मरीज़ को ज़िन्दा उसके घर वालों के हवाले किया जाये। अस्पताल अपनी आबरूमन्दी और नेकनामी के लिए मरीज़ों को बचाने में अपनी पूरी ताक़त झोंक देता है और डॉक्टर तो हक़ीक़ी मानों में इस शेर की तफ़्सीर (खुलासा) बन जाते हैं :

मलकुल मौत को ज़िद है कि वो जाँ ले के टले
सर ब सज़दा है मसीहा कि मेरी बात रहे

जो पैदल जा रहा है आदमी कारें बनाता था

अंग्रेज़ दुनिया में कहीं भी रहे, वह हिन्दुस्तान और ख़ुसूसी तौर पर कलकत्ते से बहुत लगाव रखता है। ठीक उसी तरह जैसे भारत में बचे खुचे मुजाहिदीने आज़ादी (स्वतंत्रता संग्राम सेनानी) और उनके अह्ले ख़ाना हुकूमत की बदसुलूकी, बेमुरव्वती और बेवफ़ाई के शिकार हैं, लेकिन उनके दिलों में हिन्दुस्तान से मोहब्बत की शम्अ हमेशा रौशन रहती है। आज़ादी की जंग में अपना सुख चैन, जान माल और अपने आबाद ख़ानदान को दाँव पर लगाने वाले आज़ादी के मतवालों ने कभी सपने में भी नहीं सोचा होगा कि एक दिन उनकी कुर्बानियों को नज़र अन्दाज़ कर दिया जाएगा।

तक़रीबन दस बरस पहले तक वस्ती (मध्य) कलकत्ते की एक आलीशान इमारत की दरबानी सिर्फ़ तीन सौ रुपये महीने पर वह आदमी कर रहा था, जिसने आज़ादी की लड़ाई से मुतास्सिर (प्रभावित) होकर अपना घर बार और ज़मीन बेच कर चालीस हज़ार रुपये से नेता जी सुभाष चन्द्र बोस की बनाई हुई 'आज़ाद हिन्द फ़ौज' की मदद की थी। 1942 ई. के चालीस हज़ार की दौलत से उस ज़माने में कलकत्ता जैसे शहर में कई बुलन्दों वाला इमारतों को ख़रीदा जा सकता था :

मिलें इसीलिए कपड़े के ढेर बुनती हैं
कि दुख़्तराने वतन तार-तार को तरसें
चमन को इसलिए माली ने ख़ूँ से सींचा था
कि उसकी अपनी निगाहें बहार को तरसें

यह कहानी किसी एक आदमी या एक ख़ानदान की नहीं है। आज़ादी की असली लड़ाई लड़ने वाले लोगों को मुल्क के आज़ाद होने से बहुत ज़्यादा नुकसान पहुँचा। बहादुर शाह ज़फ़र हिन्दुस्तान के आख़िरी ताजदार और अंग्रेज़ों के कट्टर मुख़ालिफ़ थे। तारीख़ के अवराक (पन्नों) में आज भी दर्ज है कि जब अंग्रेज़ों ने उन्हें क़ैद कर लिया और शाहज़ादों का सर क़लम करके उनके सामने पेश किया गया तो उनकी आँखों में आँसू तो नहीं आये, लेकिन एक बहादुर बादशाह और सच्चे मुसलमान ने अपने बेटों के सर देखकर कहा था कि, "अलहम्दु लिल्लाह! शहीदों के सर ऐसे ही तश्त में सजा कर लाये जाते हैं, नालियों में नहीं फेंके जाते।" यह वही बहादुर बादशाह थे, जिनको बादशाह का हलफ़ दिलाते हुए उस वक़्त के

काजिउल कुज़ा (मुख्य न्यायाधीश) ने जब ये कहलवाना चाहा कि, "वादा करो कि तुम अपने मुल्क हिन्दुस्तान से अपनी महबूबा की तरह मोहब्बत करोगे।' तो बहादुर शाह ज़फ़र ने मुस्कुराते हुए पूछा था कि, "महबूबा की तरह क्यों? माँ की तरह क्यों नहीं?" क़ाज़िउल कुज़ा ने बुलन्द आवाज़ में जवाब दिया था कि, 'माँ की मोहब्बत में लोग जानें नहीं दिया करते।' तारीख़ के अवराक़ पर ये बात भी महफ़ूज़ हो गयी कि क़ाज़िउल कुज़ा की कही हुई बात ग़लत नहीं होती। हिन्दुस्तान से हज़ारों मील दूर एक ख़तरनाक क़ैदी की तरह मुग़ल सलतनत के आख़िरी ताजदार, सूफ़ी शायर बहादुर शाह ज़फर को रंगून के क़ैदख़ाने में अपनी बची हुई साँसें ख़र्च करनी पड़ीं और सारी दुनिया में उनके ही लिखे हुए अश्यार पढ़कर लोग उन्हें याद करते हुए ख़िराजे अक़ीदत (श्रद्धा सुमन) पेश करते हैं :

है कितना बदनसीब ज़फ़र दफ़्न के लिए
दो गज़ ज़मीन भी न मिली कूये यार में

आजादी की लड़ाई में सिर्फ़ तन-मन-धन ही नहीं अपनी बादशाहतें और रियासतें तक निछावर कर देने वाले बहादुर शाह जफ़र हों, टीपू सुल्तान हों या वाजिद अली शाह, महारानी झाँसी का कुन्बा हो, राना बेनी माधव का ख़ानदान हो या कालपी और बाँदा के नवाब हों, उनकी नस्लें आज फूटपाथों और झोपड़ियों में टाट के पर्दे डालकर रह रही हैं। इससे तो यही लगता है कि उनके आबा व अजदाद (पूर्वजों) ने जंगे आज़ादी में हिस्सा लेकर वह गुनाह किया था जिसका ख़मियाज़ा उनकी औलादों को भुगतना पड़ रहा है। फेंके हुए टुकड़ों पर पलने वाले इन लोगों को आज़ादी माँ की गाली जैसी लगती होगी। तक़रीबन दस-बारह बरस पहले कलकत्ता के टालीगंज (जो कलकत्ता का बॉलीवुड भी कहलाता है) में टीपू सुल्तान के ख़ानदान वाले अपने ही अजदाद की बनायी हुई आलीशान मस्जिद के पास एक टूटे मकान में रहते थे। एक तरफ़ तो ये लोग टीपू सुल्तान के पोते और पड़पोते थे, दूसरी तरफ़ दीवारों से झाँकती हुई ईंटें, बाँस की मदद से रोकी गयी शहतीरें, क़ब्र में उतरती जैसी सीढ़ियाँ, पेवन्द लगे कपड़े पहने घर की औरतें, दीवार पर टीपू सुल्तान और हैदर अली की मैली कुचैली तस्वीरें हिन्दुस्तान के मुजाहिदीने आज़ादी और इक़्तिदार (सत्ता) की कुर्सी पर बैठे हुए हिन्दुस्तानियों का मज़ाक उड़ा रही थीं।

मैं वहाँ से निकलकर रिक्शे की तलाश में सड़क तक आना चाहता था कि उसी ख़ानदान के किसी फ़र्द ने एक नौजवान को जिसकी उम्र मुश्किल से 16-17 बरस रही होगी, आवाज़ देकर बुलाया और मुझे रिक्शे पर बिठाकर ट्राम डिपो तक पहुँचाने के लिए कहा, साथ ही ये भी बताया कि, "यह मेरा बेटा है...टालीगंज में रिक्शा चलाता है।"

काग़ज़ के बने ताज महल बेच रहे हैं
जो बाग़ के मालिक थे वो फल बेच रहे हैं

कभी-कभी कोई सहाफ़ी (पत्रकार) या फोटोग्राफ़र ऐसे बदहाल, परेशान और बदनसीब ख़ानदानों की कहानी को अख़बार के सफ़हात तक ले आता है। लोग पढ़ते हैं और इस नाइंसाफ़ी पर अफ़सोस करते हुए हुकूमत में बैठे हुए अन्धे बहरे नेताओं को कोसते हैं और ख़ामोश हो जाते हैं। अब ख़बर आयी है कि कम्युनिस्टों के हिन्दुस्तानी हेड क्वार्टर में बसे हुए बहादुर शाह ज़फ़र के पड़पोते अपने हुकूक़ (अधिकारों) के लिए लाल क़िला पर धरना देंगे।

जब ग़रीबी आती है तो आरज़ूएँ भी सिमटकर छोटी हो जाती हैं। ईनाम के हक़दार लोंगों को जागीरें बख़्शने वाले मुग़ल बादशाहों की मौजूदा नस्ल की एक बेसहारा औरत ने अपनी बेटी व बहू के लिए एक-एक सरकारी नौकरी और रेलवे पास माँगते-माँगते बेवा होकर बुढ़ापे की दहलीज़ पर क़दम रख दिया है। *शहज़ादा बेदार बख़्त* की बेसहारा बेवा *चमन आरा* ये भी बताती हैं कि, "एन.डी.ए. सरकार की तरफ़ से पचास हज़ार रुपये मिले थे" चमन आरा भर्रायी हुई आवाज़ में ये भी कहती हैं कि, "हुकूमत गाँधी, जवाहर लाल नेहरू और नेता जी सुभाष चन्द्र बोस जैसे क़ौम के सूरमाओं को याद तो करती है, लेकिन ये भूल जाती है कि उनके सियासी रहनुमा जिस लालक़िले से खड़े होकर क़ौम को ख़िताब करते हैं उसकी बुनियादी में हमारे बुजुर्गों का ख़ून शामिल है।"

चमन आरा हवड़ा में एक कच्चे-पक्के मकान में चाय की दुकान चलाती हैं। वह मग़रिबी बंगाल सरकार की तरफ़ से दिये गये एक फ़्लैट पर पुलिस की मदद के बावजूद क़ब्जा नहीं पा सकीं। अब वह और उनकी पाँच बेटियाँ थक चुकी हैं। बरसों से हवड़ा के एक फुटपाथ पर अपने नसीब को कोसते हुए इस ख़ानदान को उस इलाक़े में एक छोटे से कमरे में ज़िन्दगी बसर करनी पड़ रही है। पेंशन की रक़्म शौहर के इन्तकाल के बाद बन्द हो चुकी है। दीवानों की तरह हँसते हुए वह ये भी कहती हैं कि, "मुझे पता है, पुराने दिन तो अब कभी लौट नहीं सकते हैं, लेकिन हुकूमत अगर थोड़ा-सा भी इंसाफ़ करे तो हम और हमारी बेटियाँ अच्छी ज़िन्दगी गुज़ार सकते हैं।" आज़ादी की कहानी सुनाने वाले नेता, मुजाहिदीने आज़ादी के ग़म में फ़र्जी आँसू बहाने वाले राजनेता, हर साल छः महीने में अपनी सियासी दुकान पर मुसलमानों के खून का छिड़काव करने वाले और सेक्युलरिज़्म की पगड़ी पहन कर मुसलमानों की सियासी इमामत करने वालों की नज़र आख़िर इतनी कमज़ोर क्यों होती है :

कहाँ हैं इस तरफ़ भी आयें साया बाँटने वाले
मेरे बच्चे अभी तक धूप की शिद्दत से जलते हैं

सलीक़े से बुज़ुर्गों की निशानी कौन रखता है

हैदराबाद हिन्दुस्तानी तहज़ीब का एक अहम मरकज़, उर्दू की पहली किताब का सबसे पहला वरक, सादगी और मासूमियत की मुकम्मल किताब, खुश मज़ाकी और खुश मिज़ाजी का गहवारा (केन्द्र), तअस्सुब और फ़िरक़ापरस्ती को मूँह चिढ़ाता हुआ ये शहर अपनी आँखों में कई सदियों की कहानियाँ छुपाये हुए है। ये शहर जब मुस्कुराता है तो फूलों को शर्मिन्दा कर देता है और जब क़हक़हे लगता है तो आबशार (झरने) गूँगें मालूम होते हैं। इस अह्द की तमाम आसाइशों के बावजूद इस शहर ने आज तक अपनी तहज़ीब और अख़लाक़ी पोटली को फेंका नहीं है बल्कि इस शहर ने अपने क़ीमती ड्राइंग रूम में आज तक अपने इस बेबहा (बेशक़ीमती) सरमाये को सजाकर रखा है। देहली से ये शहर बहुत मुख़्तलिफ़ है। यहाँ का कोई भी शायर यह कहता नज़र नहीं आता कि :

आज अपनी क़ीमती चीज़ें जुदा करता हूँ मैं
है कोई ऐसा जिसे मेरी शराफ़त चाहिए

अपनी शुजाअत (वीरता) के क़िस्से सुनाता हुआ गोलकुण्डा, तामीरी फ़नकारी (वास्तु कला) के हुनर बताता हुआ चारमीनार, अस्सलातु खैरुम मिनन्नौम (नींद से बेहतर है नमाज़) की सदाएँ बुलन्द करती हुई मस्जिदें, बच्चों के मुस्तक़बिल की चादरों पर रफू करते हुए मदरसे और आलमे इस्लाम के सबसे सानिहे (हृदय विदारक घटना) पर आँसू बहाते हुए इमामबाड़े :

सदियों से धूल वक्त की उड़ती रही मगर
चेहरा ग़मे हुसैन का धुँधला न हो सका

निज़ाम की हुस्न पसन्दी का सुबूत देती हुई इमारतें, सालारजंग म्यूज़ियम और उसके आईना ख़ाने, यादों की बारात में सजे सँवरे जोश मलीहाबादी, वज़ारत की मसनद पर विराजमान सर अकबर हैदरी और कृष्ण प्रसाद शाद, दरबारे दरिया से झाँकते हुए मानी जायसी, उर्दू आमेज (उर्दू मिश्रित) क़हक़हे लगाती हुई सरोजनी नायडू, अदक (क्लिष्ट) अल्फ़ाज की तशरीह (व्याख्या) करते हुए मौलवी अब्दुक हक़ कानों में जिन्दगी का रस घोलते हुए मख़दूम और जामी, ग़ज़ल की चिलमनों से ताकते हुए शाज़ तमकनत औज याकूबी, कहानियाँ सुनाती हुई जीलानी बानो और

वाजिदा तबस्सुम, अपने लिहाफ़ में जागती इस्मत चुग़ताई, गुदगुदाते हुए इब्राहीम जलीस और मुजतबा हुसैन, मैदानों में दौड़ते हुए शब्बीर अली, शोहरत की बुलन्दियों को छूते हुए अज़हरुद्दीन लोगो को हँसाते हुए बब्बन खाँ और एन.टी. रामाराव :

अभी हैं कुछ पुरानी यादगारें
तुम आना शहर मेरा देखने को

मैं इसी तरह की मुख़्तलिफ़ ख़याली तस्वीरों से महवे गुफ़्तगू (वार्ता में व्यस्त) था कि अचानक एयर होस्टेस ने एलान किया कि अब कुछ ही समय बाद हमारा विमान हैदराबाद उतरेगा...यात्रियों से निवेदन है कि वो अपनी सीट बेल्ट बाँध लें और धूम्रपान न करें। मैं सोचने लगा कि तमाम फ़ज़ाई (आसमानी) सीढ़ियों के बावजूद यह ज़बान आम हिन्दुस्तानियों के दिलों में क्यों न उतर सकी? एयर होस्टेस के ज़रिये जहाज़ में उतरती हुई हिन्दी, एरियल के तवस्सुत से घरों में उतरती हुई हिन्दी और एन्टीना के सहारे कमरों में उतरती हुई हिन्दी :

मेरी जानिब भी कभी अहले सियासत देखें
मैं भी मज़लूम हूँ इस मुल्क में उर्दू की तरह

हवाई जहाज़ से बाहर निकलते हुए मैंने अपने हम सफ़र क़ैसर शमीम साहब का चेहरा देखा जो मुस्कुरा रहा था। वर्ना हवाई जहाज पर वह बहुत ख़ौफ़ज़दा दिखाई दे रहे थे...किसी कर्फ़्यूज़दा शहर की तरह। एयरपोर्ट के गेट पर ही महियुद्दीन जीलानी और आँ जहानी (स्वर्गीय) शंकर जी के वलीअह्द इन्तिज़ार करते हुए दिखाई दिये। हम लोगों को देखते ही मोहब्बत से मुस्कुराये। वही दूधिया-सी मुस्कुराहट जिसके लिए दकन वाले मशहूर हैं :

आबे रवाँ की चाह थी दलदल में आ गये
घर का सुकून छोड़ के होटल में आ गये

खूबसूरत-सा जया इंटरनेशनल जिसके कमरे ज़िन्दगी की तमाम आसाइशों से आरास्ता, होटल की गैलरियाँ बच्चों की मुहब्बत की तरह बेदाग़, होटल के आसपास आतिश लखनवी का शेर गुनगुनाते हुए हरे भरे पेड़, मुख़्तलिफ़ किस्म के फूल क्यारियों में अलग-अलग जैसे मुनक़सिम (विभाजित) हिन्दुस्तान, जैसे सूबों में बंटा हुआ भारत देश, जैसे फ़िरक़ों में बंटा हुआ मुसलमान, आईने की तरह चमकती हुई सीढ़ियों को मुँह चिढ़ाती हुई लिफ़्ट, एयर कंडीशंड मशीनों की बदौलत बर्फ़ जैसे कमरे, पी.वी.सी. की चप्पलों को आँखें दिखाती हुई क़ालीन, मज़दूरों के दिलों की तरह नाज़ुक ग़द्दे, बच्चों के रुख़सारों (गालों) जैसे मुलायम तकिये, चेहरा देखने के लिए क़द्दे आदम आईना, चेहरे की झुर्रियाँ देखने के लिए आईने पर लगे हुए दो बल्ब और झुर्रियों की कहानियाँ लिखने के लिए होटल वालों की तरफ़ से बख़्शे गये कोरे-कोरे काग़ज़ साथ में बग़ैर डाक टिकट लगे हुए लिफ़ाफे जैसे बग़ैर टैक्स दी हुई रक़्म :

हर सहूलत थी मयस्सर लेकिन इसके बावजूद
माँ के हाथों की पकाई रोटियाँ अच्छी लगीं

थोड़ी देर आराम करने के बाद मैं क़ैसर शमीम साहब के हमराह शह्र के दरोबाम देखने के लिए निकला। हर तरफ़ मुस्कुराते हुए लोग, बातें करती हुई आँखों से एक दूसरे से मुख़ातिब उर्दू में गूफ़्तगू करते हुए, उर्दू में लिखते हुए, उर्दू की हिफ़ाज़त करते हुए।

मेरी वो आँखें जो पिछले तीन चार बरसों में उत्तर प्रदेश के अवध और हिन्दुस्तान की दिल्ली में उर्दू की जुबूँ हाली (तबाही) देख-देखकर दुखने लगी थीं, हैदराबाद में दाख़िल होते ही उनकी चमक वापस आने लगी थी। लखनऊ और देहली में मुशायरों, जल्सों और अदबी सेमिनारों के इश्तहारात और पोस्टर सिर्फ़ हिन्दी में देखकर कभी-कभी तो इतनी वहशत होने लगती है जो बयान नहीं की जा सकती। हैदराबाद, चेन्नई और बंगलुरू में उर्दू मुहाफ़िजों को देखकर यह मकूला याद आने लगता है कि जो पैदा करता है वही हिफ़ाजत भी करता है। उर्दू से मुहब्बत करने वालों को चाहिए कि उर्दू ज़बान के टूटे-फूटे इस कारवाँ की क़यादत (नेतृत्व) जुनूबी हिन्द वालों को सौंप दें वर्ना दिल्ली और उत्तर प्रदेश में बैठे हुए उर्दू फ़रोश लोग पद्म श्री के एज़ाज (सम्मान) के लिए, राज्य सभा की मेम्बरी के लिए, सरकारी ख़र्चे पर ग़ैर मुल्की दौरों के लिए या उर्दू एकेडमियों पर क़ब्ज़े के लिए ग़ालिब और मीर के मुसव्विदे भी सियासत वालों के हाथ फ़रोख़्त कर देंगे। जुनूबी हिन्द वालों के लोग जब एक फ़िल्म एक्टर की मौत पर अपने आपको जलाकर मार सकते हैं, एक सियासी लीडर की मौत पर सैकड़ों लोग खुदकुशी की कोशिश कर सकते हैं तो अपनी इस बेकस और बेबस उर्दू ज़बान के लिए भी वह हर तरह की कुर्बानी दे सकते हैं :

मैं आज तुझे क़िस्सये ग़म क्यों न सुना लूँ
अब तो तेरे माथे पे शिकन आ ही गयी है

शह्र के क़ल्ब (मध्य) में एक वसीअ तरीन (विस्तृत) नुमाइशी मैदान सख़ी (दानशील) आदमी के दिल की तरह बहुत दूर तक फैला हुआ, मैदान के एक कोने में ज़मींदारों की पगड़ी की तरह बने हुए ऊँचे स्टेज पर एक और छोटा-सा स्टेज जो समिईन को महमूद और अयाज़ का फ़र्क़ बता रहा है और जिस पर क़ब्जा है अमाइदीने शह्र (शह्र के प्रतिष्ठित लोगों) का, सियासतदानों का और सरकारी ओहदेदारों का।

इधर शाम का साँवला चेहरा सियाह रात की चादर में सिमटता हुआ और उस तरफ़ शबे तारीक को दिन में बदल लेने का एलान करते हुए महियुद्दीन जीलानी तारीकी को नूर में बदल देने के लिए मुस्कुराते हुए उठे, जस्टिस सय्यद शाह मुहम्मद क़ादिरी और एक शम्अ को मुहब्बत और कुर्बानी की आग से रूशनास कराया :

सूरज बिगड़ के जा ही रहा था कि इक दिया
चुपके से जल उठा और उसे देखने लगा

अपने होंठों पर एक सादी-सी मुस्कुराहट का बोझ उठाये हुए माइक पर आये मोहतरम आबिद अली ख़ाँ, उनकी ज़बान पर ज़िक्र शंकर जी की इन्सान दोस्ती और उर्दू दोस्ती का जैसे सुदामा के होंठों पर कृष्ण का तज़किरा, जैसे ब्रिगेडियर उस्मान की पेशानी पर चमकता हुआ हिन्दुस्तान, जैसे हवलदार हमीद ख़ाँ की साँसों में वफ़ादारी की खुशबू...और जब आबिद अली ख़ाँ साहब बयान करने लगे दकन की तहज़ीबी और सिक़ाफ़ती (सांस्कृतिक) तारीख़, दीनी और इल्मी काविशें (कोशिशें) तो हज़ारहा सामिईन अपने माजी (अतीत) के धुँधलकों में खो गये और जिस वक़्त जस्टिस सीताराम रेड्डी ने शंकर जी मेमोरियल के बारहवें सोविनियर की रस्मे इजरा (जारी करने की रस्म) अंजाम दी तो मेरी गुनहगार ज़बान पर ये मिसरे बेअख़्तियार मचलने लगे :

वहशत में तार तार गरेबान कर दिया
तहज़ीब का असासा भी कुर्बान कर दिया
याराने खुश मज़ाक ने अल्लाह की पनाह
उर्दू को बेकुसूर मुसलमान कर दिया

अब मुशायरे का क़ीमती माइक सौंप दिया गया मुशायरों के मशहूर एनाउंसर सकुलैन हैदर को जैसे मश्शाक (अभ्यस्त) पतंगबाज़ के हाथों में पतंग की डोर, जैसे बिस्मिल्लाह खाँ के हाथों में शहनाई, जैसे शब्बीर अली के पाँव में फुटबॉल, जैसे अज़हरुद्दीन की गिरफ़्त में इमरान ख़ाँ, जैसे सियासतदानों के हाथों में मुल्क का मुस्तक़बिल। कभी महफ़िल में क़हक़हों के ढेर, कभी संजीदगी की तवील चादर, कभी मंज़र भोपाली एक गैस ज़दा शहर की मुस्कुराहट बिखेरते तो कभी क़ैसर शमीम एहसासे मुरव्वत की कमी की शिकायत करते हुए। हैदराबाद की नुमाइन्दगी करते हुए हज़रत अली अहमद जलीली, कँवल प्रसाद कँवला, मोहन लाल निगम...सामिईन ने उन्हें मुक़ामी शायर की हैसियत से सुना। लेकिन :

कभी तुम आसमाँ पर जा के देखो ऐ ज़मीं वालों
वहाँ से ये ज़मीं भी आसमाँ मालूम होती है

अमीर क़ज़लबाश और मख़मूर सईदी अच्छे मुशायरों के वह सिक्के हैं, जिनसे अदब के बाज़ार में भी गर्मी आ जाती है :

जलते हुए मकान से बाहर निकल के आ
इस वक़्त ये न सोच कि मेमार कौन था

डॉक्टर उनवान चिश्ती अपने दिल में जामिया मिल्लिया के मैदानों जैसी वुस्अत (फैलाव) रखते हैं, वह आये और मुशायरा फिर से एक बार एहतराम की मंज़िलों तक पहुँचने लगा। लीजिए, अब आ रहे हैं मुशायरों के जादूगर राहत इन्दौरी :

उसकी याद आयी है साँसो ज़रा आहिस्ता चलो
धड़कनों से भी इबादत में ख़लल पड़ता है
पत्तियाँ रोज़ गिरा जाती है ज़हरीली हवा
और हमें पेड़ लगाने को कहा जाता है

ख़वातीन की नुमाइन्दगी कर रही हैं रफ़ीआ शबनम, उनके हमराह शम्अ परवीन और तस्नीम सिद्दीकी :

माज़ी का एहतराम ज़रूरी है आज भी
ये और बात है कि ज़माना बदल गया

मैदाने सहाफ़त के एक बेबाक (निडर) सिपाही अपने हाथ में तग़ज्जुल की शमशीर लिये आ गये। उर्दू के हसन कमाल, 'ब्लिट्ज़' के हसन कमाल, लखनऊ के हसन कमाल :

अब कोई राम नहीं ग़म का धनुष जो तोड़े
ज़िन्दगी रोती है सीता के स्वयंवर की तरह

रात अब थके हुए मज़दूरों की तरह ऊँघने लगी है। नींद की दौलत बख़्शने वाले परिन्दे ने पर डाल दिये हैं। ऐसे में ज़हमत दी गयी हज़रत बेकल उत्साही को :

सबके होंठों पे तबस्सुम था मेरे क़त्ल के बाद
जाने क्या सोच के रोता रहा क़ातिल तन्हा

❑❑